Lateinamerika-Studien
Band 16

Lateinamerika-Studien

Herausgegeben von

Titus Heydenreich
Gustav Siebenmann
Franz Tichy

Hermann Kellenbenz
Hanns-Albert Steger

Schriftleitung: Jürgen Schneider

Band 16

Die Zentralen Orte
im Becken von Oaxaca (Mexiko)
während der Kolonialzeit

Von Karl-Ludwig Storck

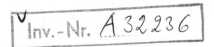
Wilhelm Fink Verlag
München
1984

Anschrift der Schriftleitung:
Universität Erlangen-Nürnberg
Zentralinstitut 06
Sektion Lateinamerika
Findelgasse 7
D-8500 Nürnberg

D 29

ISBN 3-7705-2203-6
Gesamtherstellung: aku-Fotodruck GmbH, 8600 Bamberg

INHALT

ZUM GELEIT

Das Mexiko-Projekt, der DFG, das deutsch-mexikanische Regional-
forschungsprojekt im Raum Puebla-Tlazcala, hatte zur Zeit, als
Karl-Ludwig Storck seine Mitarbeit begann, seine Abschlußphase
erreicht. Die Untersuchung der Siedlungsstrukturen hatte zur
Erkenntnis geführt, daß es dort und im Becken von Mexiko plan-
mäßig geordnete Teilräume gibt, die offenbar nach bestimmten,
aber voneinander verschiedenen Himmelsrichtungen orientiert
sind. Um eines der Ziele des Mexikoprojektes zu verwirklichen,
nämlich von Puebla-Tlaxcala ausgehend die Regionalforschung
später auf andere Landesteile auszudehnen, lag es nahe, einen
weiteren Beckenbereich im Vergleich zu betrachten. K.L. Storck
unternahm es schon im Herbst 1978, unterstützt mit Mitteln der
DFG und durch die Organisation des Projektes, die Verhältnisse
im Becken von Oaxaca zu überprüfen, obwohl dort wegen fehlender
topographischer Karten die Arbeitsmöglichkeiten wesentlich
schlechter als im Hochland waren. Als Ergebnis ließen sich auch
dort mehrere, unterschiedlich große und verschieden orientierte
Areale abgrenzen, von denen anzunehmen war, daß es sich um vorspanische Herrschaftsbereiche handeln könnte. Wegen der hier im
Vergleich zum zentralen Hochland wesentlich geringeren Überfor-
mung während der Kolonialzeit bestand die Hoffnung, durch An-
wendung historisch-geographischer Methoden in Archiv und Gelände dafür weitere Indizien zu erhalten. Es sollten nun jeweils
epochenspezifisch die wirtschaftlichen, administrativen und
kultischen Raumorganisationen erschlossen und mit dem Siedlungsmuster und den einheitlich orientierten Siedlungsbereichen
verglichen werden. Damit sollte versucht werden die Träger und
Steuerungselemente historischer Prozesse und deren Wirkung auf
das bestehende Siedlungssystem erkennbar zu machen. Der
Quellenlage entsprechend mußte die Bearbeitung auf die spanische Kolonialzeit beschränkt bleiben. Die beobachteten Siedlungsstrukturen selbst erfuhren in dieser Zeit zwar keine nachweisbaren Veränderungen, aber um so mehr die Raumorganisation,
die von den Verwaltungszentren ausging. Von einer Persistenz
der zentralörtlichen Raumorganisation konnte - jedenfalls seit

der Conquista - keine Rede sein. Das schließt nicht aus, daß die so klar nebeneinanderliegenden, auf eine Siedlungsplanung zurückgehenden Areale höchste Konstanz besitzen und sich ihre Entstehung für die Zeit des Klassikums oder sogar des Präklassikums einmal nachweisen lassen könnte. Die gemeinsamen Beobachtungen im Gelände stützen zwar solche Vermutungen, werden aber erst nach der Bearbeitung brauchbarer topographischer Karten weiter gefördert werden können.

Die Deutsche Forschungsgemeinschaft hat die Fortsetzung meines Forschungsvorhabens zur Kulturlandschaftsentwicklung in Mexiko durch die Bewilligung von Reise- und Sachbeihilfen in großzügiger und verständnisvoller Weise gefördert, wofür ihr an dieser Stelle zum wiederholten Male gedankt sei. Dank gebührt auch allen jenen Förderern der Forschung bei Behörden und Institutionen, den Archiven und Bibliotheken in Mexiko, die zur Zusammenarbeit und Hilfeleistung bereit waren, insbesondere jenen Kolleginnen und Kollegen, mit denen die bewährte interdisziplinäre und internationale Zusammenarbeit fortgesetzt werden durfte. Nur dadurch war es K.L. Storck möglich seine mit Umsicht und Intensität vorangetriebenen Arbeiten zum planmäßigen Abschluß zu bringen.

Franz Tichy

VORWORT

Die vorliegende Arbeit ist das Ergebnis eines mehrmonatigen Forschungsaufenthaltes in den Archiven in Mexiko-Stadt, den Munizipal- und Kirchenarchiven im Becken von Oaxaca, der Biblioteca Nacional in Madrid sowie dem Archivo General de Indias in Sevilla. Diese Archivarbeit wurde begleitet von Feldstudien, der kartographischen Rekonstruktion wüstgefallener Siedlungen, Fluren und Verkehrswege, der Suche nach kolonialzeitlichen Besitzgrenzen, der Luftbildauswertung, Kartenerstellung und Interpretation. Alle diese Arbeiten, die die Literatursuche in der Benson-Library der University of Texas in Austin,Tex. und der Library of Congress in Washington einschlossen, wären ohne die Möglichkeit der Mitarbeit in einem Projekt der Deutschen Forschungsgemeinschaft weder durchzuführen noch zu finanzieren gewesen. Der Deutschen Forschungsgemeinschaft gilt daher mein erster Dank.

Herrn Prof.Dr.F. Tichy, dem Leiter des Forschungsprojektes, habe ich dafür zu danken, daß er mir genügend Freizeit ließ, im Rahmen des Projektes auch diese Arbeit zu erstellen. Seine Verbindungen zu mexikanischen Kollegen, seine jahrelange Erfahrung und seine persönliche reichhaltige Mexiko-Bibliothek waren äußerst hilfreich. Das Thema dieser Arbeit entstand in vielen gemeinsamen Diskussionen. Die intensive Betreuung durch Prof. Tichy, begleitet auch von einem 14-tägigen gemeinsamen Geländeaufenthalt und seine nicht endende Geduld bei der langwierigen Auswertung der Ergebnisse waren notwendige Voraussetzungen zum Gelingen der Arbeit.

Der "historischen Dimension" in der Geographie ist in Erlangen immer viel Raum gegeben worden. Zwei akademischen Lehrern möchte ich dafür danken, daß sie mich auf diesen - sicher nicht unproblematischen - Weg gebracht haben. Herr Prof. Dr. W.D. Hütteroth hat bereits während des Studiums meine Bemühungen immer mit Wohlwollen verfolgt und seine Vorlesungen, insbesondere zur genetischen Siedlungsgeographie, waren nicht nur lehrreich, sondern ein großer Anreiz auf diesem Gebiet weiter zu arbeiten.

Den ersten Zugang zu den Fragestellungen der Historischen Geographie erhielt ich durch Herrn Prof. Dr. H. Becker (jetzt Bamberg), dessen Vorlesung zur 'Historischen Agrargeographie' ich als meine erste geographische Vorlesung im Wintersemester 1974 hören durfte.

Der Leitung des Instituts für Geographie in Erlangen, Herrn Prof.Dr.E. Wirth, danke ich für die stete Unterstützung, insbesondere durch die am Institut vorhandene 'Infrastruktur', die nicht nur eine hervorragend sortierte und geführte Bibliothek, sondern auch den notwendigen 'tecnical support' (Reproduktion, Lichtsatz, Kartographie) einschließt. Diese Einrichtungen durfte ich immer und ohne Einschränkung nutzen. Herrn Mehl und Herrn Meier verdanke ich die schwierigen fotographischen Reproduktionen im Anhang und Herrn Rössler und Herrn Richter viele Tips, Anregungen und tatkräftige Hilfe in kartographischen Fragen.

Der im regionalen Forschungsschwerpunkt bedingte Mangel an geeigneten Gesprächspartnern zu Fachfragen der Historischen Geographie des kolonialzeitlichen Mexiko am Institut für Geographie in Erlangen wurde kompensiert durch das Entgegenkommen zahlreicher ausländischer Kollegen in Mexiko und den USA.

Herrn Prof. Dr. R. Spores traf ich zufällig während der Archivstudien in Oaxaca. Seine Kenntnisse über das Arbeitsgebiet waren während unvergessener 8 Wochen gemeinsamen Arbeitens in den Archiven des Beckens sehr lehrreich. Unser gemeinsames Bemühen um Ordnung in diesen Archiven wurde tatkräftig unterstützt von der Directora des AEO Lic.^a Maria de la Luz Topete. Ihr verdanke ich auch die Bekanntschaft mit dem Regionalhistoriker Lic. Luis Castaneda Guzmán, der mir erlaubte seine wertvolle private Dokumentensammlung einzusehen.

Diese Verbindungen und Möglichkeiten in Mexiko wären ohne die Vermittlung von Frau Prof. Johanna Broda nicht zustande gekommen. Sie öffnete mir alle wichtigen Türen, und ihrem Bemühen und dem von Srta. Pêrez Rocha (Directora des Departamento de Etnohistôria des INAH) verdanke ich es, daß ich eine Forschungserlaubnis des INAH in Mexiko bekommen habe. Johanna

Broda schuf auch die Verbindungen zur Directora des Archivo General in Mexiko-Stadt, sowie zu den Direktoren des Geographischen Institutes und des Instituts für Geschichte der UNAM. Ihnen und Frau Broda verdanke ich wertvolle und häufig genutzte Empfehlungsschreiben und die Chance, daß ich erste Ergebnisse meiner Arbeit noch im Dezember 1982 an der UNAM vorstellen durfte.

Den deutschstämmigen Oaxaqueños, besonders Frau C. Schoendube und Fam. Lange und den vielen Freunden und Bekannten in Oaxaca und Mexiko-Stadt danke ich für ihre unvergleichliche Gastfreundschaft. Unvergeßlich werden mir die Monate im Hause von Gabriela und Umberto Batista in San Felipe del Agua bleiben.

Dem Vorstand des Zentralinstituts der Universität Erlangen-Nürnberg und den Herausgebern der "Lateinamerika-Studien" danke ich für die Aufnahme der Arbeit in die Reihe und den Mitgliedern der Sektion Lateinamerika des Zentralinstituts für das "intellektuelle ambiente" des Lateinamerika-Kolloquiums während vieler Jahre.

Nicht zuletzt danke ich meiner Frau Brigitte für die Mühe, die sie sich mit der Gestaltung des Textes gemacht hat und ihr und meinen Kindern für die Geduld, die sie mit ihrem Vater hatten.

Meiner Frau, meinen Kindern und meinen Eltern widme ich diese Arbeit.

Baiersdorf, im Juli 1984.

12

VERZEICHNIS DER KARTEN, ABBILDUNGEN UND TABELLEN

A Einleitung

Seit dem Ende der sechziger Jahre hat sich die sogenannte 'Neue Geographie' immer mehr von der 'Historischen Geographie' distanziert. Spätestens seit der "Wissenschaftstheoretischen Einführung" von G. HARD (1973) wurde die "historische Dimension" in der Geographie von vielen gegenüber der "neuen analytisch-theoretischen" und vor allem "quantitativen Gegenwartsgeographie" als veraltete Disziplin angesehen.

So konnte G. HARD die historische Geographie nur mit Aussagen wie 'zieht sich zurück' oder 'ist im Aussterben begriffen' usw. beschreiben. Er gestand der 'stark philologisch-historisch beeinflußten' Forschungsrichtung höchstens noch einen 'hohen intellektuellen Reiz' zu, dies vor allem, weil sie 'interessante ideengeschichtliche Wurzeln' habe, ja weil sie '(vor allem in den zwanziger und frühen dreißiger Jahren) eine 'Klassizität' (im Sinne einer weitgehenden Übereinstimmung von Methodologie und Methode, Metatheorie und Theorie, methodologischem Bewußtsein und tatsächlicher Forschungspraxis)' aufgewiesen habe und weil sie eine 'einzigartige Konformität mit dem wissenschaftlichen und außerwissenschaftlichen Zeitgeist (im Sinne geschichtlicher Landes- und Volksforschung)' gehabt habe.[1]

HARD sollte mit dieser Meinung nicht recht behalten, er ist heute, knapp 10 Jahre nach Erscheinen seines Buches, von der neuesten Disziplingeschichte der Geographie überholt worden. Die Notwendigkeit der Einbeziehung der historischen Dimension in die Geographie war zuletzt vor einer breiteren Öffentlichkeit auf dem Mannheimer Geographentag 1981 betont worden.[2] Die stärkere Eingliederung historischer Fragestellungen in Schule und Universitätsausbildung wurde gefordert. Diese Forderung allerdings war keineswegs neu und die lange Reihe historisch - geographischer Forschungen auch im Zeitraum von 1973 - 1983 zeigt sehr deutlich, daß die Disziplin sich weder 'zurückgezogen' hatte noch gar im 'Aussterben begriffen' war.

Viel eher gab und gibt es 'die andere Meinung' in der deutschen Geographie, deren Aussagen bereits 1972 H.-G. WAGNER zu-
sammengestellt hatte. Diese postulierten über die Betonung der
Notwendigkeit geographischer Prozeßanalyse hinaus die Einbeziehung der historisch-genetischen Dimension auch in die moderne Sozialgeographie (s. RUPPERT 1968, UHLIG 1970, WIRTH
1969, WÖHLKE 1969).

WAGNER selbst reduziert in seiner Betrachtung die historische
Dimension noch auf "im wesentlichen ö k o n o m i s c h e
Grundgesetzmäßigkeiten kulturlandschaftlicher räumlicher Ordnung."[3] Demgegenüber aber stehen Aussagen von Arbeiten, die
sich mit Zeiträumen vor der Industrialisierung beschäftigen,
so merkt BLOTEVOGEL z.B. vorsichtig an:

"Das Primat wirtschaftlicher Zentralfunktionen, das in gegenwartsbezogenen
Zentralitätsuntersuchungen häufig zugrunde gelegt wird, ist für die vorin-
dustrielle Zeit sehr in Frage zu stellen, und vor allem die Gruppe der
kirchlichen Zentralfunktionen ist für die Jahrzehnte vor der Industrialisierung erheblich höher als für die Gegenwart zu gewichten."[4]

Die notwendige Fülle historisch-geographischen Interesses wäre
zu sehr eingeschränkt würde der Forderung von WAGNER gefolgt
und würden allein "diese Gesetzmäßigkeiten (vorwiegend ökonomische Leitprofile) im Längsschnitt detailliert" erforscht,
präzise herausgearbeitet und "auf ihre in den einzelnen ge-
schichtlichen Perioden entscheidende geographische Wirkungs-
weise" überprüft.[5]

Die Theorien von CHRISTALLER und THÜNEN gehen von der Wirtschaftsstufe der Gesellschaft ihrer Zeit aus. Gerade in der
Analyse zentralörtlicher Systeme aber treten in anderen Wirtschaftsstufen zu anderen Zeiten oder in anderen Regionen die
ökonomischen Faktoren der Zentralität oft in den Hintergrund
(s. das oben zitierte Ergebnis bei BLOTEVOGEL).
Dabei soll allerdings auch nicht verschwiegen werden, daß
wirtschafts- und sozialhistorische Quellen mit zunehmendem
Abstand von der Gegenwart immer geringer werden und entsprechende Nachrichten oft aus einer Vielzahl nicht flächendeckender, zeitlich nicht vergleichbarer Einzelquellen, die
zudem meist in kleinen nicht geordneten oder privaten Archiven

nur sehr schwer zugänglich sind, mühevoll erschlossen werden
müssen. Dies steht gerade der historischen Geographie im Wege,
die auf flächenhaft verteilte Informationen angewiesen ist.
Daraus resultiert ein gravierender Mangel an auf längere Zeit-
perioden angelegter Untersuchungen. Trotzdem hat WIRTH in seiner "Theoretischen Geographie" [6] auf den Stellenwert aufmerksam gemacht, den derartige Arbeiten in der geographischen
Theoriebildung haben können. Es wird deutlich, daß eine strenge Einschränkung historisch-geographischer Forschung auf bis
in die Gegenwart relevante Prozesse nicht dienlich ist:

"Von größter Bedeutung für die Theoretische Geographie ist die Vergangenheit hingegen insofern, als diese eine ungeheure Erweiterung des Erfah-
rungs- und Beobachtungshorizonts ermöglicht. Damit wird die historische
Dimension zum unerläßlichen und unerbittlichen Prüfstein für alle Theorien
und Hypothesen sowohl der Kulturgeographie als auch der Theoretischen Geographie. ... Eine Feststellung z. B. von Gesetzmäßigkeiten in zentralörtlichen Systemen hat eben nur dann allgemeine Gültigkeit, wenn sie auch für
die zentralörtlichen Systeme des frühen 19. Jahrhunderts oder der römi-
schen Kaiserzeit zutrifft. ... Daß die Lückenhaftigkeit der Überlieferung
und die nur begrenzten Aussagen der meisten historischen Quellen bei solchen Untersuchungen Schranken setzen, versteht sich von selbst." [7]

Die Begrenzung der Aussagefähigkeit historisch-geographischer
Arbeiten (wie übrigens aller historischen Arbeiten) durch zum
Teil unvollständige oder unzulängliche historische Quellen
wirkt sich besonders auf deren Möglichkeiten aus, quantitativ
zu arbeiten. Numerische Daten sind in älteren Quellen eher
selten und damit müssen viele Aussagen auch in dieser Arbeit
zwangsläufig qualitativ bleiben. Im Bewußtsein dieser Be-
schränkung muß auch der Anspruch bei WIRTH gesehen werden,
den Erfahrungshorizont der Theoriebildung durch die historische Dimension zu erweitern und "raumrelevante Prozesse in
allen ihren Phasen an bereits abgeschlossenen Beispielen" beobachten zu können. [8] Es bleibt aber trotzdem festzuhalten,
daß längst abgeschlossene kulturlandschaftsgestaltende Prozesse für die Überprüfungsphasen der Theoriebildung ebenso
valent sind wie in die Gegenwart hinein fortgesetzte oder
rezente Prozesse.

B Thematische Einführung

I. VORBEMERKUNGEN

1. Einige notwendige Beschränkungen

Es ist das Ziel dieser Arbeit,die - nur per definitionem des Begriffes "Kolonialzeit" - abgeschlossenen Veränderungen des Systems zentraler Orte im Becken von Oaxaca vor und während der Periode von 1521 bis zu den 20er Jahren des 19. Jahrhunderts zu analysieren. Im Mittelpunkt des Interesses stehen dabei die Prozeßabläufe der Reaktionen eines zentralörtlichen Systems auf sich verändernde Zentralitätsfaktoren geistig-kultureller, administrativ-gesetzter und ökonomisch-gesetzter oder gewachsener Provenienz. Es wird erwartet, daß längere Zeiträume der Stabilität des Systems sich abwechseln mit solchen der Labilität und solchen des Versuchs der Anpassung an neu entstandene oder neu gesetzte Eckwerte.

Es kann davon ausgegangen werden, daß Zentrale Orte nicht a priori stabile Elemente eines Siedlungssystems sind, sondern nur über einige abgrenzbare Zeiträume hinweg persistent erscheinen. Dies mag zunächst als Widerspruch aufgefaßt werden. War der Begriff der Persistenz zunächst festgelegt auf bis in die heutige Zeit existente, wenn auch oft funktionslose, strukturelle Elemente der Kulturlandschaft, so ist man im 'geographischen Sprachgebrauch' längst dazu übergegangen auch funktionale Elemente, die unter geänderten Wirtschaftsbedingungen weiter existieren, als 'persistent' zu bezeichnen. Allgemeiner wird ein Element der Kulturlandschaft dann als persistent angesehen, wenn es über die Epoche seiner Entstehung hinaus - bei sich wandelnder Umgebung - in ursprünglichem Habitus und/oder ursprünglicher Funktion existent bleibt. Es scheint mir daher notwendig zwischen einer Null-Persistenz oder einer inaktiven Persistenz und einer aktiven oder positiven (im mathematischen, nicht im wertenden Sinne) zu unterscheiden. Null-Persistenz etwa haben eine ehemalige, langsam zerfallende Eisenbahntrasse oder ein längst funktionslos gewordener Ackerrain unter Wald. Sie sind zwar

persistente Strukturelemente der Kulturlandschaft und als
solche für die Historische Geographie wesentliche Zeugen ver-
gangener Entwicklung, wurden aber funktionslos und haben ab
einem bestimmten Zeitpunkt keine weitere Entwicklung mehr
durchgemacht. Von anderer Art dagegen ist die Persistenz al-
ter Römerstraßen, vor allem der Trassen der Alpenpässe, die
sich mit verändertem Habitus neuen Umwelt- (= Verkehrs-) Bedingungen angepaßt haben und auch heute noch Funktion (als
Verkehrsstraßen) besitzen. Bei komplexeren Elementen der Kulturlandschaft, besonders jenen, die per definitionem durch
ihre Funktionen gekennzeichnet sind (z.B. Zentrale Orte) wird
dieser Unterschied um so wesentlicher. Im Sinne der Null-Persistenz bleiben Zentrale Orte immer persistent. Im Sinne der
aktiven Persistenz aber scheinen sich deutliche Unterschiede
in der Entwicklung Zentraler Orte feststellen zu lassen, so
daß man vom 'Grad ihrer Persistenz' sprechen könnte.[9]

Nur wenige Ereignisse sind in der Lage, die Relationen innerhalb eines zentralörtlichen Systems in großem Umfang zu verändern. Noch seltener, aber doch nachweisbar, werden die Elemente des Systems verlagert - d.h. disloziert -, häufig dagegen und geradezu eine Erstreaktion des Siedlungssystems ist
die Veränderung der Eigenschaften, der Attribute und Funktionen, und das ist u.a. die Stellung der Orte innerhalb der
zentralörtlichen Hierarchie, ihr "Rang".

Welche Ereignisse - und/oder welche Kräfte - verändern oder
bewahren unter welchen Voraussetzungen welche Elemente, Funktionen oder Attribute eines zentralörtlichen Systems? Zur
Klärung dieser Frage sind einige Grundvoraussetzungen zu erfüllen.

Zunächst ist der zu betrachtende Zeitraum festzulegen. In
dieser Arbeit wurde die Periode von der vorspanischen Wirtschaftsstufe der noch nahezu autarken Hauswirtschaft, über
die semiautarke Agrarwirtschaft der Kolonialzeit bis hin zu
den ersten Ansätzen der Industrialisierung in der späten Kolonialzeit bzw. frühen Zeit der Unabhängigkeit gewählt. Es
waren repräsentative zeitliche Schnitte zu legen. Sicherlich
zu einem guten Teil thematisch bestimmt, mußte trotzdem Qua-

lität und Quantität der verfügbaren Quellen in diese Überlegungen miteinbezogen werden. Massive Veränderungen waren im 16. Jahrhundert zu erwarten, da nach Eindringen der Spanier in den Raum Oaxaca im Jahre 1521 zum ersten Mal europäische Wertvorstellungen und Lebensformen hier Fuß fassen konnten. Das mühevolle Durchsetzen spanischer Rechts-, Administrations- und Kultordnung prägte die Zeit kurz nach der - innerhalb des Beckens friedlichen - Konquista. Die Quellen des späten 16. Jahrhunderts zeugen vom Willen der Eroberer, den neuen Besitz zwar kennenzulernen, aber auch ebenso davon, aus den neu eroberten Gebieten wirtschaftlichen Gewinn zu ziehen, den nicht nur der einzelne Glücksritter erhoffte, sondern den vor allem die von ständiger Geldnot bedrängte spanische Krone dringend benötigte.[10]

Die räumliche Dimension der Arbeit ist ebenfalls zu begründen: Neben der persönlichen Affinität zu einem, aus einer früheren Untersuchung bereits bekannten Gebiet, bietet das Becken von Oaxaca für eine Langzeituntersuchung nahezu ideale Bedingungen. Der Raum ist allseitig von bis über 3000 Meter hohen Bergen umgeben, die bis heute eine natürliche Schranke für Verkehr und Kommunikation bilden.[11] Zwar ist diese Schranke in unserem Jahrhundert durch Straßenbau und KFZ-Verkehr aufgeweicht aber keineswegs verschwunden. Nach allen Seiten steht dem Verkehr unwegsames, oft nur durch einfache Pisten erschlossenes Bergland entgegen, einzig die Carretera Panamericana kann als durchgehende Verkehrsachse bezeichnet werden, die die Hauptstadt Mexikos mit dem Golf von Tehuantepec und den pazifischen Küstenregionen Oaxacas verbindet und somit die Funktion des ehemaligen *camino real* übernimmt, der in der spanischen Kolonialzeit von Mexiko-Stadt nach Guatemala über Oaxaca führte (s. Karte 5). Auf Grund dieser topographischen Situation gilt bis heute, daß das Becken von Oaxaca, wenn schon kein geschlossenes Siedlungssystem, so doch ein halboffenes System ist, an dessen Grenzen die Relationen zu Elementen außerhalb des betrachteten Systems signifikant abnehmen. Das Becken selbst ist flach und bietet intern keine markanten, morphologisch begründeten Kommunikationshemmnisse.

Größe des Gebietes und Anzahl der Zentren sowie der untergeordneten Siedlungen halten sich in überschaubaren Maßstäben.
(Das Becken erstreckt sich etwa 60 km in Nord-Süd- und unge-
fähr 40 km in Ost-West-Richtung. Auch unter Berücksichtigung
der historischen Verhältnisse enthielt es nie mehr als
10 Zentren mit zum Zeitpunkt größter Siedlungsintensität ca.
200 untergeordneten Siedlungen). Der Raum war bereits vor der
spanischen Zeit dicht besiedelt und zeichnet sich durch seine
oft direkte Beteiligung an der turbulenten Geschichte
Neu-Spaniens aus. Die Konquista der Region sollte eigentlich
neben dem Kontakt zweier sich vollkommen fremder Kulturen einen totalen und tiefgreifenden Wandel der Wertvorstellungen,
der Administration, des Wirtschaftssystems, der Religion und
der kulturellen Leitprofile mit sich gebracht haben. Dies allein würde bereits eine deutliche Relativierung der These von
der "zeitliche(n) Konsistenz der zentralörtlichen Raumorganisation" [12] erwarten lassen.

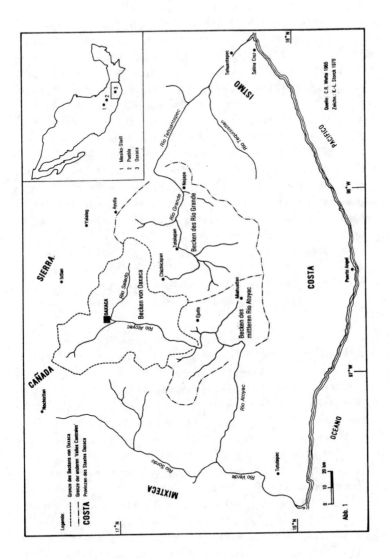

Abb.1: Übersichts- und Lageskizze

2. Einige notwendige Definitionen

Bereits als Walther Christaller vor 50 Jahren seine Disserta-
tion vorlegte, verwendete er das Adjektiv "zentral" in unterschiedlicher Semantik.[13] Die seither erschienene Literatur
hat zur Definitionsverwirrung in kräftiger Weise ebenso bei-
getragen wie die Tatsache, daß der Begriff in die Alltags-
sprache der Massenmedien übernommen wurde. Eine Reduzierung
der Zentralität auf die rein ökonomische ist, wie schon angedeutet, in einer historisch-geographischen Fragestellung nicht
sinnvoll. Die Agenda der Zentrenbildung und Zentrenveränderung
in einer anderen als der industriellen Wirtschaftsstufe sollen
erst aufgezeigt und können nicht a priori ökonomischen Kräften
zugeschrieben werden. Daher darf auch am Anfang der Arbeit nur
die bekannte, allgemeine Definition dessen stehen, was unter
einem zentralen Ort verstanden werden soll:
Es kann im folgenden ein zentraler Ort jene Siedlung sein, die
über ihr abgrenzbares Siedlungsgebiet hinaus andere Siedlungen
des betrachteten Gebietes mit Gütern und Dienstleistungen versorgt. Dieses mitversorgte Gebiet wird als 'Ergänzungsgebiet'
bezeichnet.[14]
Um mit dieser Einfachdefinition nicht doch nur wieder die
"wirtschaftliche Zentralität" alleine zu sehen, müssen die Begriffe "Güter" und "Dienstleistungen" dahingehend erweitert
werden (gegenüber dem allgemeinen Sprachgebrauch), daß darunter auch Kulthandlungen, administrative oder juristische Entscheidungen oder das Bildungsangebot verstanden werden können.
Die Operationalisierung dieser "einfachen" Definition aber erweist sich in historischen Untersuchungen als sehr problematisch. Zwar wird es nahezu immer möglich sein, auf Grund des
Quellenstudiums bestimmte "Einrichtungen" mit einem Angebot,
das auch über das abgegrenzte Siedlungsgebiet hinaus nachgefragt wird ("zentrale Einrichtungen") auszugliedern; die Abgrenzung der Ergänzungsgebiete, die hier festliegen müssen, um
die Zentralität eines Ortes per "Bedeutungsüberschuß" bestimmen zu können, ist aber auf Grund der begrenzten Quelleninfor-
mation in den meisten Fällen unmöglich. In gleicher Weise ver-

bieten sich in der historischen Zentralitätsforschung die von GUSTAFFSON oder SEDLACEK eingeführten Interaktionsansätze, da oft weder die "Intensität, mit der ein Standort Interaktionsziel ist" (SEDLACEK 1973:11) noch "die Zahl der auf ihn [den Ort] gerichteten Interaktionen" (GUSTAFFSON 1973:11) in historischen Quellen gemessen werden können.

Aus diesem Grund muß sich diese Arbeit, im Bewußtsein der damit verbundenen Unzulänglichkeiten, in der Operationalisierung einen anderen Zentralitätsbegriff zu eigen machen, den auch die richtungsweisende Arbeit von BLOTEVOGEL (1975:4) für sich in Anspruch nimmt. BOBEK hatte bereits (1969:173) darauf hingewiesen, daß unter Zentralität eines Ortes auch der "Rang" eines Ortes innerhalb der "Hierarchie" der zentralen Orte verstanden werden kann:

"... wobei das Zentralitätsmaß im allgemeinen vom Umfang und Differenzierungsgrad der Ausstattung eines zentralen Ortes bestimmt wird, gleichgültig, ob diese der Selbstversorgung dient oder aus der Umgebung in Anspruch genommen wird."[15]

Der "Rang" innerhalb der Hierarchie der Zentralen Orte aber ist ein relatives, kein absolutes Maß, da die Rangskala direkt abhängt von den in einem betrachteten Arbeitsgebiet vorkommenden Zentren "höchsten" bzw. "niedersten" Ranges. Damit aber beziehen sich Begriffe wie "Ober-, Mittel- oder Kleinzentren" nur auf die Rangskala im Becken von Oaxaca, wobei die Relationen nach außen außer acht gelassen werden. Da dieses Verfahren zwar der Abstraktion und Modellbildung dient, nicht aber der Wirklichkeit entspricht, soll immer wieder zum Vergleich die zweite denkbare "Rangskala" angeführt werden, die die Zentren in "regionale und überregionale" unterscheidet. Die Synthese beider produziert die Begriffe, mit denen die vorliegende Arbeit bevorzugt umgeht und grenzt eine Skala ab, die vom nur regionalen Kleinzentrum bis zum überregional bedeutenden Hauptzentrum reicht.

Die methodische Konsequenz dieses Ansatzes ist die Erarbeitung epochenspezifischer Ausstattungskataloge, mit denen die "Ränge" der zentralen Orte bestimmt werden. Dieses Verfahren bietet sich vor allem im 16. Jahrhundert an. In der Folgezeit muß der Schwerpunkt der Untersuchung dann auf den Veränderungen der Bedeutung der administrativen Funktionen der zentralen Orte liegen.

Es wurde darauf hingewiesen, daß die Arbeit des weiteren den Versuch darstellen soll, ein zentralörtliches Siedlungssystem als halboffenes "System" zu betrachten. Ein solches System ist zu definieren und abzugrenzen. Die räumliche Abgrenzung wurde bereits mit physisch-geographischen Argumenten belegt und ist auf Abb. 1 dargestellt. Ein Siedlungssystem ist aber selbst nur ein Teil - ein Subsystem - eines zumindest denkbaren - wenn dann auch nicht mehr analysierbaren - Gesamtsystems. Ohne Bestimmung der Auflösung des zu betrachtenden Subsystems (die subjektiv ist und "per definitionem" erfolgen muß) wird die Systemanalyse ad infinitum fortgesetzt und ist damit als theoretischer Rahmen einer konkreten Untersuchung unbrauchbar. Das Auflösungsvermögen der Anthropogeographie schwankt je nach Untersuchung zwischen dem Einzelindividuum als kleinstem Element und der sich räumlich gleich verhaltenden Gruppe als kleinstem Element. Auch anscheinend weiter auflösende wahrnehmungs- und verhaltenstheoretische Ansätze kennen keine weiteren Unterteilungen. Einzelindividuen und Gruppen von Einzelindividuen werden in gleicher Weise zentrenbildende oder verändernde Wirkung zugebilligt. Auch hier ist anzunehmen, daß Einzelindividuen und Gruppen in ihrem Verhalten nicht ausschließlich durch ökonomische Überlegungen bestimmt werden. Kaum je ist allein die "optimale Bedarfsdeckung bei geringst möglichem Aufwand" (o.ä.) ausschlaggebend für die räumliche Entscheidung. Gerade in den älteren Kulturen Mesoamerikas findet sich eine strenge, kultisch-kosmologische Ordnung, die wie TICHY, ZANTWIJK u.a. nachweisen konnten, bis in die Siedlungsplanung durchschlug.[16] Die Sozialordnung war davon ebenso bestimmt, wie die Bedürfnisse des täglichen Lebens und deren Befriedigung (s. ZANTWIJK). Vor diesem Hintergrund ist verständlich, daß nicht mehr allein von den ökonomischen Kräften und Gesetzmäßigkeiten auch der Bildung und Veränderung zentraler Orte die Rede sein kann. Unter 'verändernden Kräften' wird daher im Folgenden jede Aktivität verstanden, die direkt oder indirekt

zu einem Wandel der zentralörtlichen Elemente des zu betrachtenden Siedlungssystems, deren Attribute und Funktionen führt.
Diese Kräfte können von außen, z.B. durch administrative
Setzungen wirken, aber auch von Gruppen oder Einzelindividuen
ausgehen, die innerhalb des Siedlungssystems leben.

II. FRAGESTELLUNG UND AUSGANGSHYPOTHESE

Zusammenfassend lassen sich folgende Thesen an den Beginn der Arbeit stellen:

1) Ein System zentraler Orte bleibt in keinem seiner Konstituenten beliebig lange persistent, es unterliegt, wenn nicht einem andauernden so doch einem phasenhaften Wandel, der wechseln kann mit längeren oder kürzeren Phasen der Stabilität.

2) Ebenso ist die Dauer der verändernden Prozesse und die Nah- oder Fernwirkung der Veränderungen als Kontinuum zu sehen. Dieses reicht von kurzfristigen, lokal begrenzten Veränderungen bis zu jenen, deren Auswirkungen bis zum heutigen Tage über die gesamte Kolonialzeit hinweg zu spüren sind. Verändernde Kräfte und Prozesse müßten also hinsichtlich ihrer Wirkung und Dauer zu differenzieren sein.

3) Wie eine Reihe anderer dynamischer Systeme kennt auch ein System zentraler Orte Labilitäts- und Gleichgewichtszustände. Der Gleichgewichtszustand eines zentralörtlichen Systems ist ebenso wie der Labilitätszustand eine Funktion des Bedarfs der Nachfrager. Das Gleichgewicht zwischen Nachfrager und dem Angebot an zentralörtlichen Funktionen kann in unterschiedlichen Wirtschaftsstufen und zu verschiedenen Zeiten erreicht werden, jedoch nur solange erhalten bleiben, wie es auf wirtschaftlicher, administrativer oder kultischer Ebene nicht zu Neuerungen kommt, die das Bedarfsspektrum der Nachfrager derart verändern, daß die vorhandenen Funktionen nicht mehr in der Lage sind dieses neue Bedarfsspektrum zu decken.

4) Die Außenrelationen des zentralörtlichen Systems und darin ablaufende, verändernde Prozesse treffen meist nur höherrangige Zentren und deren höherwertige Funktionen, haben auf Mittel- und Kleinzentren wenig bis gar keinen Einfluß und wenn, dann in Form von Ausstrahlungskräften, die erst mittels des regionalen Oberzentrums auf die Regionalzentren wirken.

III. ZUM DERZEITIGEN FORSCHUNGSSTAND

Die Fülle der Arbeiten, Forschungsansätze, entwickelten Modelle und Theorieerweiterung, die zum weiteren Gebiet der "Zentralitätsforschung" gehören, wird bereits durch zusammenfassende Literaturüberblicke strukturiert:

Das Buch "Zentralitätsforschung" in der Reihe 'Wege der Forschung' (hrsg. von SCHÖLLER) und besonders die darin enthaltene Bibliographie mögen für die Entwicklung der Disziplin und die erschienene Literatur zumindest bis 1972 einen hinreichenden Überblick bieten. Dazu kommen noch die 7 Fachbibliographien, die die komprimierte 'Einführung' von HEINRITZ (1979) anführt, der außerdem neuere Arbeiten nennt, die bei SCHÖLLER noch nicht enthalten sein konnten, vor dem Anspruch einer vollständigen Bibliographie aber - angesichts des unübersehbar gewordenen Materials - kapituliert.

Es sei hier ergänzend nur ein kurzer Überblick über diejenigen jüngeren Arbeiten der "historischen Zentralitätsforschung" gegeben, die sich mit den Kolonien in der Neuen Welt befassen. Dies sind von deutscher Seite bisher nur sehr wenige, die unter den Namen GORMSEN, DENECKE und TRAUTMANN subsumiert werden können. GORMSEN hatte betont, daß sich die detaillierte Hierarchisierung im System zentraler Orte Deutschlands erst seit der Industrialisierung herausgebildet habe. Er wagte daher den Versuch, historische Abfolgen in Mitteleuropa mit heutigen Verhältnissen in Mexiko und im Nahen Osten zu vergleichen. Festzuhalten ist besonders die Erkenntnis, daß Christallers Modell in noch nicht industrialisierten Regionen und unter vorindustriellen Wirtschaftsbedingungen dahingehend abzuwandeln sei, daß "mit einem relativ lückenlosen Netz von Kleinzentren" gerechnet werden müsse, "mit regelmäßig abgehaltenen Krämermärkten" und einem den bescheidenen Ansprüchen genügenden Handwerker-Besatz. Überlagert wurde diese Schicht lediglich vom Einfluß weniger größerer Zentralorte:

"... mit ihren bedeutenden Getreide- und Viehmärkten sowie spezielleren, im wesentlichen nur von den Städtern selbst beanspruchten Handwerkern und größeren Handelshäusern, die ihrerseits die dörflichen Krämer und Handwerker belieferten." [17]

Er gliedert also 2 "Ränge" aus, wobei der untere von einer Vielzahl von Kleinzentren (Kirchspielorten, Marktorten) besetzt ist, während der obere die interregional bedeutenden Zentren meint.

Als wesentlichen Indikator der Zentralität nennt GORMSEN die Wochenmärkte, deren Netz "seit der Kolonialzeit nur wenig verändert worden" sei. Der von GORMSEN betonte Hiatus zwischen traditionellem Austauschsystem auf Wochenmärkten in einem direkten Netz kleiner und kleinster Zentren und dem auf den Weltmarkt gerichteten Handelssystem in den modernen Großstädten ist ein erstes zu beobachtendes Produkt der Kolonialzeit, die erst die Anbindung der betrachteten Gebiete an einen Weltmarkt brachte. Zu untersuchen bleibt, ob die Abkoppelung des "traditionellen Austauschsystems" vom "Weltmarkthandelssystem" bereits mit der Konquista oder spätestens der Entdeckung spanischer Gründungsstädte stattfand oder ob dieser Prozeß später ablief.

Durch einen ganz anderen Ansatz versucht dagegen DENECKE dem Problem der Entwicklung zentralörtlicher Gefüge in den Kolonien der neuen Welt gerecht zu werden. Seine Analyse muß, da bereits in einem viel später und erst neu besiedelten Raum angelegt, von ganz anderen Voraussetzungen ausgehen. Er kann anders als Bearbeiter des Raumes mesoamerikanischer Hochkulturen nicht nur die Veränderung des Systems zentraler Orte darstellen, sondern auch dessen Genese. In der Kontrastierung der Arbeiten von GORMSEN, TRAUTMANN und DENECKE wird erneut deutlich, wie groß die Unterschiede in der Kulturlandschaftsentwicklung zwischen dem nördlichen Teil des Kontinents und Mittelamerika sind. Kann DENECKE Erfolge und Versagen staatlicher Planung seit der frühesten Zeit der Kolonisation durch die europäischen Siedler einander gegenüberstellen, so kann von gesamtstaatlicher Planung in den spanischen Kolonien nicht gesprochen werden. Im 16. Jahrhundert, als sich dort die wesentlichsten Veränderungen zu Gunsten europäischer Siedlungsweise vollzogen, gingen die Gründungen der spanischen Kolonialstädte auf äußerst diverse Anstöße zurück. Trotzdem zeigt auch die Arbeit von DENECKE sehr deutlich, daß bei der Betrachtung zentralörtlicher Systeme über

einen längeren Zeitraum hinweg von nichts weniger die Rede sein
kann, als von der Persistenz eines zentralörtlichen Gefüges,
vor allem nicht in einer vorindustriellen Entwicklungsphase (s.
DENECKE 1976)

TRAUTMANN richtet sein Augenmerk direkt auf die verändernden
Prozesse, die die Zentralen Orte des spanischen Amerika seit
der frühen Konquista und während der Kolonialzeit durchlaufen
haben. Seine durch intensive Archivstudien belegte Untersuchung
des Raumes Tlaxcala, die mit der Rekonstruktion des frühkolo-
nialzeitlichen bis präspanischen Systems Zentraler Orte beginnt, war daher einer der Anstöße zur vorliegenden Arbeit.
TRAUTMANN führte aus, daß sich gegenüber der vorkolonialen
Zeit, die Zentralen Orte und ihre Funktionen verlagert haben,
daß ein Prozeß der Konzentration höherwertiger Funktionen in
den spanischen Gründungsstädten initiiert wurde, daß daneben
aber beinahe unberührt, wie in einer anderen Siedlungsschicht,
Klein - und Mittelzentren lange Bestand hatten oder bis heute
haben, sie aus verschiedenen Gründen ihre ehemalige Bedeutung
bewahren konnten, einige diese auch verlieren mußten. Kirchlicher und weltlich-administrativer Neuorganisation unter spanischer Verwaltung schreibt er eine deutlich verändernde Kraft
zu. Hatte z.B. Tlaxcala bereits 1543 durch die Verlegung des
Bischofssitzes nach Puebla viel an Bedeutung verloren, so erfuhr es einen neuerlichen Bedeutungsverlust durch die Einführung des Intendantensystems 1786 [18] , das Tlaxcala zu einer
subdelegación von Puebla herabstufte. Spanische Verwaltungsakte
waren es, die die deutliche Vorrangstellung Pueblas bis heute
begründeten.

Zusammenfassend bleibt festzuhalten, daß alle genannten Einzel-
untersuchungen nicht auf die Formel von der Persistenz Zentraler Orte zu bringen sind. Viel eher machen sie deutlich, daß
durch das Eindringen der Europäer (soweit dies nun Mexiko betrifft) ein bestehendes System Zentraler Orte labilisiert wurde, ein Spannungsverhältnis zwischen Persistenz und Wandel entstand, das erst gegen Ende des 18. Jahrhunderts wieder stabili-
siert erscheint. Industrialisierung und moderne Verkehrserschließung verstärkten oft die bereits am Ende der Kolonialzeit

vorhandene zentralörtliche Gliederung. Aber auch das genannte Beispiel aus Nordamerika zeigt, daß geplante Systeme von Zentren dort in den ersten Phasen der Kolonialzeit sehr labil und keineswegs persistent waren. Gerade in ehemaligen Kolonien also erhalten wir die Chance, diese frühen Stadien der Entwicklung Zentraler Orte zu untersuchen, die - wie DENECKE ausführte - in Europa in einem historischen Zeitraum lagen, für den schriftliche Quellen weitgehend fehlen.

IV. QUELLEN UND METHODEN

Soweit möglich sollte an Hand der historischen Einzelinformationen aus den Munizipal- und Kirchenarchiven des Arbeitsgebietes, aber auch denen aus den Zentralarchiven, versucht werden, die hinter den abgelaufenen Prozessen der Veränderung des zentralörtlichen Systems stehenden Kräften, Gruppen oder Einzelindividuen zu erarbeiten. Dazu war die Interpretation unterschiedlicher und zahlreicher Einzelquellen, Nachrichten aus der Sekundärliteratur, aus Reiseberichten und Beschreibungen, kurz narrativer und administrativer Quellen notwendig.

1. Quellenmaterial

Neben den bekannten und in der Arbeit im einzelnen zitierten oder bereits publizierten Quellen konnte der Verfasser während eines acht-monatigen Aufenthaltes im Arbeitsgebiet und im Nationalarchiv in Mexiko-Stadt 25 Rollen Mikrofilme historischer Dokumente 'sammeln'. Dies entspricht einer Quantität von ca. 33 000 Einzelkopien. Insbesondere handelt es sich um Quellen zur Abgrenzung von Verwaltungsbezirken, Rechtsprotokolle, die den Verlauf der wesentlichsten Verkehrswege dokumentieren, Gründungsurkunden von Orten des Arbeitsgebietes, Steuerbüchern, Ernennungsurkunden staatlicher oder kirchlicher Würdenträger, oft verbunden mit einer Beschreibung ihrer Funktionen, ihrer Entlohnung oder ihrem protokollierten Verhalten in Rechtsstreiten.

Zur großen Enttäuschung des Verfassers waren die Bevölkerungsverzeichnisse (*padrones*) des 16. Jahrhunderts nicht aufzufinden. Zwar existiert im "Ramo de padrones" des AGN der gesamte Schriftverkehr über jene Bevölkerungslisten, die Listen selbst allerdings fehlen dort ebenso wie in den Archiven des Arbeitsgebietes oder den spanischen Archiven. Die so wesentliche zentralörtliche Raumorganisation gerade der frühesten spanischen Kolonialzeit läßt sich daher nur aus der Serie der geographischen Beschreibungen (*relaciones geographicas*) und leider nicht flächendeckend rekonstruieren. Zahlreiche Einzelquellen, vom

Briefwechsel der ersten Bischöfe bis zum Rechtsstreit über die Grenzen des Marquesado del Valle müssen diese Lücken füllen. Das 17. Jahrhundert dann ist bar jeglicher flächendeckender Beschreibung. Einzig die 1674 erschienenen Bücher des Dominikanerpaters Fray Francisco de Burgoa und wiederum die Einzelquellen aus den Archiven des Arbeitsgebietes stellen für diesen Zeitraum Informationen zur Verfügung.

Im Gegensatz zum 17. Jahrhundert ist das 18. überreich an Dokumenten. Neben der zweiten erhaltenen - leider ebenfalls nicht ganz flächendeckenden - Serie von *relaciones geograficas* aus dem letzten Viertel des Jahrhunderts gibt es bereits erste Reisebeschreibungen und erste statistische Landesaufnahmen mit den ebenfalls dokumentierten Vorarbeiten dazu. Bevölkerungszählungen wurden besonders im letzten Drittel des Jahrhunderts durchgeführt. Steuerbücher (bes. *alcabala*), Heirats- und Taufregister, Notariatsunterlagen u.v.a. Quellengruppen sind in Serien durchgängig ab etwa der Mitte des 18. Jahrhunderts z.T. bis heute vorhanden.

2. Methode

Aus der Vielzahl der zur Verfügung stehenden Informationen werden epochenspezifische Ausstattungskataloge erstellt, mit deren Hilfe den Orten des Arbeitsgebietes ihr "Rang" in der zentralörtlichen Hierarchie zugeteilt wird.

Diese epochenspezifischen Zentralitätsniveaus werden miteinander verglichen, um so die möglichen Prozesse der Auflassung, Standortverlagerung, Funktionsveränderung, Konzentration oder Dispersion zentralörtlicher Funktionen feststellen zu können.

Vielfältig sind dabei die Probleme der Vergleichbarkeit der Angaben aus unterschiedlichen Quellen. Trotzdem gelingt es mit Minimalindikatoren der Ausstattung der Orte mit weltlichen und kirchlichen Verwaltungsträgern in Verbindung mit den Angaben über die wirtschaftliche Ausstattung der Orte den Zentren ihren Rang zuzuweisen. In den auf das 16. Jahrhundert folgenden Jahrhunderten muss dann auch verstärkt Wert gelegt werden auf die

Darstellung der Veränderung zentralörtlicher Funktionen im Lauf der Zeit. Dadurch verschiebt sich die Gewichtung der Ausstattungskataloge. Glücklicherweise erweist sich die Abstufung in Ober-, Mittel- und Kleinzentren als unproblematisch. Probleme der Schwellenwertbildung treten nicht auf, so daß auf eine, in vielen Arbeiten verwendete Zuweisung von Punkten oder Werten zu einzelnen Einrichtungen gänzlich verzichtet werden kann.

Die Rangskalen der einzelnen zeitlichen Schnitte werden miteinander verglichen, und es wird versucht, die zu beobachtenden Veränderungen des zentralörtlichen Systems mit Hilfe weiterer Quellen- und Geländearbeit zu erklären.

C Das System Zentraler Orte im Becken von Oaxaca

I. DAS SYSTEM ZENTRALER ORTE IN VORSPANISCHER ZEIT

1. Frühe Siedlungsgeschichte

Die Siedlungsgeschichte des Beckens von Oaxaca beginnt, für den Mesoamerikanischen Raum erstaunlich früh, mit ersten temporären Siedlungen von Jäger- und Sammlergruppen. Das Guilá Naquitz' Grab (1966 in 1900 m Höhe, d.h. ca. 200 Meter über dem Beckenboden östlich von Mitla entdeckt) wurde durch die in ihm gefundenen und auf ca. 8000 v.Chr. datierten Pflanzen- und Knochenreste bekannt.[19] Erst ab etwa 3000 v.Chr. allerdings enthält das Material derselben Fundstelle Reste kultivierter schwarzer Bohnen und Kürbisse, die den Beginn des Feldbaus in der Region anzeigen. FLANNERY, der Leiter des amerikanischen Forschungsprojektes, das sich bisher als einziges mit den Problemen der Frühgeschichte des Arbeitsgebietes befaßt hat[20], korreliert diese zweite Phase beginnenden Feldbaus mit der 'Coxcatlán - Phase' des Tehuacán - Tales im Norden des Arbeitsgebietes.[21] Mit sich ausbreitendem Ackerbau scheint dann auch der Beckenboden, der früher wohl zu einem großen Teil aus Sumpfgelände bestand, attraktiver geworden zu sein. Allerdings vergingen mehrere Jahrtausende, bevor die ersten festen Siedlungen auftauchen, ein Problem, das Frühgeschichtlern und Archäologen zu schaffen machte.[22] Erst etwa 1500 v. Chr. beginnt das, was FLANNERY und seine Mitarbeiter als 'Early Village Farming Period'[23] bezeichnet haben. Diese Periode selbst teilt sich in drei Entwicklungsphasen, für die jeweils der locus typicus namengebend ist:

In der 'Tierras Largas'- Phase zwischen 1400 v.Chr. und 1150 v.Chr. entstanden im vom amerikanischen Forschungsprojekt genauer untersuchten Teilbecken um Etla 10 kleinere Ansiedlungen von nicht mehr als Weilergröße mit je ca. 5 - 10 Haushaltungen. FLANNERY gibt die Flächengröße dieser Siedlungen mit ca. 2,5 - 3 ha an.[24] Eine erste Siedlungskonzentration scheint sich in der daran anschließenden San José - Phase vollzogen zu haben.

San José Mogote wächst zwischen 1150 und 850 v.Chr. von 10 -
30 Haushaltungen auf 80 - 120 Haushaltungen und bildet damit
eine erste größere Kernsiedlung ("Large nucleated village").
Mit etwa 20 ha Fläche nimmt San José nun die 10- fache Fläche
der benachbarten Orte ein. Neben dem Größenwachstum der bestehenden Siedlungen ist in der folgenden 'Rosario-Phase' von
850 - 500 v.Chr. die Entstehung sog. *elite residences* zu beobachten, was FLANNERY zum Nachweis einer ersten sozialen Differenzierung innerhalb der siedelnden Gruppe nimmt.[25] In der
Zeit von 600 - 200 v.Chr. entwickeln sich unter steigender Bevölkerungszahl die ersten geschlossenen größeren Siedlungen,
zu denen dann auch feste Kultstätten auf den Hügeln der Umgebung gehören. Erst gegen Ende der 'Early Village Farming Period' (ca. 300 v.Chr.) beginnt die Entwicklung der - heute
wohl bekanntesten - Ruinenstätte des Gebietes auf dem Monte
Albán.[26] Ab dieser Zeit ist im Arbeitsgebiet eine Konzentration von Bevölkerung und von Funktionen (wie Kult und weltliche Verwaltung oder politische Macht) auf einige wenige
Siedlungen feststellbar. Meines Erachtens aber ist es unmöglich, beim derzeit äußerst mageren Kenntnisstand über diese
frühesten Siedlungsperioden 'Zentrale Orte' zu analysieren.
Die Erkenntnisse der Siedlungsarchäologie werden sich in näch-
ster Zukunft über dieses Gebiet allerdings erweitern. BLANTON,
der bereits eine siedlungsarchäologischen Monographie über den
Monte Albán und seine nähere Umgebung veröffentlichte, soll
Geländearbeiten zu einem ähnlichen Projekt über den östlichen
Beckenteil bereits abgeschlossen haben.[27] Sicherlich werden
sich aus dieser Arbeit dann auch Erkenntnisse über ältere
Prinzipien der Siedlungsverteilung und eine eventuelle vorspa-
nische Raumplanung gewinnen lassen.[28]

2. Zentrale Orte in vorspanischer Zeit

a) Forschungsstand

Es ist sehr problematisch, für eine Zeit, deren schriftliche
Quellen wir kaum zu lesen in der Lage sind, die "Zentralen Orte" eines Siedlungsgebietes zu bestimmen, zumal die Archäologie nur wenige Kriterien zur Verfügung stellen kann. Die weni-

gen noch bestehenden *codices* (Bilderhandschriften) sind aus
wesentlich jüngerer Vergangenheit (meist schon aus spanischer
Zeit). Trotzdem sollten sie dabei helfen, 'Inschriften' auf
Bauwerken, in Gräbern und auf Stelen der Ruinenanlagen inter-
pretieren zu können, was bis heute nur teilweise möglich ist.
Bereits die eben genannte Untersuchung von FLANNERY et al.
zeigte, daß lediglich Differenzierungen hinsichtlich der Orts-
größe und des Vorkommens bestimmter Einrichtungen, wie Kultstätten, öffentlicher Gebäude und Wohnungen einer Herrenschicht
eine solche Differenzierung zulassen könnten. Die Bestimmung
der Nah- und Fernverbindungen der Zentren, ihrer Relationen
untereinander oder der Größe ihrer Ergänzungsgebiete ist unmöglich.

Trotz der gerade angemeldeten Zweifel befaßt sich z.B. die
amerikanische 'settlement-pattern'-Forschung bereits seit den
50er Jahren mit der Frage nach Regelhaftigkeiten in Größe und
räumlicher Verteilung präspanischer Siedlungen, wenn auch vorwiegend in anderen Räumen Mesoamerikas. Bereits WILLEY (1956)
stellte die Frage nach der hierarchischen Gliederung der zentralörtlichen Funktionen dieser Siedlungen. Trotzdem blieb es
bisher hier bei Distributionsanalysen, die manchmal allerdings
im Kleid des Christallerschen Modells erscheinen, wofür der
Aufsatz von MARCUS (1973) ein Beispiel sein kann. Sie weist
auf die regelhafte Verteilung der klassischen Siedlungen im
Maya-Tiefland in Form von unregelmäßigen Achtecken hin. Zu jedem Oberzentrum vermeint sie fünf bis acht sekundäre Zentren
zu sehen, die manchmal ebenfalls wieder von einem Achteck ter-
tiärer Zentren umgeben gewesen sein sollen. Nicht ganz einzusehen allerdings ist der Schluß von MARCUS, daß das beschrie-
bene Siedlungsmuster zur flächendeckenden Versorgung der Bevölkerung mit zentralen Gütern und Dienstleistungen unbewußt
im Maya-Klassikum so angelegt worden sein soll. Ihr selbst
scheinen Zweifel gekommen zu sein, die sich vor allem in der
auffälligen Übereinstimmung der von ihr dargestellten Siedlungsverteilung mit kosmologischen Vorstellungen des Maya-Klassikums begründen.[29] Von der Unmöglichkeit abgesehen,
zentralörtliche Funktionen dieser Siedlungen zu bestimmen, ihr

Ergänzungsgebiet gegenseitig abzugrenzen oder gar die hierarchische Stellung einer Siedlung der Zeit im Gesamtsystem darzustellen, ist die Suche nach dem mathematisch, geometrischen Modell Christallers, das aus ökonomischen Gesetzmäßigkeiten in einem idealisierten Raum unter idealen Bedingungen abgeleitet wurde, in einem realen Siedlungssystem des Maya-Klassikums ein fragliches Unterfangen.

BERDAN (1980) konnte hier mit einer wesentlichen zentralörtlichen Funktion vorspanischer Siedlungen - der Funktion der Wochenmärkte - für das Becken von Mexiko einen profunderen Beitrag leisten, wenn auch aus einer späteren Epoche. Sie untersuchte das Marktsystem der Azteken im Hochland von Mexiko, wobei sie ihre Informationen aus den Chronistenberichten der Zeit kurz nach der Konquista gewann.

Vollkommen differieren davon die Versuche, die TRAUTMANN im Rahmen des Mexiko-Projektes der DFG vorlegte. Ausgehend von den Orts- und Tributlisten der frühen Kolonialzeit konnte er das Netz Zentraler Orte bestimmen. Dabei legte er weniger - als die gerade genannten Amerikaner - darauf Wert, dem Christallerschen 'Versorgungsprinzip' entsprechende Siedlungsverteilungen in der Wirklichkeit nachzuweisen, sondern eher darauf, Indikatoren zu finden, die es uns ermöglichen die hierarchische Stellung der Siedlungen eines zentralörtlichen Systems im frühen 16. Jahrhundert zu erforschen. Aus den genannten Quellen, die es in dieser Form für Oaxaca leider nicht mehr gibt, las er die Stellung der Siedlungen im administrativen System ab (Hauptort = *cabecera* oder untergeordneter Ort = *sujeto*) und konnte als quantitativen Indikator die Zahl der am Ort ansässigen indianischen Adligen anführen.

Zusammenfassend stehen aus diesen Arbeiten zur Rekonstruktion eines vorspanischen Systems Zentraler Orte die Kriterien Ausmaß und - soweit bekannt - Bedeutung der Kultstätte, Siedlungsgröße, Bevölkerungsdichte, Tributverbindungen, wie sie sich in den frühen Quellen der spanischen Zeit widerspiegeln und Anteil einer Adligen- oder Herrenschicht an der Gesamtbevölkerung eines Ortes zur Verfügung. Gleichzeitig aber wird deutlich, daß eine flächendeckende Aussage über ein System Zentraler Orte nur dann möglich wird, wenn, wie bei MARCUS oder BLANTON, ein auf diese Fragen speziell ausgerichtetes Forschungsprojekt mit vorwiegend siedlungsarchäologischer Zielsetzung einen Gesamtraum abdecken kann. Trotzdem zeichnet sich auch für das Untersuchungsgebiet aus den archäologischen Einzelarbeiten und den bereits veröffentlichten Ergebnissen amerikanischer Forschungsprojekte ein grobes Bild der Entwicklung des Systems Zentraler Orte vor der Ankunft der Spanier ab.

b) Das Becken von Oaxaca

Die archäologische Erforschung des Arbeitsgebietes begann Anfang dieses Jahrhunderts. Heute ist sie untrennbar verbunden mit den Namen Alfonso CASO (dem Ausgräber der bekannten Ruinenstätte auf dem Monte Albán), Ignacio BERNAL und John PADDOCK.

Wie Karte 1 zeigt, fanden sich im Arbeitsgebiet zahlreiche Ruinenanlagen, meist Pyramiden von Kultstätten aus vorspanischer Zeit. Ein bestimmtes Verteilungsmuster ist nicht zu erkennen und angesichts der über 1000-jährigen Siedlungsentwicklung, die diese Ruinen darstellen, auch nicht zu erwarten.

Bei der ungeheuren Zahl großer und bedeutender Kultanlagen ist der mexikanischen Archäologie kaum ein Vorwurf daraus zu machen, daß nur sehr wenig Siedlungsarchäologie betrieben wurde. Erst in neuerer Zeit ist auch in Mexiko bei einer jüngeren Archäologengeneration das Interesse an den täglich genutzten Siedlungs- und Wohnstätten entstanden. Die von der Flächenausdehnung, Größe und Ausstattung der Gebäude her sicherlich bedeutendste Ruinenstätte liegt ca. 400 m über dem eigentlichen Beckenboden auf dem Monte Albán. Mit den beiden Ausbaustufen Monte Albán chico und Cerro Azompa (s. Abb. 2) dürfte die Siedlung, nach den Ergebnissen von BLANTON und Mitarbeitern [30], Stadtcharakter gehabt haben. In strategisch günstiger Lage, am Schnittpunkt von Nord-, Süd- und Ostbecken gelegen, entwickelte sich die Kultstätte ab etwa 300 v. Chr. Der im Becken siedelnde Stamm der Zapoteken begann hier zunächst noch mit kleineren Gebäuden auf einem vorher offensichtlich künstlich planierten Gelände sein kultisches Hauptzentrum zu errichten. Die Siedlung wuchs, zu den Kultstätten kamen Wohnungen, Werkstätten und

Händler. Zwar ist unbekannt auf wieviele Siedlungen des Raumes Monte Albán direkte politische Macht ausüben konnte, wieviele tributäre Orte es hatte; die Ausstrahlung der sich dort entwickelnden Kultur, der Stilformen der Keramik und Architektur, las sen sich allerdings weit über das Arbeitsgebiet hinaus nachweisen. Dem Monte Albán kann daher in seiner klassischen Periode der Rang eines kulturellen Haupt- oder Oberzentrums einer größeren Region zugewiesen werden (etwa so wie Teotihuacan, Tula oder später Tenochtitlan). In der Blütezeit von Monte Albán waren die Hänge der drei Bergrücken (Monte Albán, Monte Albán chico und Cerro Azompa) nahezu lückenlos mit Wohnstätten auf Hausterrassen bestanden (s. Abb. 2). Ackerbau wurde nicht nur an den Hängen der Berge, sondern auch im Tal betrieben. Zahlreiche Quellen machten das Leben auf dem Berg erst möglich, Quellen, die in einem Aquädukt zusammengefaßt noch in der Kolonialzeit die Städte Antequera und Oaxaca mit Trinkwasser versorgten. Während des Monte Albán-Klassikums entwickelten sich aber bereits einige andere, wenn auch wesentlich kleinere Zentren in allen Beckenteilen des Arbeitsgebietes. Im äußersten Norden entstanden Kultzentrum und Siedlung von Huitzo, im Süden wurde auf einem Hügel, wahrscheinlich inmitten eines Sumpfgeländes Zaachila errichtet, im Ostbecken entstanden die Nachbarstädte Dainzú und Lambityeco, weiter östlich war Yagul entstanden. In allen genannten Orten fanden die Archäologen Beweise für die kulturellen Verbindungen mit dem Monte Albán, ohne jedoch exakte Aussagen machen zu können über die Art der Abhängigkeit vom Hauptzentrum. Geht man von den oben genannten Bestimmungselementen der Hierarchie Zentraler Orte in vorspanischer Zeit aus, erkennt etwa Bevölkerungsgröße, Größe und Ausstattung der Kultanlage, Vorhandensein einer zahlreichen Priester- und Herrenschicht, Werkstätten und Nah- und Fernhandelsverbindungen als solche Indikatoren an, gibt es bereits in früher Zeit ein dreistufiges zentralörtliches System mit der Siedlung auf und um Monte Albán als Hauptzentrum. Geringere Bevölkerung, kleinere Kultstätten, geringer oder gar kein Handwerkerbesatz können den genannten Zentren des Nord- (Huitzo), Süd- (Zaachila) und Ostbeckens (Dainzú und Lambityeco) zugestanden werden. Kleinere Kultstätten mit nur wenigen festen Wohnstätten

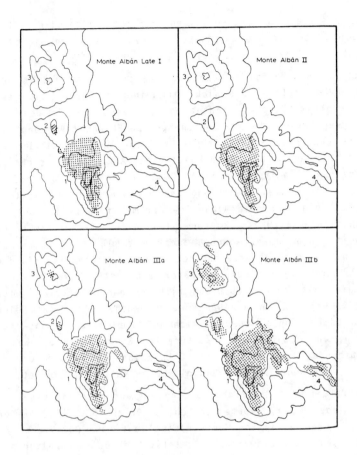

Abb. 2: Das Wachstum von Monte Albán. Ungefähre Ausdehnung in verschiedenen Perioden.

1: Monte Albán; 2: El Gallo; 3: Cerro Azompa; 4: Monte Albán chico.

aus: WHITECOTTON 1977:48

können als kleinste Zentren gelten (z.B. Caballito Blanco, Etla
und viele der namenlos gebliebenen, weil bis heute nicht er-
forschten kleineren Ruinenanlagen des Beckens.)[31]

Vollkommen unbekannt ist die Lage, Größe und Verteilung der
meisten Wohnstätten, die nicht mit einer größeren, aus Stein
gebauten Kultstätte errichtet worden waren. Einzig über das
Nordbecken berichtete die Forschergruppe FLANNERY von den oben
bereits genannten Phasen frühester Besiedlung.[32] Mit der von
den Archäologen so benannten Phase Monte Albán I, die sich nach
wechselndem Keramikstil noch in Monte Albán I A-C unterteilen
ließ , beginnt die Entwicklung der vorspanischen Hochkulturen
im Arbeitsgebiet. Monte Albán I - Keramik findet sich auf dem
Anstehenden als früheste Kulturschicht nicht nur auf dem namen-
gebenden Monte Albán, sondern auch in Yagul und Cuilapan. In
Etla und Xoxocotlan wurde ähnliche Keramik ebenfalls gefunden,
obwohl dort die Besiedlung später einsetzte.[33] Immer wieder
wird die kulturelle Verbindung zwischen der Golfküste (Kultur
der Olmeken) und Monte Albán I hervorgehoben. Erst nach einer
langen Diskussion konnte man sich auf die Formel FLANNERY's[34]
einigen, der lediglich vom kulturellen Einfluß der Olmeken im
Arbeitsgebiet, nicht von der Okkupation durch die Olmeken
spricht und Monte Albán I als olmekoide Kultur bezeichnet.

Auf Grund einer ^{14}C - Probe aus Yagul - und zwar aus einer mit
der Periode IC korrelierten Schicht (390 ± 275 v.Chr.), datiert
BERNAL[35] den Beginn von Monte Albán I auf etwa 900 v.Chr. Ein
erstes absolutes Zeitmaß für die Entstehung der Hochkulturen im
Arbeitsgebiet ist gefunden. Die folgende Periode Monte Albán II, deren Reste vor allem in Caballito Blanco - einer Ruinenstätte des Ostbeckens (s. Karte 1) - entdeckt wurden, ist
gekennzeichnet durch das Auftreten überdurchschnittlich großer
Kultstätten. BERNAL nimmt daher eine Versteilung des sozialen
Gefälles zwischen der führenden Priesterschicht und den einfachen Bevölkerungsschichten an:

"The relatively few sites in the valley where Period II appears to have
flourished (there were hardly any outside it) are important ceremonial cen-
ters. This is exactly where an aristocratic minority would have sett-
led, without immediately influencing the smaller sites, which would have
acquired some of the new traits only gradually."[36]

Periode III - insbesondere III B - wird als der Höhepunkt der Monte Albán-Kultur angesehen, Monte Albán IV dagegen als deren Niedergang. Die letzte Kulturphase ist in der Ruinenstätte selbst nur noch in Gräbern vertreten, der heilige Ort hatte also nicht mehr als Kultstätte, sondern nur noch als Friedhof gedient. Hier beginnt nicht nur der Einfluß toltekischer Stilelemente, sondern auch der bis zur Konquista anhaltende Einfluß der Mixteken, die nach der Blüte von Monte Albán das Becken zu großen Teilen erobert haben müssen.

Zwar lassen sich mit einiger Sicherheit die bedeutendsten Kultzentren der vorspanischen Zeit rekonstruieren, über deren Einfluß auf das tägliche Leben und Wirtschaften der Menschen aber wissen wir sehr wenig. Einzig für den Monte Albán selbst, für Huitzo, Zaachila, Dainzú und Lambityeco konnte neben der Kultanlage auch eine größere Zahl an Wohnstätten festgestellt werden. Auf Grund der von der archäologischen Forschung bisher zur Verfügung gestellten Daten versucht Karte 1 ein Bild der Verteilung der Zentren des Beckens aufzuzeigen. Einzig die Kriterien 'Größe und Schmuck der Kultstätte, Nachweis und Ausdehnung von Wohnstätten, Reichhaltigkeit und Ausarbeitung der Keramik' konnten dabei in Betracht gezogen werden. Auf den Anspruch flächendeckender Vollständigkeit mußte gänzlich verzichtet werden.

3. Das System Zentraler Orte am Vorabend der Konquista

Nicht mehr nur auf archäologische Quellen ist die Rekonstruktion des Siedlungsbildes kurz vor der spanischen Konquista angewiesen. Eine Reihe früher spanischer Quellen enthält bereits detaillierte Angaben.

Vor allem die Serie der *relaciones geograficas* von 1579-81, die auf eine Aufforderung Philips II. zurückgehen, stellen Informationen zur Verfügung. Der König hatte angeordnet, daß in einem 50-teiligen Fragebogen nicht nur die aktuelle Situation der Kolonie erfragt werde, sondern daß unter Einbeziehung älterer Bevölkerungsteile auch die Geschichte und die vorspanische Entwicklung der indianischen Gemeinden erhoben werde.

Wären alle Fragen so exakt beantwortet worden, wie sie gestellt
waren, hätten wir heute eine sehr ausführliche Beschreibung
Neu-Spaniens vor der Konquista und im 16. Jahrhundert.[37]

Die erste detaillierte Gesamtübersicht über Neu-Spanien erhalten wir aus einem Dokument, dessen Informationen zur Mitte des
16. Jahrhunderts gesammelt wurden (1547-50), der *suma de visitas* (BNMSS 2800 bzw. PNE 2[a] serie, I):

"This was done in a series of inspections by different individuals between
1547 and 1550, summarized in a single document, and sent to Spain probably
in 1551. ... certain places being described in detail and others quite sum-
marily."[38]

Ebenfalls früheste Information liefert das *libro de las tasaciones*, das Francisco Gonzáles de Cossío unter den "hojas suel-
tas y dispersas por diversos lugares en las bodegas del Archivo"[39] General de la Nación in Mexico finden konnte und 1952
veröffentlichte.

Zwar enthält dieses Tributverzeichnis nur wenige Orte des Arbeitsgebietes, von diesen aber exakte Daten der Tributbelastung, der Entlastung von Tributleistungen nach den Seuchenwellen der Mitte des Jahrhunderts und natürlich Daten über die
Einwohnerzahlen der genannten Orte (als *tributario* - Zahlen).

Auf die vorspanische Geschichte ebenfalls noch Bezug nimmt die
erst in der zweiten Hälfte des 17. Jahrhunderts entstandene
erste Geschichtsschreibung über Oaxaca, die *geografica descripción* des Dominikanerpaters Fr. Francisco de Burgoa (publiziert 1678).

Einzelquellen sind aus dieser Zeitperiode eher spärlich. Auch
in den Municipal- und Kircharchiven des Beckens fanden sich in
deren heutigem Zustand nur sehr wenige Dokumente des 16. Jahrhunderts.[40]

Trotzdem können diese ersten schriftlichen Quellen, viel besser
als die archäologischen, zeigen, wodurch das zentralörtliche
System mit dem Oberzentrum auf dem Monte Albán zwischen 900
n.Chr. und dem 16. Jahrhundert substituiert wurde.
Kurz vor der Ankunft der Spanier müssen administrative, kultische und wirtschaftliche Funktionen auf mehrere kleinere Zentren verteilt gewesen sein.

a) Hauptzentren

Zwei Orte werden in den geographischen Beschreibungen als besondere vorspanische Zentren im Arbeitsgebiet hervorgehoben: Dem Kaziken von Zaachila (Teozapotlan) war ein sehr großer Teil des Beckens (s. Karte 2) mit sehr unterschiedlichen Leistungen tributpflichtig. Durch Heirat war dieses Kazikengeschlecht nicht nur mit den mixtekischen Kaziken von Cuilapan verbunden, sondern auch mit den zapotekischen Königen (*reyes* - werden diese Kaziken in den spanischen Quellen genannt; sicherlich ein Indikator besonderer Machtfülle) von Tehuantepec an der Küste und dem ebenfalls mächtigen mixtekischen *señorío* von Yanhuitlán (nördlich des Arbeitsgebietes).

Zwischen den genannten drei Hauptorten Tehuantepec, Zaachila und Yanhuitlán muß ein reger Güteraustausch vorhanden gewesen sein. Die feuchtere und wärmere Küstenregion lieferte neben einer Reihe von tropischen Früchten dabei insbesondere Salz, Fisch, Baumwolle, den zu Kulthandlungen und Festtagen sehr begehrten Kakao und Tabak. Ein großer Teil der Tributleistungen des Hochlandes in die Küstenregion bestand aus dem im Hochland ertragreicheren Mais, Bohnen und Kürbissen, den klassischen vorspanischen Anbauprodukten. Daneben erreichte die Baumwolle, jetzt im Hochland verarbeitet zu Decken, Mänteln und Baumwollpanzern, wieder die Küstenregion. Obwohl diese ersten faßbaren Verwaltungseinheiten oder Herrschaftsbereiche, über die die oberste Bevölkerungsschicht der Kaziken gebot (*cacicazgos*), administrativ selbständige Einheiten waren, zeigen sie eine vielfältige wirtschaftliche Vernetzung durch das Tributsystem auch über die verkehrsgeographischen Grenzen des Arbeitsgebietes hinaus.

Aus Kriegshandlungen, gegenseitiger Unterwerfung, Heirat und Handel waren im Lauf der Zeit vielfältige Abhängigkeiten entstanden. Somit kann festgehalten werden, daß das Wirtschaftssystem des Arbeitsgebietes bereits kurz vor Ankunft der Spanier nicht mehr autark war. Hinzu kommt eine weitere Außenrelation in Form der oben bereits erwähnten Tributleistungen an die Azteken. Diese hatten die Kaziken des Beckens etwa 100 Jahre vor der Ankunft der Spanier unterworfen[41] und auf dem Cerro Fortín, nördlich der heutigen Stadt Oaxaca, eine befestigte Ansiedlung errichtet, an die vierteljährlich Tribute abzuliefern waren. Ein Austausch von Gütern mit aztekischen Händlern wird in den Quellen allerdings nicht erwähnt. Da auch sonst die Fortifikation Huaxyacac - etwa in den *relaciones geográficas* nicht als besonderes Zentrum genannt wird, dürfte ihre zentralörtliche Bedeutung bis zur spanischen Konquista gering gewesen sein. Die Ausführungen von BORAH/COOK machen das eher lockere Tributverhältnis zum Aztekenstaat deutlich, das nicht nur durch die Ausführungen Tezozomocs bestätigt wird, sondern das sich auch in den Aussagen der *relaciones* über die Tributleistung der Siedlungen des Arbeitsgebietes an die Azteken wiederfindet:

"Except in rare instances, the Triple Alliance did not absorb the peoples and lands of the conquered towns. The conquered were left free to govern themselves through their own institutiones, and even to follow their own religion. ... Although the imperial tribute was delivered to Mexican tax collectors, or calpixques, resident in the provinces, there was surprisingly little interference by the Triple Alliance in the local affairs of its provinces."[42]

Haupttributempfänger, größte geschlossene Siedlung und Warenumschlagplatz, war der *cacicazgo* von Zaachila.[43]

Die 1581 von Fray Juan de Mata erstellte Beschreibung (enthalten in den *relaciones geográficas*[44]) nennt konkret die Verwaltungseinheit Zaachila d e n *señorío* der Zapoteken:

"... pero poco antes que vinieron los españoles ubo otro casamiento de un Señor de Yanguitlan que se casó con la HERMANA DE LA MUJER DEL SEÑOR Y REY de Teocapotlan, el qual vivió en Cuylapa porque se lo dio EL SEÑOR de Teocapotlan para que alli viviesen. Entonces vinieron muchos mas que abian venido antes; asi que todos concuerdan en esto, e n d e c i r q u e T e o c a - p o t l a n e s e l S e ñ o r í o c a p o t e c o ."[45]

Neben der Tatsache, daß die spanische Quelle den Ort als *cabecera*, also als Hauptort bezeichnet, zeigt sie auch den Bedeutungswandel dieser Siedlung nach der spanischen Konquista:

"Era antiguamente mucho número de gente y de muchos principales, pueblo como donde estava la Corte, pero el dia de oy no ay sino poca gente, y principales casi ningunos; que sean las causas de averse acabado y muerto e yrse a ojos vistos acabando solo dios lo sabe."[46]

Die *relación* listet im weiteren alle zur Siedlung direkt gehörenden abhängigen *pueblos* sowie alle *estancias* und *ranchos* auf. TRAUTMANN[47] bereits hatte festgestellt, daß es nur in den seltensten Fällen möglich ist, die genannten Siedlungsstätten heute noch zu lokalisieren. Die Lagebeschreibungen richten sich meist nach längst vergangenen Geländemarken (*arroyos*, markante Bäume, Weggabelungen usw.), und die ehemaligen Ortsnamen sind heute ebenfalls unbekannt. Ein *cacicazgo* bestand also aus einem Hauptort, meist dem Wohnsitz des Kaziken, einer Reihe kleinerer direkt dazugehörender Siedlungen (*sujetos, ranchos, estancias*) und einem mehr oder weniger lockeren Verband tributärer anderer *cacicazgos*. Trotz der Unsicherheit in der Lokalisierung kann festgehalten werden, daß die direkt administrativ abhängigen Siedlungen kein geschlossenes Territorium ergeben müssen. Die politische Bedeutung des *cacicazgo* läßt sich am einfachsten an Zahl und Art oder Reichweite der Tributabhängigkeiten ablesen, die der *cacicazgo* zu erfüllen hatte oder die ihm erbracht wurden (s. Karte 2).

Die Tributverpflichtungen Zaachilas selbst gegenüber anderen Zentren sind nicht klar herauszuarbeiten: einerseits wird genannt, daß der *cacicazgo* vor der spanischen Zeit den 'kriegerischen' Kaziken von Tututepec und Tlachiaco tributpflichtig gewesen sei, andererseits wird die Selbständigkeit Zaachilas gegenüber den Azteken ausdrücklich betont (s.o.):

"Y dizen que a estos mexicanos no les davan ningun tributo, sino por via de amistad, sino que el Rey de Teocapotlan se tenía su señorío absolutamente." (Hervorhebung v. Verfasser). [48]

Ganz offensichtlich war der Einfluß des aztekischen Tributsystems an seiner Peripherie gering. Eine Durchdringung des Beckens von Oaxaca und seiner Siedlungen mit Nahua-Bevölkerung hat nicht stattgefunden. Auch die späteren Quellen des 16. und 17. Jahrhunderts (z.B. BURGOA) berichten von der Notwendigkeit, daß die missionierenden Dominikaner zapoteco oder mixteco sprechen, da nur einige wenige Kaziken Nahua verstehen würden. [49]

Die Macht des H e r r n der Zapoteken wird in der *relación* direkt vom kriegerischen Erfolg abgeleitet. Zaachila ist nicht zuletzt aufgrund seiner guten Verteidigungsmöglichkeiten mächtig geworden:

"... por estar en tierra llana el dicho cabeço o peñol, es muy fuerte, y asi antiguamente era fuerça de LOS REYES de Teoçapotlan; ..."[50]

Politische Macht aber scheint in der vorspanischen Zeit von der Größe des Landbesitzes vollkommen unabhängig gewesen zu sein. Während das benachbarte mixtekische Cuilapan, obwohl Zaachila tributpflichtig, einen Überfluß an Ackerland verzeichnete, war das ehemalige Hauptzentrum der Zapoteken vom Landbesitz her gesehen sehr arm. Die Landschenkungen des Vizekönigs an Zaachila am Ende des 16. Jahrhunderts - eine für einen Schafzuchtbetrieb, die andere aber für Ackerland - zeigen deutlich diesen Mangel. Die Zuweisung von Ackerland 1593 wurde damit begründet, daß die Siedlung auf dem vorhandenen Gemeindeland nicht mehr fähig sei, die große Bevölkerung zu ernähren.[51]

Die Erwerbsstruktur großer Bevölkerungsteile der Siedlung kann in vorspanischer Zeit nicht auf Landwirtschaft basiert haben. Dieser Bevölkerungsanteil muß von wirtschaftlichen Aktivitäten gelebt haben, die unter der spanischen Herrschaft plötzlich ausgefallen sind. Wirtschaftliche Aktivitäten aber, die in der spanischen Zeit wegfielen, konnten nur im Zusammenhang stehen mit der Verwaltung des *cacicazgo*, der Produktion von Gütern für die kleine Oberschicht des "Hofes" oder den kriegerischen Aktivitäten in vorkolonialer Zeit.

Für die große Bevölkerungszahl des Ortes gibt es noch einen weiteren Anhaltspunkt: Der Ort war wie alle anderen Siedlungen mit hoher Bevölkerungszahl nach 1530 im Beckenraum sehr stark belastet durch die *repartimiento* - Leistungen, die ihm nach der Entdeckung der Minen von Chichicapa auferlegt wurden.[52] Die ungewohnte und harte Arbeit in den Minen kostete vielen Indios besonders nach 1570 (als die Zwangsarbeit zunehmend als unerträglich beschrieben wird) das Leben.[53]

Dieser Bevölkerungsverlust, zusammen mit dem aus den zahlreichen Seuchen und Krankheiten resultierenden, gegen die die Einwohner Mesoamerikas keine Abwehrkräfte hatten, sollte die o.g. Landzuweisung eigentlich unnötig erscheinen lassen, ist aber

ein weiterer Anhaltspunkt für den überdurchschnittlich hohen
Anteil landloser Bevölkerung Zaachilas in früher spanischer
bzw. kurz vor der spanischen Zeit. Die Bevölkerungszahl ist dabei, betrachtet man allein die Angaben der *suma de visitas* für
den Hauptort mit 815 tributpflichtigen Familienvorständen und
298 Ledigen (1/2 Tributpflichtige), nicht sehr hoch. Rechnet
man jedoch die Bevölkerung der 11 abhängigen *sujetos* und *estancias* mit 1311 *tributarios* und 515 Ledigen (*muchachos*) hinzu,
ist Teozapotlan mit mehr als 2000 *tributarios* die weitaus größte Bevölkerungsballung im gesamten Arbeitsgebiet noch gegen Ende des 16. Jahrhunderts.[54]

Als ebenfalls wesentlicher Indikator vorspanischer zentralörtlicher Bedeutung zeigte sich bereits bei den Untersuchungen von
TICHY im Becken von Puebla-Tlaxcala die frühe Anlage von Klöstern des Hauptmissionsordens der Region. Es kann nicht verwundern, daß Zaachila ebenfalls eines der frühesten Klöster im
Becken aufzuweisen hat. Allerdings kann es vice versa als Be-
weis des Einflusses der Kaziken von Zaachila bezeichnet werden,
daß die Mission hier erst am Ende des 16. Jahrhunderts Fuß fassen konnte, als benachbarte Orte, wie etwa Ocotlan längst missioniert waren.

"Los dominicos comenzaron formalmente su labor misionera entre los indios a
mitad del siglo, fundando doctrinas en Etla, Cuilapan y la Villa de Oaxaca
en 1550, Guaxolotitlan [d. i. Huitzo] en 1554 y en Ocotlan en 1562. A fines
del siglo XVI habían extendido su poder a Teozapotlán, ..."[55]

Ebenfalls bereits aus der Zeit nach der Konquista unterstreicht
ein weiterer Indikator die vorspanische Bedeutung Zaachilas:
Bereits unter der *segunda audiencia* (1531-1535) wurde es Hauptort eines *corregimiento*.

"La administración civil de los Indios del Valle, se llevó a cabo pri-
mordialmente por medio de la institución politica legal del corregimiento.
Los Corregidores se asignaban a las poblaciones de la Corona (p. ej., aquellas que estaban sujetas a la encomienda y que pagaban tributo al rey Español) por la segunda audiencia entre 1531 y 1535, cada uno con el poder de
actuar como 'administrador de las órdenes de la Corona, magistrado, recauda-
dor de tributo y alguacil' (GERHARD, Historical Geography, S. 14). La por-
ción del Valle que no caía en las jurisdicciones del Marquesado y de las encomiendas privadas, se dividió en nueve corregimientos, centrados en los importantes pueblos de Teozapotlán - Ixtepec ... El alcalde mayor de Antequera
fue quien administró el corregimiento de Teozapotlán- Ixtepec; ..."[56]

Bereits hier allerdings verwischt der spanische Einfluß die Be-
deutungsunterschiede der Zentren des Beckens in vorspanischer
Zeit nachhaltig: Zaachila bekam nur e i n e s der vielen Missionsklöster im Beckenraum; Hauptsitz des Ordens wurde die
neu-gegründete spanische Stadt Antequera. Der Ort wurde auch
nur Hauptort e i n e s von neun *corregimientos* außerhalb des
Marquesado und wurde auf Grund der geringen Distanz von Antequera aus verwaltet.

Zusammenfassend ergeben sich eine Reihe von Indikatoren, die
Zaachila als das Machtzentrum im Arbeitsgebiet kurz vor der
spanischen Konquista erscheinen lassen:

1) Der Ort ist Sitz eines von der *relación* als 'König der Zapoteken' bezeichneten Fürsten. Die gleiche Quelle gibt an, daß
   die Siedlung in vorspanischer Zeit Sitz eines *corte* (= kö-
   niglicher Hof oder Gerichtshof) gewesen sei. Ebenfalls finden wir die Bemerkung, daß der Ort Sitz vieler Adliger
   war. [57]

2) In allen frühen spanischen Quellen wird Zaachila immer als
   cabecera oder als *cabeça* bezeichnet (= Hauptort, Hauptstadt).

3) Der Ort selbst besitzt viel zu wenig landwirtschaftliche
   Fläche, um bei geänderten Wirtschaftsbedingungen seine eigene Bevölkerung ernähren zu können. Die Siedlung ist sehr
   volkreich und es sind ihr viele andere Orte tributpflichtig.

4) In der frühen spanischen Zeit wird die Tributleistung, die
   der Ort mit seinen direkt abhängigen Siedlungen (*sujetos,
   estancias, ranchos*) zu zahlen fähig ist, sehr hoch eingeschätzt. (s. Tab. 1)

5) Der Ort wird in früher spanischer Zeit nicht nur zum Sitz
   eines Missionsklosters, sondern auch Hauptort (*cabecera*) eines *corregimiento*.

Eine vergleichbare Bündelung von Indikatoren, die auf einen
Zentralen Ort hohen Ranges hinweisen, findet sich bei keiner
anderen Siedlung des Arbeitsgebietes in den frühen spanischen
Quellen. Hinsichtlich seiner wirtschaftlichen Prosperität erfährt der Ort in der *suma* eine der besten Bewertungen:

Die Bewohner werden als reich bezeichnet, sie seien gut behandelt worden und könnten bequem mehr als den angeführten Tribut aufbringen (die Tributleistung war bereits sehr hoch, s. Tab. 1). Trotzdem scheint Teozapotlan kein besonders bedeutendes Wirtschaftszentrum gewesen zu sein, zumindest erwähnen die Quellen nichts davon. Andere Funktionen außer der Verwaltung und Beherrschung nahezu des gesamten Arbeitsgebietes scheinen wenig in den Vordergrund zu treten, besonders, wenn man die Berichte über solche Funktionen in anderen Orten betrachtet. Auffällig ist auch, daß über die kultischen Funktionen, das Pantheon und die geltenden vorspanischen religiösen Riten kaum etwas ausgesagt wird, diese also hier wohl nicht die überragende Rolle gespielt haben.

Ein zweites Zentrum ganz anderer Funktion muß sich vor der spanischen Mission in Mitla befunden haben. Nach einer eher konfusen Beschreibung der auch heute noch bekannten Ruinenanlagen des Ortes berichtet die *relación*, daß sich nahe bei den Tempelanlagen (PASO Y TRONCOSO meint, man könne auch transskribieren 'verbunden mit' den Tempelanlagen [58]) das Haus des Bigaña befunden habe. Dieser wird verglichen mit dem Papst in Rom, das heißt in Mitla war der Sitz des Hohepriesters einer größeren Region:

"Junto con esta quadra tenia su casa EL BIGAÑA que era como en nuestra Religion el Pontifiçe Romano cabeça de la universal yglesia." [59]

Daß Mitla eine Sonderstellung einnahm, geht aber noch aus anderen Bemerkungen der *relación* hervor. Der Ort hatte in der Umgebung vier Fluchtburgen [60] (eine wurde für Zaachila genannt), die im Kriegsfalle von der Bevölkerung, und es darf angenommen werden von den zahlreichen Pilgern, genutzt wurden. Der große Tempel und der Priesterpalast, den die *relación* beschreibt, muß im 16. Jahrhundert noch in gutem Bauzustand gewesen sein. Bis zur Ankunft der Spanier wurden dort Feste abgehalten und kultische Riten durch den Bigaña ausgeführt. Die Beschreibung dieser Feste ist dem Chronisten des 16. Jahrhunderts zwar blutrünstig geraten, seine Schlußbemerkung aber, daß in diesem Ort der Hauptgott aller Bewohner und Dörfer dieses Beckens verehrt worden sei, ist für die Bestimmung des Zentralitätsniveaus Mitlas in der vorspanischen Zeit als Kultzentrum höchsten Ranges im Arbeitsgebiet umso wertvoller:

"Adoravan al demonio, y entre ellos tenian un ydolo casado, e la muger se dezia PONAPI QUECUYA, y el marido COQUI BEZELAO, que en español dize 'señor diablo': a estos adoravan e sacrificavan n o   t a n   s o l a m e n t e e l l o s   s i n o   t o d o s   l o s   v a l l e s   y   p u e b l o s, e ha- zian delante del sus danças e bailes, con ynstrumento de musicas; sacrifica- van e matavan niños e hombres, perrillos, gallinas, codornices, palomas, e hera costumbre hordinaria emborracharse delante estos ydolos."[61] (Hervorhebung v. Verfasser)

Ansonsten aber finden sich in der Quelle nur noch Hinweise da- rauf, daß Mitla eine gewisse Sonderstellung innerhalb der Sied- lungen des Beckens eingenommen haben muß. Es war zwar dem Kazi- ken von Zaachila tributpflichtig, die Tributleistung aber war äußerst gering:

"Hera este pueblo en tiempo de su ynfidilidad del SENOR del pueblo de Teoça- potlan, al qual reconosçian por tal; no le tributavan cosa ninguna mas de que algunos años les yvan a su pueblo a hazer una sementera de mahíz e le presentavan gallinas e miel."[62]

Obwohl die Quelle erwähnt, daß in vorspanischer Zeit Mitla ei- nem eigenen *señor natural* unterstanden habe und niemand sonst regiert hätte und obwohl der Ort eine Reihe von direkt poli- tisch abhängigen Siedlungen (*sujetos, estancias, ranchos*) auf- zuweisen hat (Mitla also im bisher verwendeten Sinne Hauptort eines *cacicazgo* war), wird die Siedlung in der Quelle im Gegen- satz zu Zaachila nicht als *cabecera* bezeichnet, sondern als einfaches Pueblo. Diese Herabstufung eines ehemals bedeutenden heidnischen Kultzentrums kann von der frühen spanischen Verwal- tung ebenso beabsichtigt sein, wie die Bedeutungsminderung, die Mitla dadurch erfuhr, daß es sich den Sitz des *corregimiento*, das von der *segunda audiencia* zwischen 1531 und 1535 gegründet worden war, mit Tlacolula teilen mußte, einem Ort, der zwar *ca- becera* eines *cacicazgo* war, von dem ansonsten aber keine höher- rangigen Funktionen genannt werden. Die Funktion des Indikators 'spanische Klassifizierung eines Ortes' ist also auch weiterhin im Einzelnen zu untersuchen und darf nicht allein als Maß für den Rang eines Ortes in der zentralörtlichen Hierarchie stehen. Auch die Tatsache, daß der Ort als Sitz von Händlern bezeichnet wird, die am Ende des 16. Jahrhunderts bereits mit Lasttieren

ihrem Handel nachgingen, weist eher auf eine Siedlung mit zentralen Funktionen höheren Ranges als auf ein einfaches *pueblo*
hin:

"Los tratos e contratos que tienen es que van fuera de sus casas y pueblo
con cavallos de carga, e llevan sus grangerias a otros pueblos como es sal
e agí e otras cosas de menundençias; pagan el mahíz a su Magestad en mahíz
e dinero."[63]

Die Händler von Mitla versorgen übrigens bis heute nicht nur
die Wochenmärkte des Arbeitsgebietes, sondern besonders auch
die im Osten und Nordosten an das Becken anschließenden Bergländer, und obwohl der einst am *camino real* gelegene Ort heute
einige Kilometer von der Hauptdurchgangsstraße, der Panamericana, entfernt liegt, ist Mitla gerade für diese Bergländer der
wichtigste, weil nächst gelegene, Markt im Becken geblieben.[64]

Mitla hatte also bereits vor der spanischen Zeit zwei wesentliche Funktionen: zum einen war es der Sitz des Hohepriesters
der Gesamtregion und damit kultisches Hauptzentrum nicht nur
für das Arbeitsgebiet selbst, sondern für den gesamten Sied-
lungsbereich der Zapoteken. Daneben war Mitla Handels- und Umschlagplatz zwischen den Beckenzapoteken und den Bergzapoteken.
Es entwickelte einen eigenen bis heute bedeutenden Wochenmarkt,
auf dem Waren besonders von den Bewohnern der benachbarten Berge nachgefragt und angeboten wurden und werden. Die politische
und administrative Macht Mitlas war beschränkt und blieb es
während der gesamten Kolonialzeit. Das oben bereits genannte
repartimiento zu Gunsten der Minen von Chichicapa betraf allerdings auch diesen Ort und kann wieder Nachweis hoher Bevölkerungszahl zumindest in der zweiten Hälfte des 16. Jahrhunderts
sein. Daß Mitla Sitz indianischer Adliger war und damit also
auch den Indikator von TRAUTMANN für vorspanische Zentralität
erfüllt, wird nicht nur aus der *relación* deutlich, sondern auch
durch Rechtsprotokolle bestätigt: Im Rechtsstreit mit dem Kaziken von Tlacolula können die *principales* von Mitla ihr Besitzrecht an einer *estancia* östlich Tlacolula bewahren.[65]

Obwohl die meisten *mercedes* für indianische Adlige im Arbeitsgebiet aus der zweiten Hälfte des 16. Jahrhunderts stammen, wie
TAYLOR nachweisen konnte[66], gehören Mitla und Tlacolula zu den

Orten des Beckens, deren Adlige sich Eigentumsrechte schon sehr früh (1553) auf diesem Wege (*mercedes*) sichern konnten.[67]

Als weitere außerlandwirtschaftliche Erwerbsquelle des Ortes werden in der *relación* Salinen genannt. Salz war eines der Handelsprodukte, das die Händler Mitlas vermarkteten (s.o.).

Die auffällige Zweiteilung der Hauptfunktionen politisch-administrativer und kultischer Zentralität schreiben einige Autoren dem Hiatus der postklassischen zapotekisch-mixtekischen Gesellschaftsform zu, die sich nach Meinung dieser Autoren am Übergang von der älteren theokratischen Epoche (repräsentiert durch den Bigaña in Mitla) und der jüngeren militaristischen Epoche (repräsentiert durch das Kriegerzentrum Zaachila) befunden habe:

"We know of nothing else like it in the Postclassic, but it conforms rather accurately to the reconstruction of Classic society which has been made by many archaeologists, namely, an organized theocracy presided over by a spiritual power to whom all temporal rulers owed their allegiance. Mitla seems to have been an island in time, a survival of this older kind of social organization into an era in which the priesthood was little more than a mouthpiece for kings who even rewrote the sacred myths for their own ends."[68]

Bevor ähnliche Untersuchungen in anderen Gebieten Mesoamerikas vorliegen, können wir nur davon ausgehen, daß die Verteilung der Hauptfunktionen weltlicher Administration und Kult auf mehrere Zentren ein Sonderfall des Beckens von Oaxaca ist. Sie könnte allerdings ebenso Ausdruck einer bestehenden Labilität auf dem höchsten Zentralitätsniveau kurz vor der Ankunft der Spanier, nach Ausfall des eigentlichen Hauptzentrums "Monte Albán", sein.

Ein Zaachila oder Mitla vergleichbares Wirtschaftszentrum wird nicht benannt. Allerdings gibt es Hinweise darauf, daß im 16. Jahrhundert ebenso wie während der Kolonialzeit die Region um Etla im nördlichen Beckenteil das landwirtschaftliche Hauptproduktionszentrum der Region war.[69] Es konnte zwar im gesamten Arbeitsgebiet Mais gebaut werden, wenn auch mit deutlich unterschiedlichen Erträgen, die Produktion anderer landwirtschaftlicher Erzeugnisse war jedoch bereits deutlich differenziert. Klimatisch und edaphisch war der zentrale und der nörd-

liche Teil des Beckens bevorzugt. Der wesentlich trocknere Ost-
teil konnte dagegen mit den Produkten des Agaven-Anbaus (die
Gegend ist bis heute für ihre Mezcalproduktion[70] in Mexiko bekannt) diesen Nachteil kompensieren. Der größere Anteil an ebe-
nem Land und die Möglichkeit der Bewässerung auch in vorspanischer Zeit kompensierten dagegen die natürlichen Nachteile des
Südbeckens. Trotzdem wird auch in der *relación* des 16. Jahrhunderts Etla als landwirtschaftlich besonders reiche Region
dargestellt, die nicht nur die klassischen vorspanischen Anbau-
produkte im Übermaß auf den Markt brachte, sondern auch ausreichend innovationsfreudig war, die von den Spaniern eingeführten Pflanzen (u.a. Weizen) bereits in der zweiten Hälfte
des 16. Jahrhunderts anzubieten.[71]

b) Mittel- und Kleinzentren, Cacicazgo-Hauptorte

Zentralörtliche Funktionen, wenn auch oft nur für ein kleines
Ergänzungsgebiet, erfüllten alle *cacicazgo* - Hauptorte. Aus den
Aussagen der *relaciones geograficas* wird deutlich, daß zwischen
Etla und Huitzo eine Grenze der Ausrichtung der Bedarfsdeckung
im Becken gelegen haben muß. Der *cacicazgo* Huitzo war nach Norden zu den Bergregionen hin orientiert und versorgte diese mit
Gütern und Dienstleistungen. Huitzo war Sitz eines der insgesamt drei aztekischen Tributeintreiber (*calpizques*) der Provinz
(einer saß außerdem in Huaxyacac oder Guaxaca, der aztekischen
Festung nördlich der heutigen Stadt Oaxaca, ein anderer in
Cuestlavaca in der Mixteca). Lange vor Ankunft der Spanier sei
der Ort Huitzo den Azteken bereits tributpflichtig gewesen, berichtet die *relación*:

"El dicho pueblo de Guaxilotitlam y los naturales del estaban subjetos muchos años avia, antes que los españoles biniesen, a MOTECÇUMA, y el señorío
que sobre ellos tenya hera que le tributavan mantas de algodon blancas y
'guaypiles' que son a manera de camysas, ques una bestidura que las mugeres
traen ..."[72]

Nicht mehr klärbar ist, ob die *relación* Huitzos nur einfach
näher auf die innere politische Struktur des Ortes eingeht,
oder ob es sich bei der beschriebenen Form durchorganisierter
Verwaltung bis in die *barrios* um einen Sonderfall handelt, der

eventuell auf die straffere Organisation eines den Azteken voll
unterstehenden *pueblos* zurückzuführen ist:

"En el capitulo 15: dizen que para su gobierno avía un yndio, el qual tenían
por SENOR NATURAL, el qual los gobernava y mandava lo que avían de hazer y
les hazia justicia en los pleytos que entre ellos avia, y nombrava en cada
barrio y estançia un yndio que le llamavan 'tequitato' ques a manera de ju-
rado en las collaçiones de Spaña, el qual tenia cargo de los yndios de aquel
barrio o estançia, y este recogía los tributos y dava notiçia de los deli-
tos que entre ellos avia y de los pleytos que armavan, así de tierras como
de otras cosas."[73]

Sehr selten sind diese Stellen in den frühen spanischen Quellen, die auf die Funktionen der *señores naturales* näher einge-
hen. Offensichtlich trifft die von SPORES gewählte Bezeichnung
"Könige" zumindest auf die Eigenschaft zu, daß die Kaziken Tributleistungen in Naturalien und Arbeitskraft fordern konnten,
die Exekutive verwalteten und Recht sprachen, sowie zum Kriegs-
dienst aufrufen konnten. Auch ist die Kazikenwürde vererbt worden, allerdings nicht ausschließlich in der männlichen Linie.
(Häufig tauchen in den Quellen der Kolonialzeit *cassicas* als
Witwen oder erbberechtigte Töchter der Kaziken auf).[74]

Trotz der bereits genannten ehemaligen Orientierung Huitzos zum
nördlichen Bergland, weiß bereits die *relación* vom 10. März
1581 zu berichten, daß die Bewohner Huitzos die Produkte ihrer
Landwirtschaft und ihres Handels mit dem Bergland in die neu
entstandene Stadt Antequera verkaufen.[75] In der *suma* wird Huitzo als reicher Ort bezeichnet, der 'wenig Tribut leiste'. Mit
1793 *tributarios* und 1066 Häusern sowie 9 direkt abhängigen
estancias, handelt es sich um eine der größeren Siedlungen des
Beckens. Typisch, daß auch hier eines der früheren Klöster der
Dominikaner entstand und Huitzo bereits unter der zweiten Audiencia zwischen 1531 und 1535 Sitz eines *corregimiento* geworden war. Des weiteren deutet aber nichts auf besondere weitreichende Funktionen hin, wie sie Zaachila und Mitla aufzuweisen hatten. Huitzo war sicherlich ein zentraler Ort höheren
Ranges, versorgte aber ein kleineres Ergänzungsgebiet, das vor
allem im nördlich angrenzenden Bergland gelegen haben muß. Erst
die Gründung der spanischen Stadt Antequera veränderte diese
Situation und polte den Güterstrom zur neugegründeteten Stadt
hin um.

Auf einer ähnlichen Stufe zentralörtlicher Bedeutung wie Huitzo dürfte Talistaca (das heutige Tlalixtac de Cabrera) in der vorspanischen Zeit gestanden haben. Mit über 1000 *tributarios*[76] ebenfalls einer der größeren Orte des Beckens, war es Hauptsitz eines Kaziken, Sitz eines frühen *corregimiento*, eines frühen Klosters des Dominikanerordens und Sitz einer größeren Zahl indianischer Adliger (*principales*; die genaue Zahl wird von der *suma* nicht genannt). In früher spanischer Zeit erhielt der Ort die Lizenz für eine Weizenmühle und wurde bald einer der Hauptweizenlieferanten der spanischen Stadt in der Nachbarschaft (Antequera). Aus der vorspanischen Zeit weiß die relación nichts Gutes zu berichten: Einzig die *principales* und der *señor natural* hätten genügend zu essen gehabt, das einfache Volk habe dauernd arbeiten müssen und sei für den Kaziken von Zaachila ständig im Krieg gewesen, heißt es da. Einzig die *suma* macht auf eine gewisse Sonderstellung Tlalixtacs in der vorspanischen Zeit und der frühen spanischen Zeit aufmerksam. Dort wird berichtet, daß ein sehr großer Teil der Bevölkerung 'Händler' (*mercaderes*) waren, die nicht nur den neu entstandenen Markt der Stadt Antequera versorgten, sondern offensichtlich auch althergebrachte Fernhandelsbeziehungen zur Küstenregion im Süden des Arbeitsgebietes und zu den nördlich angrenzenden Bergländern der Mixteca hatten. Mit der Gründung Antequeras berichten alle Quellen übereinstimmend, sei es den Bewohnern von Tlalixtac gut gegangen, außer Saat und Ernte hätten sie kaum noch etwas gearbeitet, da die offensichtlich hier besonders drückenden Tributlasten an den Kaziken von Zaachila, die auch die Stellung von Arbeitskräften beinhaltet hatten, weggefallen seien. Auch Kriegsdienste waren nicht mehr zu leisten und der landwirtschaftliche Anbau sei durch zwei ständig wasserführende Quellen erleichtert gewesen.

Auf ähnlichem Zentralitätsniveau liegen nach den Quellen die *cacicazgo* - Hauptorte Ocotlan im Südbecken oder Tlacolula sowie Teotitlan und Macuilxochitl im Ostbecken. Bei dem letztgenannten Doppelort kann interessanterweise durch eine Bemerkung in der Karte, die der entsprechenden *relación* beigegeben ist, versucht werden, die Genese der Orte weit in vorspanische Zeit zurückzuverfolgen.

"Dieser Ort wird Macuilxochitl genannt, weil der Herr von Teozapotlan sie geteilt hat und jedem Herrn eine Stadt gab. Der Herr von Macuilxochitl hat Land und es gibt ein barrio Teotitlan/Tlacochahuaya, das auf dem Land von Macuilxochitl liegt, denn vor langer Zeit gab es den Herrn Ocoñaña, der in Zapoteca Herr Pilla heißt und den Herrn Piziatuo und eine Adlige Yocan Herrin Palala. Dies sind die drei Herren von Macuilxochitl." [77]

Teotitlan und Tlacochahuaya werden als *barrios* von Macuilxochitl bezeichnet. Die Karte (s. Abb. 3) selbst liefert neben diesem Text noch mehr Information: Der Ort, der dort San Juan Macuilxochitl heißt, ist heute das *municipio* von San Juan Guelavîa; das San Francisco Macuilxochitl von 1580 ist heute das *municipio* von San Francisco Lachigolôo; Santiago Macuilxochitl wurde Santiago Ixtaltepec, ein *pueblo*, das dem *municipio* von Teotitlan untersteht; zwei heutige *municipios*, nämlich Tlacochahuaya und Abasolo waren 1580 noch Macuilxochitl unterstellt. Um 1745 merkte VILLASEÑOR y SANCHEZ an[78], daß Santiaguito, Ixtaltepec, Lachigolôo und Guelavîa noch der Verwaltung von Macuilxochitl unterstanden, allerdings war zu dieser Zeit Macuilxochitl selbst Teil der *jurisdicción* von Teotitlan (s. Karte 7). Davon, wie von der weiteren kolonialzeitlichen Entwicklung gerade dieser Orte, über die es eine Reihe von Quellen gibt und in denen der Verfasser reich gefüllte Archive finden konnte, wird später noch zu reden sein. Das Beispiel zeigt, daß es nur selten - nur wo interpretierbare historische Karten vorhanden sind - möglich ist, Quellenangaben zu lokalisieren. Häufige Namensänderungen, Änderungen des administrativen Status und Quellenlücken sind dafür verantwortlich.

Die alte Ruinenstätte Dainzû liegt auf dem Gebiet, das in der Karte von 1580 als Land von Macuilxochitl erscheint. Die archäologische Forschung (BERNAL 1967, 1968a, 1968b, 1969; BERNAL und SEUFFERT 1973, 1979) zeigt, daß sich der sicher sehr wichtige Ort nur geringfügig nach Süden ausdehnt, nach Norden aber bis in das Gebiet des heutigen Macuilxochitl zu verfolgen ist. Macuilxochitl also als Nachfolgesiedlung Dainzûs zu bezeichnen, hält auch einer archäologischen Überprüfung stand. Neben dieser Verbindung zu einem sehr alten Kultzentrum im Ostbecken macht der Ortsname stutzig: Die *relación* übersetzt Macuilxochitl mit 'fünf Blumen' und es finden sich auf der Karte auf dem Berg im Zentrum auch folgerichtig fünf Blumen als Ortsinsignien. Aller-

dings kennt das Nahuatl (die Sprache der Azteken, aus der das
Wort Macuilxochitl stammt) Pluralformen, so daß Macuilxochitl
eher mit 5 Blume übersetzt werden müßte - als Plurale tantum -
und das ist der Name des 200. Tages im rituellen 260-Tage Kalender. Dieser Widerspruch regte PADDOCK an, dem Problem der
Namensgenese des Ortes genauer nachzugehen: Der 200. Tag ist
besonders bedeutend für die präspanischen Kulturen des Arbeitsgebietes. Seine Personifizierung, eine Figurine, wurde in zahlreichen Exemplaren am und auf dem Monte Albán gefunden (CASO
und BERNAL 1952:84 - 87).
'Fünf Blume' findet sich aber auch im Grab 1 in Zaachila, und
CASO (1964/66) identifizierte ihn als einen mixtekischen Adligen aus der Dynastie, die Cuilapan regierte. Allerdings ist damit nicht ausgesagt, daß es sich um denselben 'Fünf Blume' handeln muß, der Macuilxochitl wahrscheinlich den Namen gab. Auch
der ebenfalls in der *relación* angeführte zapotekische Ortsname
deutet auf die Bedeutung Macuilxochitls in vorspanischer Zeit
hin: *Quiabelagayo* - die erste Silbe *quia* - kann Felsen oder
Berg bedeuten oder aber in der Aussprache *quie* (die PADDOCK für
richtiger hält)[79] bedeutet das Wort 'Blume'. Die letzte Silbe
-caayo ist fünf. Die mittlere Silbe *-bela-* steht in Zapoteco
für Schlange, für den mesoamerikanischen Kulturraum ist das ein
höchst positives und heiliges Symbol, für die Spanier ein Symbol für Hölle und Teufel (Paradies-Schlange). Da unsere Quelle
aus der frühen Kolonialzeit stammt, kann angenommen werden, daß
das Namenspartikel 'Schlange' nach der Konquista, wie dies auf
bemalter Keramik und in Bilderhandschriften zu beobachten ist,
in der spanischen und der Nahuatl-Version des Ortsnamens wegge-
lassen wurden. Daß der Ort mit dem heiligen Schlangensymbol direkt in Verbindung zu bringen ist, zeigt auch noch die Bemerkung der *relación*, daß in Macuilxochitl vor der Konquista der
Gott *Coquebila* verehrt worden sei, wobei *bila* = *bela* = Schlange
zu setzen ist.
Der Schlüssel der Interpretation der Quelle scheint jedoch im
zuerst genannten Personennamen des *señor natural Ocoñaña* , zu
liegen. Das Wort, das nicht aus dem Nahuatl stammt, ist als
Name mixtekischer Fürsten bekannt. Er bedeutet '20 Tiger' (ge-
meint ist sicherlich der Jaguar oder eine kleine Wildkatzenart,

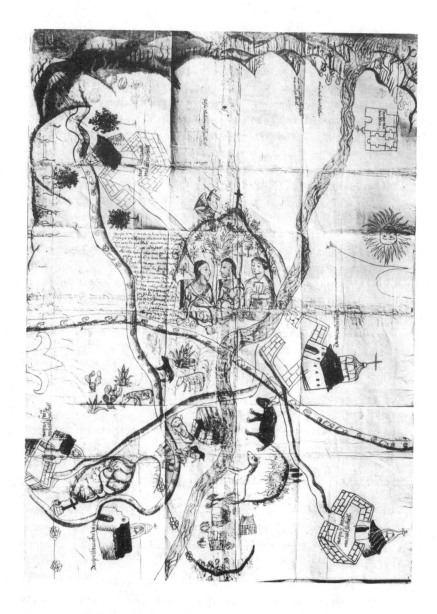

Abb. 3: Karte aus der relación des Ortes Macuilxochitl
aus dem 16. Jahrhundert. (PNE 2ªserie , Bd. IV)

die in den Bergen Oaxacas noch heute lebt und die einem Berg zwischen Macuilxochitl und Tlacochahuaya, der von Pyramiden besetzt ist, den Namen '3 Löwen' gab). Aus der mixtekischen Kultur sind zwei Herren mit dem Namen *Ocoñaña* bekannt. 2 Regen - *Ocoñaña* und 5 Rohr - *Ocoñaña*. 2 Regen ist der 119. Tag des 260 - Tage Kalenders und 5 Rohr der 213. Tag. Dieser aber heißt im Kalender *Pellaa*. Da 'e' und 'i' im Zapotekischen austauschbare Laute sind, erhebt sich die Frage, ob der genannte *Coqui Pilla*, der Herr von Macuilxochitl, als *Coqui Pellaa* identisch ist mit dem bekannten 5 Rohr - *Ocoñaña*, der in verschiedenen Dokumenten als Herrscher von Teozacoalco und als Adliger von Tilantongo auftaucht?

Wäre es möglich diese Hypothese durch andere Quellen zu festigen, müßte Macuilxochitl als Siedlung zu einem der größten mixtekischen 'Königtümer' der vorspanischen Zeit gerechnet werden. Allerdings ist diese Frage auch mit statistischer Manipulation nicht mehr zu klären, wie PADDOCK es zunächst versuchte:

"Fortunately, Alfonso Caso has left us a great treasure in the publication of his file of data on men and women who appear in Mixtec documents (CASO 1979). In this file, arranged by calendar names, there are 1627 men and 922 women listed. ... Ten men and two women are listed as being named 5 Reed. With ten men among 1627, evidently there is one possibility in 162,7 that any man who interests us will bear this name, 5 Reed, by chance. ... But our man has another name, a personal one: Ocoñaña. Among all the 2549 noble men and women in Caso's register, only two have this personal name. But let's be conservative; let's consider only the men. There are then two possibilities among 1627 of having the personal name of Ocoñaña by chance, or one in 813,5. The possibility that a man who interests us will have by chance both the calendar name of 5 Reed and the personal name of Ocoñaña then is one in (162,7 x 813,5), or one in 132 356. ... In other words, the Mapa de Macuilxochitl says plainly that a Mixtec noble, Lord 5 Reed Ocoñaña, ruled a group of Valley of Oaxaca towns from Macuilxochitl." [80]

Und es bedeutet nicht, daß der Herr von Teozacoalco die gleiche Person ist, wie der Herrscher von Macuilxochitl. Ohne weitere Informationen kann die Interpretation also nicht fortgesetzt werden.

Einiges jedoch bleibt aus diesem Exkurs in die Ethnohistorie festzuhalten: Macuilxochitl könnte Sitz eines nicht unbedeutenden Herrschers in früher vorspanischer Zeit gewesen sein. Der Ort ist Nachfolgesiedlung des weiter südlich gelegenen Dainzú und hat damit seine Wurzeln im Klassikum der zapotekischen Kul-

tur. Der Ort könnte kurz vor der Konquista von einem mixtekischen Fürsten, der eventuell verwandt war mit dem Fürstenge-
schlecht in Cuilapan, der bedeutendsten mixtekischen Siedlung
des Beckens, beherrscht worden sein. Die Hypothese sei erlaubt,
daß die Verlegung des Ortszentrums von der heiligen Stätte
Dainzú an den Nordrand der alten Siedlung in das heutige Macuilxochitl dann die Folge des Übergangs von zapotekischer zu
mixtekischer Herrschaft in diesem Gebiet war, denn vor der Eroberung durch die Mixteken muß der Ort zu Zaachila gehört haben, von dessen Herren es geteilt wurde. Von Macuilxochitl aus
wurde nicht nur der spätere Hauptsitz kolonialer Verwaltung des
Ostbeckens in Teotitlan beherrscht, sondern auch das spätere
Zentrum der Mission des Ostbeckens in Tlacochahuaya. Worauf in
späteren Kapiteln noch einzugehen sein wird, deutet sich hier
bereits an: Im Wandel der Zeit läßt sich in diesem Gebiet eine
"Wanderung" der höherwertigen zentralörtlichen Funktionen
gleich durch mehrere Orte beobachten. Der Funktionsverlust Macuilxochitls, der dazu führte, daß der Ort heute außer einem
kleinen Laden und einer nur temporär bedienten Filialkirche
keinerlei zentralörtliche Funktionen mehr hat, beginnt weit in
der vorspanischen Zeit mit der Gründung Teotitlans.

Teotitlan muß dann bereits zur Zeit der spanischen Konquista
der bedeutendere Ort gewesen sein, da in ihm, nicht im alten
Zentrum Macuilxochitl, die alcaldía mayor eingerichtet wurde.
Zwar weist auch Teotitlan eine Niederlassung des missionierenden Dominikanerordens auf (BURGOA nennt die casa von Teotitlan), das Hauptkloster des 16. Jahrhunderts, von dem aus das
Ostbecken missioniert wurde, befindet sich aber in Tlacochahuaya, da hier im 16. Jahrhundert der Sitz einer encomienda eingerichtet worden war. Dieser Ort, 1580 noch sujeto von Macuilxochitl, geht am Ende des 16. Jahrhunderts in die Verwaltung der
jurisdicción Antequera über. Eine Karte des 18. Jahrhunderts
zeigt Tlacochahuaya als Grenzsiedlung zwischen den jurisdicciones von Chichicapa, Teotitlan del Valle und Antequera (s. Karte 7 aus AGNT 867, exp. 9).

Da Tlacochahuaya aber der jurisdicción Antequera nur als ehemalige encomienda (die erst 1639 als eine der letzten im Becken

aufgelöst wurde[81] unterstellt war und noch auf der Karte der
jurisdicciones von GERHARD (a.a.O. S. 21) am Ende des 18. Jahrhunderts als Exklave Antequeras erscheint, dürfte der Ort
Grenzort zwischen den *cacicazgos* von Macuilxochitl, Teotitlan
del Valle, Tlacolula und Chichicapan gewesen sein, eventuell
lag er auch in einer Art 'Niemandsland' zwischen diesen Herr-
schaftsbereichen. Dies zumindest wäre eine Erklärung für die
Gründung des Hauptmissionsklosters des Ostbeckens in einem eigentlich unbedeutenden Ort.

Aus diesen ersten Beobachtungen kann festgehalten werden:

1. Die Zentren des Beckens von Oaxaca waren auch in vorspanischer Zeit keine stabilen Siedlungselemente; eine allgemeine
   Tendenz aber, etwa die zur Konzentration von Funktionen in
   größeren Zentren zu Ungunsten der kleineren Zentren, ist
   nicht festzustellen.
2. Die beiden beobachtbaren Hauptfunktionen Kult/Religion und
   weltliche Herrschaft/Administration waren auf zwei Hauptzentren verteilt. Zwar hatte jedes dieser Zentren einen Priester bzw. einen weltlichen Herrscher (*señor natural*), dieser
   erreichte jedoch niemals die überregionale Bedeutung des
   Hauptfunktionsträgers des anderen Zentrums.
3. Das Einflußgebiet des Kaziken von Zaachila war, wie dies bei
   vielen anderen *cacicazgos* Mesoamerikas zu beobachten ist,
   kein geschlossenes Territorium, sondern ein eher lockerer
   Verbund disperser tributpflichtiger Siedlungen, die in ihren
   inneren Angelegenheiten autonom regiert wurden und einige
   selbständige Außenrelationen hatten (z.B. "Fernkriege,
   Ferntributverpflichtungen").
4. Das Wirtschaftssystem der vorspanischen Zeit ist nur als
   Tributsystem zu rekonstruieren. Über den freien Warenaustausch auf unterer Ebene (Wochenmarkt) erfahren wir ebenso
   wenig wie über den Güteraustausch zwischen den Zentren (in-
   terregionaler Handel) bzw. den vorhandenen Fernhandel (das
   beweisen die archäologischen Funde). Die Ferntributverpflichtungen resultieren aus "Fernkriegen", deren vorwiegend
   kultische Funktion angenommen werden kann (z.B. Mitla im
   Streit mit Tututepec)[82]

5. Bereits die Unterschiede in der Sozial- und Wirtschafts-
   struktur der verschiedenen Regionen Neu-Spaniens und die
   noch gravierenderen Unterschiede im Entwicklungsstand der
   vorspanischen mesoamerikanischen Kulturen machen das Erarbeiten nicht nur epochen-, sondern auch regionalspezifischer
   Indikatoren notwendig. So sind etwa die von TRAUTMANN für
   Tlaxcala verwendeten *padrones* (Bevölkerungsverzeichnisse)
   des frühen 16. Jahrhunderts für Oaxaca weder in den Archiven
   Mexikos, noch in denen Spaniens mehr vorhanden. Mit dem
   sicherlich handlichen Indikator des Anteils der indianischen
   Oberschicht (*nobles*) an der Gesamtbevölkerung eines Ortes
   kann also in Oaxaca nicht gearbeitet werden.
   Andere quantitative Aussagen - besonders zur Bevölkerungszahl der Orte - sind meist nicht flächendeckend für den
   gleichen Zeitraum vorhanden, also nicht vergleichbar.
   Aus diesen Gründen erfolgte die Verwendung qualitativer Indikatoren für das 16. Jahrhundert.
6. Die *cacicazgo* - Hauptorte setzen sich in ihrer Fernwirkung
   von den beiden Hauptzentren deutlich ab. Auch sie beherbergten den Kaziken als Personifizierung der weltlichen Macht
   sowie Pyramiden und Priester als Institutionen geistig kultureller Zentralität, allerdings jeweils nur mit regionaler
   Bedeutung, für ein wenige Dörfer und Siedlungen (*sujetos*)
   umfassendes Ergänzungsgebiet. Wirtschaftliche Funktionen
   sind nur noch aus den frühen Quellen der spanischen Zeit zu
   rekonstruieren. Diese allerdings geben keine exakte Beschreibung der Berufsstruktur eines Ortes oder Angaben über
   Märkte mit überregionaler Bedeutung. Die Quellen erwähnen
   aber auffällige Besonderheiten, wie einen überdurchschnitt-
   lichen Anteil an Händlern, die Produktion besonderer Waren
   (Kalk zum Bau der Häuser), landwirtschaftlich besonders
   reiche Orte (vgl. Produktionszentrum um Etla).

Damit ergeben sich folgende Indikatoren zur Einordnung der vorspanischen Orte in ein dreistufiges Zentralitätssystem, wobei
die Schrittweite zwischen den einzelnen Stufen allerdings nicht
gleich ist. Die Orte unterer und mittlerer Zentralität könnten
auch nur zu einer Stufe zusammengefaßt werden, da sie sich nur
in der Anzahl der *tributarios* und/oder in der Anzahl der abhängigen Siedlungen (*sujetos*) voneinander unterscheiden.

Indikatoren weltlich - administrativer Zentralität der Hauptzentren in vorspanischer Zeit:

Sitz eines bedeutenden Kaziken (in den Quellen als König bezeichnet). Dem *cacicazgo* dieses Kaziken sind mehrere andere *cacicazgos* tributpflichtig, er führt oder führte in der Vergangenheit Fernkriege, kann aber selbst auch anderen Kaziken tributpflichtig sein (Zaachila<-->Tututepec). Der Kazike verfügt
über eine größere Anzahl von Kriegern und hat weitreichende
verwandtschaftliche und/oder politische Verbindungen. Immer
werden die Orte in den frühen spanischen Quellen als *cabecera*,
also als Hauptort bezeichnet. Der Kazike hat den Titel "Rey".

Indikatoren kultisch - kultureller Zentralität in den Hauptzentren der vorspanischen Zeit:

Große Kultanlagen oder Priesterpaläste in zentraler Lage. Sie
sind meist dem 'bedeutendsten' Gott des Stammes geweiht, die
ihm dienenden Priester haben überregionale Bedeutung als geistig - kulturelle Führer (Oberpriester - Hohepriester). Innerhalb der Kultstätte befinden sich Priester- und/oder Kaziken-
gräber, in deren Inschriften sich die Genealogie des Herrscher-
geschlechts ablesen läßt, oder es gibt frühspanische Bilderin-
schriften (*Codices*), die die Geschichte des Ortes wiedergeben.
(Der Sonderfall der Trennung in ein kultisch kulturelles Hauptzentrum in Mitla und ein weltlich administratives Hauptzentrum
in Zaachila wurde oben beschrieben.).

Indikatoren wirtschaftlicher Zentralität in den Hauptzentren
der vorspanischen Zeit:

Der Ort ist eine bedeutende Tributsammelstelle, von dem aus die
Tributleistungen mehrerer *cacicazgos* verwaltet werden. Er hat
außerdem einen Markt und einen hohen Bevölkerungsanteil, der
sich nicht direkt aus der Landwirtschaft ernährt (Händler,
Handwerker, Krieger, *nobles*).

Die genannten Indikatoren sind in den weniger bedeutenden Zentren entsprechend abgestuft.

Mittlere und kleinere Zentren haben nur noch einen *señor natu-ral*, der auch vom Kaziken des Hauptzentrums bestimmt sein kann, sie müssen Kriegsdienste leisten und sind dem Kaziken des Hauptzentrums tributpflichtig. Auch sie haben zwar eine Kult-stätte (Pyramide), die aber meist sehr klein ist und oft nur aus Adobe (luftgetrocknete Lehmziegel) errichtet wurde. Graban-lagen, Inschriften oder Schmuckelemente sind einfacher und in weit geringerer Zahl vorhanden.

Die kleineren Zentren sind aber immer noch Sitz eines Fürsten, der eine seiner Bedeutung entsprechende Anzahl abhängiger Siedlungen verwaltet. Diesen abhängigen Siedlungen (*sujetos, ranchos, estancias*, wie sie in den frühen spanischen Quellen genannt werden) kann keine zentralörtliche Bedeutung mehr zuge-sprochen werden. Da allein aus den archäologischen Forschungen diese Informationen nicht zu gewinnen sind, werden frühe schriftliche Berichte und frühe spanische Beschreibungen mit herangezogen. Auch die gesetzte Zentralität der frühen spani-schen Zeit, sowohl der kirchlichen als auch der weltlichen Ad-ministration, bietet brauchbare Indikatoren der vorspanischen Bedeutung einer Siedlung, ebenso wie ihre Kategorisierung als *cabecera, pueblo* oder *sujeto, rancho* oder *estancia*.

Nach Auswertung der Quellen hinsichtlich dieser Indikatoren er-gibt sich für das Becken von Oaxaca folgende dreistufige Glie-derung:

Die Orte geringster Zentralität sind *cabeceras* eines *cacicazgo*, die einem oder mehreren anderen Kaziken und den Azteken tribut-pflichtig sind. Der Ort hat keine in den Quellen besonders ge-nannten Sonderfunktionen und versorgt lediglich die von ihm ab-hängigen *sujetos* eines kleineren Umlandes (s.z.B. Ocotlan, Tla-colula, Tepecimatlan, Ayoquesco, Zabache, Texalapa, Ixtlahuaca, Teitipac).

Auf der nächsten Stufe finden sich *cabeceras* von *cacicazgos*, denen bereits einige *pueblos* tributär sind (z.T. auch kleinere andere *cacicazgos*), die selbst dagegen nur geringe Tributver-pflichtungen gegenüber anderen haben. Die Tributleistung an die Azteken ist oft noch bei Ankunft der Spanier umstritten. Für die Orte dieser Kategorie sind Sonderfunktionen belegt, sie beherbergen z.B. eine Händlerschicht, produzieren Salz oder andere Dinge des einfachen nicht alltäglichen Bedarfs (z.B. Decken, Mäntel, Matten usw.). Sie werden in den frühen spanischen Quellen meist als reiche Orte bezeichnet, denen es nicht schwerfällt den geforderten Tribut zu begleichen. Es kann angenommen werden, daß diese Orte regelmäßige Wochenmärkte abhalten, wenn diese Funktion auch nicht explizit in jedem Fall in den Quellen zu belegen ist. Die Orte dieser Kategorie haben auch bereits große mehrgliedrige Pyramidenanlagen und sind Wallfahrtsziel für ein weiteres Umland. Eine Bevölkerungsgröße von 800 bis ca. 2000 *tributarios* kennzeichnen diese Orte ebenso wie die Tatsache, daß meist hier die spanischen Verwaltungsorgane (*corregimiento, alcaldía mayor*) angesiedelt werden. Auch die Mission nutzt diese Regionalzentren zum Bau der ersten Missionsklöster des 16. Jahrhunderts und untermauert dadurch ihre Bedeutung (Teotitlan, Macuilxochitl, Cuilapan, Etla).

Die höchste Stufe der Zentralität kann höchstens drei Siedlungen im Arbeitsgebiet zugestanden werden, die weitreichende Sonderfunktionen haben. Neben der aztekischen Tributsammelstelle in Huitzo (die aztekische Festung Huaxyacac ist damit nicht zu vergleichen, weil sie lediglich Militärstützpunkt war, keine *cabecera* eines *cacicazgo*), die immerhin für das gesamte Gebiet der südlichen und westlichen Mixteca zuständig ist, sind hier besonders Zaachila und Mitla zu nennen. Vor der Gründung der spanischen Stadt Antequera - Oaxaca war das geistige, wirtschaftliche und politisch administrative Leben auf diese Siedlungen hin ausgerichtet. Die Entwicklung zu einem gemeinsamen Zentrum ist höchstwahrscheinlich durch das Eindringen der Spanier verhindert worden (folgt man der Aussage von COE s.o.)

Daß die spanischen Eroberer nicht eines der beiden existenten Zentren zum Hauptort ihrer Verwaltung machten, darf nicht verwundern. Bereits im Falle von Cholula - Puebla vermieden es die Spanier bewußt, sich im alten indianischen Machtzentrum einzurichten (dort Cholula, im betrachteten Arbeitsgebiet Zaachila) und gründeten eine neue Stadt. Dies sicherlich nicht nur, um den Problemen des Zusammenlebens auf engstem Raum mit

den Indios in den ersten Jahrzehnten nach der Eroberung aus
dem Wege zu gehen, sondern auch, um den Willen der spanischen
Krone zu erfüllen und in den Kolonien 'klar geplante Städte'
zu errichten. Welche Schwierigkeiten die ersten spanischen
Siedler mit dieser Neugründung im dicht besiedelten Becken von
Oaxaca hatten, in dem es kein freies Land mehr gab, zeigt das
folgende Kapitel. Da die Spanier sich den einheimischen Indios
als Nachfolger des aztekischen Dreibundes präsentierten, konnten sie nur auf dem wenigen Gelände siedeln, das zur aztekischen Garnison gehörte. Weiteres Land war nicht frei und die
Konquista wäre sicherlich auch nicht so friedlich verlaufen,
hätten die Spanier zapotekisches oder mixtekisches Land von
vornherein beansprucht (Ein weiteres Argument zur Gründung einer spanischen Stadt außerhalb der indianischen Zentren).

Daß das spätere Hauptzentrum des Beckens, die Stadt Oaxaca,
tatsächlich an einen Ort zu liegen kam, der "die Funktion er-
füllte Mittelpunkt zu sein", ist daher der strategischen Lage
der aztekischen Garnison zu verdanken, nicht zentralörtlichen
Überlegungen der spanischen Stadtgründer.

II. VERÄNDERUNG UND BEHARRUNG IM SYSTEM ZENTRALER ORTE IM 16. JAHRHUNDERT

Einer der wesentlichsten Charakterzüge der spanischen Konquista der neuen Welt war das Einbringen der städtischen Lebensweise europäischen Musters in den Raum der mesoamerikanischen Kulturen. Von neu gegründeten Städten aus wurde kolonisiert und missioniert, Garnisonen und Stützpunkte kontrollierten das unterworfene Land. In den ersten Jahren der Konquista, als die Kontrolle der Krone über die Konquistadoren nur gering war, beruhten spanische Städtegründungen auf spontanen Entschlüssen, allerdings mit einem in der Zeit bekannten architektonischen Konzept. Der Grundriß wurde als rechtwinkliger Schachbrettgrundriß angelegt, die Mitte der Stadt bildete ein Platz, umsäumt von Verwaltungsbauten, der Kirche oder Kathedrale und den Wohnungen der bedeutendsten Familien. Dieses seit der ersten Stadtgründung (Santo Domingo auf La Española 1496) durchgehaltene Muster, dessen Genese NITZ [83] bis in die Antike zurückverfolgte, findet sich in Mexiko-Stadt ebenso wie in Puebla, Morelia, Guadalajara, Bogotá, Santiago de Chile und La Paz, aber auch in vielen dörflichen Siedlungen, die während der Kolonialzeit neu angelegt oder umgestaltet wurden (273 allein vor 1580 [84]). In einigen Fällen gehen die spanischen Städtegründungen auf stadtähnliche Siedlungen der mesoamerikanischen Hochkulturen zurück, die durch ihre hohe Sensitivität für mathematisch klare, geometrische Raumstrukturen ebenfalls zu einem schachbrettähnlichen Netzgrundriß als Idealvorstellung (wahrscheinlich autochthon) gekommen waren. Die Hauptstadt Mexikos ist ein solches Beispiel. [85] Zwar spontan, das heißt ohne zentrale staatliche Planung, aber doch nicht ziellos entstanden die spanischen Städte. Einmal waren sie konzipiert als Häfen (Veracruz, Ciudad de Panamá, Cartagena) oder als Garnisonen zur Verteidigung gegen nomadisierende und kriegerische Indios (Celaya, León) oder als Minenzentren (Potosí, Zacatecas, Guanajuato) [86], Hauptstädte der Region mit vorwiegenden Verwaltungsaufgaben (Mexiko-Stadt, Cuzco, Lima) oder aber als Siedlungen der Kolonisten (Puebla, Antequera). Viele Städte vereinigten mehrere der genannten Funktionen, andere (Puebla) waren bewußte Konkurrenzgründungen zu bestehenden indianischen Zentren (Cholula). Attraktiv waren für die ersten Spanier besonders die Bevölkerungszentren des Hochlandes, meist intramontane Beckenräume, die ihnen vom Landschaftsbild und Klima her eher zusagten als die Bergländer oder Küstentiefländer mit ihren, vom Europäer nur schlecht vertragenen, feucht-warmen Klimaten. Glaubt man dem Chronisten LOPEZ DE VELASCO, so waren vor 1574 bereits 30 spanische Städte und Dörfer gegründet und mit durchschnittlich 500 spanischen Familien besiedelt. Oft aber war gerade am Anfang diese Besiedlung instabil. Die Orte wurden oft verlassen, ja ganze Siedlungen wurden an günstigere Stellen verlegt.[87] Ein Beispiel dieses Vorganges ist die Stadt 'Villa de la Segura de la Frontera', die zuerst 1520 von Cortés in der Nähe Tepeacas gegründet worden war. Ein Jahr später, mit dem Fortschritt der Konquista, wurde sie unter gleichem Namen erneut gegründet im Becken von Oaxaca in der Nähe der aztekischen Garnison Huaxyacac und 1522 ordnete Cortés an, daß die Siedler ihre Stadt erneut verlegten, diesmal in das mixtekische 'Königtum' von Tututepec an der Südküste Oaxacas.[88] Noch im gleichen Jahr aber verließen die Siedler Tututepec, einmal wegen des 'unerträglichen' Klimas und zum anderen wegen der feindlichen Indios, kehrten in das Becken von Oaxaca zurück und siedelten gegen den erklärten Willen von Cortés in Antequera, wie die Stadt einige Jahre später hieß. Dies erinnert zwar sicherlich an das 'Frontier'-Modell der Besiedlung des nordamerikanischen Kontinents, ist aber nur sehr bedingt damit zu vergleichen. (s. Kap. D)

1. Die Gründung des spanischen Verwaltungs- und Wirtschaftszentrums Antequera/Oaxaca

Im November des Jahres 1521, knapp vier Monate nach der Niederlage Tenochtitlans, drangen die Spanier in das Becken von Oaxaca ein. Francisco de Orozco war von Cortés beauftragt worden mit einer 'Armee' von 30 Reitern, 80 Fußsoldaten und 4000 indianischen Verbündeten die Provinz Guaxaca zu erobern, von der Cortés gehört hatte, daß sie reich sei und ihre Eroberung den Weg zur Küste des Pazifischen Ozeans öffnen würde.[89] Die

Dörfer des Beckens waren vom Zug der Spanier unterrichtet. Die Mixteken von Cuilapan und die Azteken der Garnison von Huaxyacac waren zum Kampf gerüstet, den die Spanier nach nur einer Woche mit wenig Verlusten auf beiden Seiten leicht für sich entscheiden konnten.[90] Beckenzapoteken waren an den Kämpfen wenig beteiligt, ihre Kaziken hatten sich bereits vor der Ankunft Orozcos im Beckenraum mit diesem verbündet, offensichtlich in der Absicht ihre eigene Position gegenüber den beiden Eroberergruppen der Mixteken und Azteken zu stärken.[91] Dies, wie auch die ständig schwelenden Kämpfe der Dörfer untereinander, das bestehende indianische Tributsystem und politische Instabilität, erleichterten es den Konquistadoren ihre Herrschaft in Oaxaca einzurichten. Viele Autoren berichten nun (darunter zuletzt CHANCE mit seiner viel beachteten Monographie über die Entwicklung der sozialen Gruppen im Oaxaca der Kolonialzeit, 1978), daß die Spanier ihre Stadt 'Villa de la Segura de la Frontera' in Huaxyacac errichtet hätten. Huaxyacac aber (und das konnte auf einer Mesa redonda im Oktober vergangenen Jahres zur 450 Jahrfeier Oaxacas nicht nur von dem Regionalhistoriker Luis Castañeda Guzman, sondern auch vom zuständigen Archäologen des INAH Marcus Winter und der Historikerin Maria de la Luz Topete belegt werden), befand sich als Fortifikation auf dem nördlich der Stadt gelegenen Cerro Fortín in Schutzlage ca. 300 Meter über jenem Beckenboden, auf dem die heutige Stadt Oaxaca liegt. Diese Stadt, deren innerer Teil heute noch dem kolonialen ersten Stadtgrundriß entspricht, hatte an gleicher Stelle k e i n e Vorgängersiedlung. Da Orozco von Cortés die Weisung erhalten hatte, eine spanische Siedlung in Huaxyacac zu gründen, ist der Irrtum der Historiker verständlich. Huaxyacac aber war die Bezeichnung der Zentralregion des Beckens von Oaxaca, nicht allein die Fortifikation der Azteken auf dem Cerro Fortín.

Der Führer der gleichzeitig zur Konquista Tututepecs ausgesandten 240 Mann starken Expedition, Pedro de Alvarado, errichtete Anfang 1522 die Stadt 'Segura de la Frontera' neu im Gebiet von Tututepec. Ohne Wissen von Cortés verteilte er eine große Zahl indianischer Gemeinden des Beckens von Oaxaca als *encomienda* an seine Soldaten. Die neugegründete Siedlung in der Küstenregion konnte sich nicht entwickeln und während einer kurzen Abwesenheit Alvarados ging eine kleinere Gruppe seiner Soldaten wieder zurück in das Becken von Oaxaca, um sich dort niederzulassen.[92] Als Cortés 1524 in Honduras war, nutzten seine Feinde in Mexiko-Stadt, besonders Permíndez Chirinos und Gonzalo de Salazar, diese Gelegenheit, um die spanische Stadt im Becken von Oaxaca erneut zu gründen (3. Gründung). Die Siedlung wurde nun offiziell von der spanischen Krone als 'villa' (Stadt) bezeichnet. Die zahlreichen mit den Spaniern gekommenen Azteken und Tlaxcalteken siedelten etwas weiter westlich, ebenfalls auf Gelände der ehemaligen Garnison (dieser Stadtteil hieß von da an 'Villa de Oaxaca') und in zwei benachbarten *Pueblos* : San Martín Mexicapan und Santo Tomás Xochimilco.[93] Wieder wurde die Abwesenheit von Cortés (seit 1527 war er in Spanien, um die Unterstützung der Krone gegen seine Feinde zu erreichen) genutzt, um die spanische Stadt im Becken von Oaxaca erneut zu gründen bzw. ihre Position zu stärken (4. Gründung). Am 7. Juni 1529 wurde dann Juan Pelaez de Berrio, ein Bruder des Oidor Diego Delgadillo, von der *primer audiencia* zum *alcalde mayor* der Provinz Oaxaca ernannt. Er bekam den Auftrag die spanische Siedlung im Becken zu ordnen, die von da an mit dem Namen der andalusischen Stadt Antequera in den Quellen genannt wird. Die *audiencia* ordnete außerdem an, daß jeder *encomendero* mit Besitz in der Provinz Oaxaca sich in dieser Siedlung niederzulassen habe.[94] Der neuen Provinz, die hier zum ersten Mal definiert und umgrenzt wird, wurden 70 Hauptorte (*cabeceras*) zugeordnet, die der *jurisdicción* direkt unterstanden (im Oktober 1529).[95] Es hatte vorher auch keinen Stadtrat (*cabildo* vgl. LIEHR 1971:48) gegeben, dem de Berrio hätte vorstehen können (nach dem Willen der *audiencia*).[96] Innerhalb weniger Tage wurde die örtliche Verwaltung organisiert, mit Pelaez de Berrio als *alcalde mayor* (Verwaltungsbeamter), einem *alcalde ordinario* , drei *regidores* und einem *escribano publico*.[97] Der Grundriß der Stadt sollte gemäß den Vorstellungen der *audiencia* in 'geordneter Weise' geplant werden, dazu wurde der Architekt, der auch bereits die Grundrisse von Veracruz und Mexiko-Stadt entworfen hatte, Alonso García Bravo, ausersehen.

"Débido a que entre esta ciudad [México] y Guatimala, una distancia de 280 leguas, no hay pueblos de españoles; y débido a que hay muchos asentamientos [de Indios] entre los dos ..., en esta Audiencia real se decidió que debemos ordenar el establecimiento de una villa en la Provincia de Oaxaca. (Esta provincia) está a 80 leguas de esta ciudad [de México] en el mencionado camino a Guatimala y es la región más rica y poblada a lo largo de esta ruta ... A usted, Juan Peláez de Berrio ..., se le ordena seleccionar el mejor sitio que usted encuentre adecuado para la fundación y erección de la Villa de Antequera. Debe estar cerca de las minas y en un lugar accesible, con sol, aire, un río, bosques y pastizales. En este lugar la traza de dicha villa se debe tender de una manera ordenada, designando primero, los lotes para la iglesia, el hospital, el cabildo, su propia residencia y las de los otros vecinos en su compania. A los alcaldes, regidores y otros funcionarios, se les darán lotes en los lugares más prominentes como es la costumbre de esta tierra, y a los otros de acuerdo con el rango de cada persona." 98

Aus dieser Beschreibung, die man lesen könnte wie die des Modells der spanisch-amerikanischen Kolonialstadt, entstand der regelmäßige Schachbrettgrundriß, den Abb. 4 zeigt. Die sozialräumliche Gliederung der Stadt mit dem typischen zentral-peripheren Gefälle wird bereits in dieser frühen Zeit als "Sitte in diesem Land" bezeichnet (como es la costumbre de esta tierra), was aber auch als Hinweis auf die Verhältnisse in vorspanischen Siedlungen verstanden werden kann.

Der Kopist des Grundrisses von 1884 (F. Arjona Mejia) hat allerdings die auf dem Original von 1846 (erste topographische Vermessung der Stadt) richtig dargestellte Himmelsrichtung (N) 'gerade gerückt', tatsächlich weichen die Hauptachsen der Stadt um 12° Nord gegen Ost von den Haupthimmelsrichtungen ab, was der Orientierung der Orts- und Flurgrundrisse in einem großen Areal des zentralen Beckenraumes entspricht. Es kann angenommen werden, daß bei der Planung der Stadt vorspanische Besitzgrenzen (etwa die der *cacica* von Cuilapan, der die im Süden direkt anschließenden Felder gehörten) berücksichtigt werden mußten. 99 Die Verteilung der wenig älteren *pueblos* der Umgebung, der Wohnstätten der Azteken und Tlaxcalteken, die an der Konquista beteiligt waren, geht ebenfalls aus der Skizze hervor. 100

Während Peláez de Berrio agierte, fiel in Spanien eine andere Entscheidung:
Nach langem vergeblichem Bemühen am spanischen Hof hatte Cortês endlich doch den Titel eines 'Marqués del Valle de Oaxaca' erhalten und 21 in sieben verschiedenen Teilen der Kolonie gele-

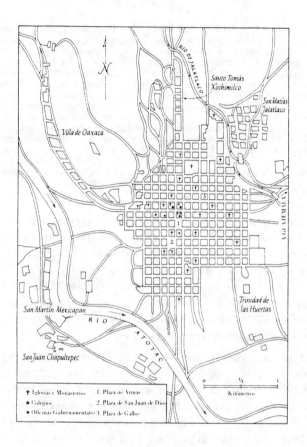

Abb. 4: Antequera und die Indio-Pueblos der Umgebung
Nach einer Kopie von F. Arjona Mejía (1884)
des Originals von F. García Franco.

aus: CHANCE 1978:55

gene *encomiendas* wurden ihm verliehen. Darunter war die Verwal-
tungs- und Rechtshoheit (*jurisdicción*) über den größten Teil
des Beckens von Oaxaca, zum Teil Gebiete, die die *audiencia* in
Mexiko-Stadt längst anderen Personen zugesichert hatte. Die
doppelt verteilten Rechte waren der Grund eines bis zum Ende
des 16. Jahrhunderts andauernden Rechtsstreites, der einer der
Auslöser war (nach GARCIA MARTINEZ) für die spätere katastro-
phale Finanzsituation der Familie Cortés im 17. Jahrhundert.
Eine *cédula real*, der eine Entscheidung der *segunda audiencia*
vorangegangen war, machte 1533 dem Streit vorläufig ein Ende,
indem erklärt wurde, daß der Marqués del Valle nicht den Titel
über d a s Land 'innerhalb des Beckens von Oaxaca habe' und
auch keine alleinigen Wasserrechte besitze, sondern seine *jurisdicción* auf vier Städte (Cuatro Villas), Oaxaca, Cuilapan,
Etla und Tlapacoya mit ihren abhängigen Siedlungen (*sujetos*)
beschränkt sei.[101] 1534 dann waren die Grenzen des Distriktes
Cuatro Villas endgültig definiert, sie blieben in etwa bis zum
Ende der Kolonialzeit erhalten.[102] Ein Teil des Nordbeckens,
fast das gesamte Südbecken und der westliche Teil des zentralen
Beckenraumes mit der Stadt Oaxaca gehörten damit einem "Staat
im Staate" an, unterstanden nicht direkt, wie die übrigen
Beckenteile, der spanischen Krone, sondern der Familie Cortés,
was eine besondere verwaltungsrechtliche Situation schuf, die
wesentlichen Einfluß auf die Entwicklung der Zentren im Becken
von Oaxaca während der Kolonialzeit hatte, insbesondere die
spanische Stadt in 2 Teilstädte (Antequera und Villa de Oaxaca
del Marquesado) spaltete.

Cortés und seine Erben beschränkten in der Folgezeit ihr Interesse am Becken von Oaxaca vorwiegend auf die Tributleistungen
der indianischen Siedlungen, ohne ihren juristischen Anspruch
an den anderen Teilen des Beckens je explizit aufzugeben. Bei
diesen Rechtsverhältnissen konnten Cortés und seine Nachfolger
der Stadt Antequera zwar nicht mehr durch Gewalt gefährlich
werden, sie behinderten jedoch noch auf Jahre hinaus das Wachstum der Stadt. Zum einen stand kaum noch Land zur Verfügung,
das an die *vecinos* von Antequera als *encomienda* hätte verteilt
werden können, zum anderen lag im Distrikt Cuatro Villas die
Region Etla, aus der sich auch Antequera mit Weizen und Mais

versorgen mußte. Durch den Kauf von 5 *estancias de ganado mayor y menor* [103] im äußersten Süden des Beckens und den Ankauf von Ländereien und der Weizenmühle in Etla festigte Cortês seine Position gegenüber Antequera, auf deren Gebiet selbst er nur wenige ungenutzte Parzellen, die Casa Cortês an der Plaza de Santa Catalina und einen Hof, der 1577 bereits Ruine war, besaß.

Aus dieser Situation heraus erklären sich auch die weiteren wirtschaftlichen Schwierigkeiten, die die Stadt Antequera bis zum Beginn des 17. Jahrhunderts hatte. Der Bericht des Bischofs López de Zárate an die spanische Krone (1544) ist die einzige Quelle der Situation der Stadt in dieser frühen Zeit, die sehr eindringlich die unhaltbaren Zustände beschreibt, die dazu hätten führen können - so der Bischof gleich in seiner Einleitung -, daß die Siedlung hätte aufgegeben werden müssen. Es sei daher erlaubt, den Bischof ausführlicher zu zitieren: [104]

"En lo que respecta a los asuntos seculares en esta ciudad de Antequera, todo está perdido; tanto así que las casas no están lejos del abandono total. Debido a que el asunto del Marqués del Valle no se ha resuelto y porque él exige a Oaxaca (que es lo mismo que Antequera) para su propiedad, el virrey no ha atendido a la ciudad ni la ha visitado . Los vecinos de Antequera están muy necesitados y trabajan demasiado, ya que muy pocos de ellos poseen algo y si alguno haya sido rico, ya está muerto. Debido a que nada es estable en esta tierra, [los vecinos] han perdido su riqueza y propiedades que tenían en la ciudad de México. Antequera está sola, sin gente y en gran peligro porque no hay fortaleza o medio de defensa de ningún tipo; y los nativos no han olvidado que sus ideas de rebelión, según se dice, escribe y piensa allá [en España] . Finalmente, es imposible entender, como yo lo he escrito y dicho, cómo la Antequera de su Majestad y la Oaxaca del Marqués (que son lo mismo) pueden pertenecer a dos señores diferentes. Estos no es bueno para los españoles y peor aún para los nativos, porque los españoles no tienen un lugar donde sembrar o cosechar, excepto las tierras de los nativos. La ciudad no tiene bosques, pastizales o salidas propias; consecuentemente, los nativos no pueden ser tratados también como debieran porque [los españoles] no pueden mas que danarlos con su ganado, el cual no tiene otro lugar donde pastar que no sean las tierras de los nativos. Esta es la razon por la que la ciudad no tiene trigo, excepto el que se le compra al marqués y ninguna provición excepto las que venden los Indios. Los precios son tan altos, que son pocos los espanoles que pueden sostenerse por más tiempo. Si no se encuentra algún remedio, no valdrá la pena habitar esta tierra. El número de españoles en la ciudad ha disminuido tanto, que apenas si quedan treinta vecinos. Aun éstos están tratando de irse y se irán y [la ciudad] estará desprovista (es decir, sin españoles) si la situación no remedia pronto. Todos aquellos que tienen Indios [en encomienda] dentro de esta provincia y obispado, se les debe ordenar que vivan en la ciudad y los corregimientos establecidos dentro del obispado se deben entregar a los que residen aquí ... Debido a que la ciudad se esta-

bleció aquí para molestar al marqués, ahora es la adversidad la que molesta
a sus habitantes. Han caído en la trampa preparada para ellos por los mis-
mos fundadores. Los nativos han crecido en número y han invadido las afue-
ras de la ciudad, de manera, que no dejaron libre el paso para el ganado de
los Españoles, o bosques o pastizales para sus animales, ni tierras que
cultivar." 105

Das Aufgeben des neu gegründeten spanischen Zentrums der Region
war also ein durchaus gängiger Gedanke für einen Mann der Zeit.
Sicherlich kann dem Bischof vorgeworfen werden, daß er bemüht
war, für die Stadt Antequera bei der Krone Vorteile zu erwirken
und deswegen ein extrem düsteres Bild zeichnete, trotzdem werden die massiven Schwierigkeiten, die die spanischen Siedler
offensichtlich hatten, damit nicht zu negieren sein. Die Spal-
tung der Spanier in zwei Lager, und dies von Anfang an, ist einer der wesentlichen Gründe warum im Becken von Oaxaca Prozesse, wie etwa die Entstehung großer *haciendas* (s. die For-
schungsergebnisse von NICKEL, EWALD und TRAUTMANN für das
Becken von Puebla-Tlaxcala), die als typische koloniale Ent-
wicklungen apostrophiert wurden, nicht oder nur in sehr be-
scheidenem Umfang zustande kamen. Für die weiteren Betrachtun-
gen dieser Arbeit aber ist es besonders wichtig zu bemerken,
daß - höchstens noch vergleichbar mit der Sonderstellung der
Tlaxcalteken - die Indios des Beckenraumes es nicht nur verstanden hatten, den in der spanischen Gruppe herrschenden Zwie-
spalt zu nutzen, sondern auch fähig waren, die Bewohner der
Stadt unter erheblichen Druck zu setzen. Nicht offene kriegerische Maßnahmen, sondern wesentlich subtilerer wirtschaftlicher
Widerstand kennzeichnen das Verhältnis zwischen spanischen Eroberern und den Indios des Beckens in der frühen Phase der Kolonialzeit. Wieder ist es der Bischof López de Zárate, der be-
klagt, daß:

"Los indios están tan favorecidos, que tienen la temeridad de maltratar a
los Españoles." 106

Die Indios also seien es, die die Spanier schlecht behandeln,
weil sie ihnen (s. vorheriges Zitat) keinen Platz zur Viehzucht
ließen, kein Platz zum Anbau da sei und sie die Wege in die
Stadt besetzten.

Es sollte auch nicht vergessen werden, daß die Indios des Beckens in der Bewahrung ihrer Rechte valente Mitstreiter und Lehrer im missionierenden Dominikanerorden gefunden hatten. In Europa als Hexenjäger und *canes domini* gefürchtete Exekutive der Inquisition waren die Dominikaner in den Kolonien der Neuen Welt stetige Verfechter der Rechte der Indios.[107]

Antequera/Oaxaca war also eine darbende, mit unzähligen Problemen und inneren (spanischen) Streitereien behaftete Siedlung, deren weitere Existenz sehr in Frage gestellt war, in den ersten Jahrzehnten nach ihrer mehrfachen Gründung also weit davon entfernt war, Hauptzentrum der Verwaltung, der wirtschaftlichen Aktivitäten und der politischen Macht in dieser Region zu sein. Zu Recht betont CHANCE, daß diese Situation, das parasitäre Dasein einer sehr kleinen Zahl Europäer, die auf die Produkte der indianischen Landwirtschaft angewiesen waren, das Weiterleben der Traditionen in den indianischen Gemeinden favorisierte und - so sei hinzugesetzt - das kluge Taktieren der indianischen Oberschicht mit der Unterstützung durch die Missionare, den Indios des Beckens von Oaxaca einen hohen Grad an Selbständigkeit und Unabhängigkeit von der spanisch-kolonialen Gesellschaft zumindest noch in den ersten Jahrzehnten nach der Konquista sicherte. Hinzu kommt der evidente *absentismo* spanischer Verwaltungsorgane in der Frühzeit. *Encomenderos* aber auch *corregidores* mußten erst gezwungen werden, sich in den ihnen unterstellten Orten niederzulassen (s. das obige Zitat).
Dies änderte sich zum einen durch die Seuchenwelle von 1540 (*cocolixtli*) und das Verhalten der einheimischen Oberschicht. Die *cocolixtli* - Welle und eine ganze Reihe späterer Krankheiten, gegen die die Indio-Bevölkerung keine Abwehrkräfte hatte, brachten auch im Becken von Oaxaca hohe Bevölkerungsverluste, die allerdings nicht mehr quantifiziert werden können, da die entsprechenden Quellen (wie sie für Teile des Beckens von Puebla-Tlaxcala von VOLLMER[108] ausgewertet werden konnten) fehlen.[109] Das *libro de las tasaciones* gibt eine Reihe von Hinweisen darauf, daß erheblicher Bevölkerungsverlust es manchen Siedlungen unmöglich machte, in der Zeit nach 1540 den Tributforderungen nachzukommen.[110]

Die Veränderung des Systems Zentraler Orte fällt im Becken von
Oaxaca also nicht in die Zeit direkt nach der spanischen
Konquista, sondern frühestens zeitlich versetzt in eine 20-30
Jahre später liegende Periode.

2. Die indianischen Zentren in den ersten Jahrzehnten nach der Konquista und die Institution der Mission

Erst die späteren Quellen aus dem Ende des Jahrhunderts lassen
wieder Rückschlüsse auf die Verhältnisse in den indianischen
Gemeinden in den ersten Jahrzehnten nach der spanischen Eroberung zu. Vorspanische und frühe spanische Verhältnisse favori-
sieren eine Bevölkerungsgruppe, besonders die indianischen Adligen, und hier besonders ihre einflußreichsten Vertreter, die
Kaziken. Neben dem Oberbegriff *nobles*, der die in der sozialen
Hierarchie des 16. Jahrhunderts über den *macehuales* (dem einfachen Volk) stehende Schicht von indianischen Adligen meint,
tauchen in den Quellen des Arbeitsgebiets die Begriffe *principales* und *caciques* auf. Letzteren wird die sozial höchste Rang-
stufe zugeschrieben. Der Begriff selbst - offensichtlich aus
der Arawak-Sprache der Eingeborenen der großen Antillen und des
nordöstlichen Südamerika stammend[111] - erscheint nachweislich
zum ersten Mal im Tagebuch des Columbus zum Datum des
18.12.1492:

"... sie entdeckten jemanden, von dem der Admiral annahm, daß er der Fürst
dieser Provinz sei, der Cacique genannt wurde." [112]

In der Beschreibung der zweiten Reise des Columbus - in einem
Brief des DR. CHANCA an den *cabildo* von Sevilla (1493) - wird
der Begriff als Bezeichnung der *capitanes o jefes de los naturales* erneut verwendet. OVIEDO erweitert seine Bedeutung sogar,
indem er die 'Leute, die die Eingeborenen *caciques* nennen', mit
den 'Königen der Christen' gleichsetzt.[113]

Trotz dieser eigentlich klaren Ethymologie des Wortes ist seine
Semantik bis heute eine diskussionsfähige Frage in den Reihen
der Ethnohistoriker geblieben. Offensichtlich galten nicht
überall in Mesoamerika vor der spanischen Eroberung die glei-

chen Rechtsvorstellungen, so daß die historische Rolle der *caciques* ein regional zu untersuchendes Problem bleibt. Die Kaziken des Beckens von Oaxaca waren autonome Herrscher in ihrem
engeren Umland, einige von ihnen beherrschten andere, dann
meist kleinere *cacicazgos*, die ihnen tributpflichtig waren.
Aber nicht nur andere *cacicazgos* waren den Kaziken tributpflichtig, sondern auch die *macehuales* der eigenen Siedlungen,
die diesen Tribut in Naturalien oder Arbeitsleistungen zu er-
bringen hatten. Die Position der Kaziken leitete sich vom Geburtsrecht ab, Bilderhandschriften und Wandmalereien in den
Gräbern und an Pyramiden des Beckens zeigen entsprechende Ge-
nealogien. Unbekannt ist, welche weiteren juristischen Inhalte
die Position der Kaziken kennzeichneten. Bereits oben wurde zitiert, daß der Kazike von Zaachila z.B. in seinem *cacicazgo*
Recht sprach, die Tributsammlung für Tututepec überwachte,
ebenso wie die für die Azteken von Huaxyacac, daß ihm tributäre
Siedlungen aber andererseits im Streit mit den Azteken waren
(Mitla z.B.) oder eigene Kriege mit weit entfernten Dörfern
führten (ebenfalls Mitla s.o.), also auch einen hohen Grad an
Selbständigkeit hatten.
Sowohl der Marqués del Valle (Cortés) bediente sich der einheimischen Oberschicht als Verwalter als auch die spanische
Krone, die ebenfalls zunächst das bestehende Tributsystem übernahm. Die *repartimiento* - Verpflichtungen, auf die gerade zur
Aushebung der Arbeitskräfte für die spanischen Minen im Gebiet
von Etla und den später hinzugekommenen Chichicapa-Funden besonderer Wert gelegt wurde, verwalteten in einigen Orten ebenfalls Kaziken. Spanier waren in den ersten Dekaden des
16. Jahrhunderts kaum in indianische Siedlungen eingedrungen.So
wehrte Cortés selbst spanische Besitzansprüche in der Region
ab. Als sein Einfluß dann ab 1540 nachließ, war aber die spanische Krone auch nicht mehr an der Verteilung weiterer *encomiendas* interessiert, von denen es außerhalb des Distriktes Cuatro
Villas ohnehin nur zehn kleinere gegeben hatte. Die letzte davon (in Tlacochahuaya) endete bereits 1639. Ihre weltlichen
Funktionen im Rahmen des spanischen Verwaltungssystems jedoch
waren es nicht allein, die den Kaziken ihre vorspanische Stellung in der frühen Kolonialzeit im sozialen System der In-

dio-Gesellschaft sicherten (s.u.). Neben der weltlichen Macht
waren sie auch für die christliche Mission die 'idealen' An-
sprechpartner. Sie wurden von den Dominikanern als 'opinion
leader' zunächst zum christlichen Glauben bekehrt, getauft und
als Beispiel für die anderen Indios der Region bevorzugt. Sie
waren als einzige dazu in der Lage, die z.T. weit verstreut lebenden Indios zur Mission zusammenzubringen. Dabei gibt es im
Becken von Oaxaca selbst allerdings nur sehr wenige Beispiele
permanenter Zusammensiedlung[114], auch nach den erheblichen Be-
völkerungsverlusten der zweiten Hälfte des 16. Jahrhunderts (s.
Karte 4). Einzig Cuilapan und Zimatlan können hier als gelunge-
ne Beispiele solcher Umsiedlungen (congregación) genannt werden. Nördlich des alten, immer hochwassergefährdeten Ortskernes
entstand Cuilapan zur Mitte des 16. Jahrhunderts neu. Dominikaner und Marquês del Valle favorisierten diese Siedlung derart,
daß in den relaciones de los obispados [115] más o menos (= unge-
fähr) 6000 tributarios in der Mitte des 16. Jahrhunderts angegeben werden, für die anderen größeren Orte im Becken nur jeweils um die 1000 (Huitzo 1200, Etla 2200, Zaachila 1300, Chichicapa 1200, Ocotlan 1200, Teitipac 1000).

Durch die spanische Politik, sowohl der weltlichen als auch der
kirchlichen Verwaltung, entstand in Cuilapan in den ersten
Jahrzehnten des 16. Jahrhunderts eine mixtekische Exclave; die
Separation der beiden Bevölkerungsgruppen des Arbeitsgebietes
wurde dadurch erst eingeleitet und die oben genannte Grenze
zwischen dem vorwiegend zapotekischen Beckenraum und dem westlich und nördlich anschließenden mixtekischen Bergland, die in
der vorspanischen Zeit im Arbeitsgebiet nur zwischen Etla und
Huitzo zu beobachten gewesen war, verschoben. Die más o menos -
Angaben der genannten Quelle aber können keine Grundlage zu
Aussagen über die Bevölkerungsgröße der Orte des Beckens im
ausgehenden 16. Jahrhundert sein. Genauer sind da die Quellen,
die die Tributleistungen der Orte betreffen. Da diese Quellen
aber aus verschiedenen Jahren stammen und jeweils nicht
flächendeckende Angaben machen, kann eine exakte Rekonstruktion
der Bevölkerungsverteilung im 16. Jahrhundert nicht erfolgen.
Zahlen aus den einzelnen Quellen werden im Anhang genannt.[116]

Bis etwa 1540 hatte sich auf Grund der Bedeutungslosigkeit der
spanischen Gründungsstadt Oaxaca/Antequera das vorspanische
zentralörtliche System kaum verändert, das Hauptzentrum weltlicher Administration lag immer noch in Zaachila. Von Oaxaca
aus - für die Belange des Marquesado - und von Antequera aus -
für den Teil des Beckens, der der Krone unterstand - wurden
lediglich die zusätzlichen spanischen Verwaltungsnotwendigkei-
ten (z.B. *encomiendas, alcaldía mayores* und *corregimientos*)
überwacht. Trotzdem wurden bereits sehr früh die rechtlichen
Voraussetzungen geschaffen, Institutionen eingerichtet und
Verwaltungseinheiten definiert, um wirtschaftliches, politisches und geistiges Leben der Region in die neu-gegründete
spanische Stadt zu ziehen.

Die Stadt wurde zum Sitz der beiden höchsten Verwaltungsbeamten, der *alcaldes mayores*, in Oaxaca (für das Marquesado) bzw.
in Antequera (für die der Krone unterstehenden Dörfer und
Städte). Die Kirche siedelte ihre Hauptfunktionsträger dort
an. Trotzdem waren die kirchlichen Einrichtungen die ersten,
die Antequera auch verließen und, begründet im missionarischen
Gedanken der Zeit, in die Indio-Gemeinden eindrangen. Wiederum
aber arbeitete die Mission nicht auf breiter Front, sondern
von Zentren aus versuchte sie das Christentum zu verbreiten;
nicht die vielen Indios konnten von den wenigen Missionaren
der ersten Zeit überzeugt werden, sondern wenige einflußreiche
Indios wurden gesucht und in den Kaziken gefunden.
Wiederum stärkt dies zunächst die Position der Kaziken und damit die Bedeutung ihrer *cacicazgo* - Hauptorte. Die Ansatzpunk-
te der Mission geben einen brauchbaren Indikator für die Bedeutung eines indianischen Ortes im 16. Jahrhundert. Die o.g.
relación de los obispados[117] ist dafür eine zuverlässige Quelle: Es werden im gesamten Bistum Oaxaca nur 4 spanische Siedlungen genannt, Antequera mit ca 300 *vecinos*, von denen 2/3
Weiße und 1/3 Mestizen und Mulatten gewesen sein sollen, in
der Provinz Guazacualco (bereits außerhalb des Arbeitsgebietes) die Stadt Villa del Espíritu Santo, nördlich des Arbeitsgebietes im zapotekischen Bergland die Stadt San Ildefonso,
und in der Provinz Nexapa die Stadt Villa de Santiago de Nexa-

pa. Für alle drei Städte zusammen werden ca. 60 spanische *vecinos* angegeben.

Sehr früh, nämlich bereits 1528 etablierte sich eine kleine Gruppe Dominikaner in Antequera[118], das Bistum selbst wurde formell dann 1535 mit dem Zentrum in Antequera gegründet. Der oben bereits zitierte erste Bischof López de Zárate genoß großes Ansehen in der Stadt, nicht zuletzt, weil er sich mehrfach mit Beschwerdebriefen (ähnlich der oben zitierten) an die spanische Krone gewandt hatte[119]. Während die Stadt in ihrer Entwicklung durch die beschriebenen Schwierigkeiten behindert war, wurden die kirchlichen Einrichtungen, sowohl von Cortês als auch von der Krone in gleicher Weise unterstützt und konnten sich stetig entwickeln.[120] Die Dominikaner hatten, nachdem andere Orden wie die Franziskaner und Augustiner sich bereits die Kernregionen des Vizekönigtums teilten, den Auftrag, Kirchen und Klöster im Bistum Oaxaca zu gründen. Sie organisierten *doctrinas* mit einem religiösen Zentrum (in dem Ort, in dem sie die Kirche und die Wohnstätte des Priesters errichteten) und einer Reihe kleinerer untergeordneter Gemeinden, die als *visitas* (Filialkirchen) bezeichnet wurden. *Doctrinas* dieser Form wurden in Etla, Cuilapan und Oaxaca bis 1550 eingerichtet, in Huitzo 1554, in Ocotlan 1562. Bis zum Ende des 16. Jahrhunderts außerdem in Zaachila, Santa Ana Zegache, Santa Cruz Mixtepec (Tepecimatlan), Santa Catarina Minas, Santa Marta Chichicapan, San Miguel Tlalixtac, San Geronimo Tlacochahuaya, San Juan Teitipac, Teotitlan del Valle und Tlacolula.[121] Hauptstützpunkte neben diesen *doctrinas* aber blieben die ebenfalls bis zum Ende des 16. Jahrhunderts gegründeten Missionsklöster in Antequera[122], Huitzo, Etla, Zaachila, Ocotlan, Cuilapan und Tlacochahuaya. Mit Ausnahme des letzteren wurden alle frühen Klöster des Beckens in den in der vorspanischen Zeit bedeutendsten *cacicazgos* angelegt. Kloster und *doctrina* von Tlacochahuaya missionierten im Ostbecken, auch in den *cacicazgos* von Macuilxochitl und Teotitlan del Valle.

Von der *relación de los obispados* werden zur zweiten Hälfte des 16. Jahrhunderts insgesamt 24 solcher *doctrinas* genannt. Im Hauptkloster in Antequera leben bereits ständig zwischen 35 und 40 Dominikaner, im Kloster von Cuilapan sind es 5 bis 6. Das

Mutterkloster in Antequera ist für Oaxaca, Antequera und Tlalixtac zuständig. Das Kloster in Cuilapan missioniert den Ort
selbst und die abhängigen *estancias*, die dem Marqués del Valle
als *encomienda* zustehen. (Die *relación* gibt hier 5000 *tributarios* an). In Zaachila werden zwei bis drei Dominikaner genannt,
die für Zaachila, Zimatlan und Coyotepec zuständig sind. Coyotepec gehört zur *encomienda* des Bartolomé Sánchez, während Zaachila und Zimatlan der Krone unterstehen. Die mit zwei *religiosos* besetzte Niederlassung in Ocotlan, das noch der *encomienda*
des Nicolas Zamorano (der die *encomienda* 1562 von seinem Vater
Pedro Zamorano übernommen hatte, der sie ca. 1550 von der Krone
verliehen bekam[123]) angehört, missioniert auch im der Krone unterstehenden späteren Hauptminenzentrum Oaxacas, Chichicapa.
Macuilxochitl, Tlacolula, Teotitlan del Valle unterstehen
außerdem noch der Niederlassung des Ordens in Titiquipaque
(Teitipac). Titiquipaque, Macuilxochitl, Teotitlan unterstehen
der Krone, während Tlacochahuaya der *encomienda* des Gaspar Calderón (der sie von Rodrigo Pacheco übernommen hatte[124]) angehört. Die Niederlassung in Etla ist ebenfalls nur mit zwei *religiosos* besetzt. Der Ort gehört zum Marquesado im Unterschied
zum nördlich anschließenden Huitzo, das bereits wieder der Krone untersteht und von dem aus zwei Dominikaner auch das Dorf
Tenexpa missionieren, das der *encomienda* von Melchor de Robles
angehört. (Er war der Ehemann von Grijalvas Tochter Rufina.
Grijalva hatte die *encomienda* Sosola und Tenexpa von Alvaro
Maldonado übernommen, nach seinem Tod wurde sie aufgeteilt.[125])

Nach den ersten Jahrzehnten der Mission durch die Klostergeistlichen, vorwiegend des Dominikanerordens[126] steigt auch die
Zahl der Weltgeistlichen deutlich an. Da die Dominikaner bereits in 2/3 der Indio-Gemeinden missionieren, kommt es zwischen Klostergeistlichen und Weltgeistlichen zu einem Konflikt,
der sich in einem Brief des Bischofs Zárate ausdrückt, den TAY-
LOR (1972:165) aus dem AGI Aud. Mex. 357:1, 1r-v folgendermaßen
übersetzt:

"They [the Dominicans] have informed the high Council that I do not treat
them well. I reply, May God treat me as well as I have treated them; and
likewise, May God treat them as they have treated me. I have permitted them
to be virtual lords of the bishopric. I have neither powers nor possessions

in the towns to which they minister. All their towns are populous, healthy,
rich, and located on level ground. They have all of the Villa de Oaxaca;
part of Cuilapan, one league away [from Antequera] ; Tlacochahuaya, Ma-
cuilxóchitl, and Teotitlán, two leagues away; Teitipac, four leagues away;
and Mitla and Tlacolula, seven leagues away. All these towns are in the
Valley and are easily served. They have not wished to take charge of the
many towns and provinces located in the tropics or on rough terrain. They
say that I treat them badly. The reverse is true, for I am the one who is
mistreated. I have little and have received little help from the aforesaid
friars. The worst is that they do not respect my authority as bishop. The
Indians and towns in their jurisdiction do not acknowledge my authority or
treat me as a bishop; they do not dare do so for fear of being whipped and
mistreated by the Dominicans."

Die Unterstellung der Orden unter die Gerichtsbarkeit der Weltgeistlichen (1627) verschärft den Streit so sehr, daß der Bischof von Antequera (Juan Jimeno Bohórquez) nach einem Prozeß
mit den Dominikanern, in dem der *juez conservador* (der *gardián*
des Franziskanerkonvents in der Hauptstadt) ihn verurteilt,
nach Spanien fliehen muß und erst am 12. August 1631 vom neu
ernannten *juez conservador* wieder in sein Amt eingesetzt werden
kann.[127]

Im 17. und 18. Jahrhundert setzt sich dieser Konflikt in ver-
schärfter Form fort, wobei es nicht mehr allein um die Sicher-
stellung der religiösen Betreuung der Bewohner des Bistums
geht, sondern viel eher um massive ökonomische Interessen der
Orden und der Weltgeistlichen. So beherrscht das Stammkloster
der Dominikaner ab der Mitte des 17. Jahrhunderts einen großen
Teil des Immobilienhandels in Antequera. Das AEO verfügt über
mehr als 200 Kreditbriefe, die der Orden anlässlich des Ver-
kaufs von Häusern und Grundstücken ausstellte. Nur zwei dieser
Hypothekenbriefe werden zurückgezahlt. Bei allen übrigen ging
es ganz offensichtlich nicht um den Geldgewinn des Ordens, sondern darum, Anteile an möglichst vielen Grundstücken der Stadt
zu bekommen. Der Käufer eines Grundstückes zahlt dem Verkäufer
nur einen kleineren Teil der geforderten Summe in Bargeld, für
den größeren Teil wird das Grundstück mit einem Schuldbrief
beim Dominikanerorden belastet, der in Höhe dieser Schuld Be-
sitzanteil an dem Grundstück hat. Dem Verkäufer zahlt der Orden
ebenfalls das Geld nicht aus, sondern verrechnet das Kapital in
einer Art Gutschrift beim Kauf einer anderen Immobilie. Sicherlich war dieses System aus akutem Geldmangel entstanden, seine

Fortsetzung aber bis zur Säkularisation war verbunden mit dem inhärenten Selbstverstärkungseffekt (es funktioniert nur, wenn der Orden immer wieder Anteile bekommt, die sich dann verrechnen lassen), machen die Dominikaner zum de jure größten Grund- und Immobilienbesitzer der Stadt. Dies sei nur als ein Beispiel der nicht zu unterschätzenden ökonomischen Aktivitäten kirchlicher Organisationen im Beckenraum genannt.[128] Über den Landbesitz der Orden und Weltgeistlichen berichtet außerdem ausführlich TAYLOR (1972:164 ff.).

Vier verschiedene Interessengruppen bestimmen also ab dem Beginn der spanischen Kolonialzeit die weitere Entwicklung:

1. Die Kirche, aufgespalten in die Gruppe der Weltgeistlichen, die einen eher geringen Einfluß hatten, und die Klostergeistlichen, die ihre "Hausmacht" durch geschickte ökonomische Aktivitäten verstärken konnten.

2. Die Administration, die direkt der spanischen Krone unterstand, mit ihrem Hauptvertreter in der Person des *alcalde mayor* zunächst nur in Antequera, später auch in Teotitlan del Valle und Ocotlan.

3. Die weltliche Administration des Marquesado, dessen *alcalde mayor* in Oaxaca saß und von dort aus die Interessen des Marqués, die vorwiegend ökonomischer Natur waren, verwaltete.

4. Die noch einflußreichen vorspanischen Kaziken konnten sich sowohl unter der Verwaltung der Krone als auch unter der des Marquesado alte Rechte sichern und wurden sehr oft von den spanischen Verwaltungen als unterste Verwaltungsinstanz wieder eingesetzt (s.u.).

Die meisten Historiker gehen davon aus, daß die Kaziken ihre vorspanischen Besitztümer sicherten (siehe z.B. TAYLOR, ITURRIBARRIA, GAY usw.). Dies ist aber durchaus, wie Konflikte in der späteren Kolonialzeit zeigen (ab der Mitte des 17. Jahrhunderts s. Tab. 2 im Anhang), strittig. Zwar ist das Besitzrecht (Nutzungsrecht) an dem von den Kaziken beanspruchten Land auch später von den *macehuales* nie bestritten worden, wohl aber das Eigentumsrecht. Dieses aber ließen sich die Kaziken von der spanischen Verwaltung in den ersten Jahrzehnten nach der Konquista verbriefen (*mercedes*), sie hatten also nicht nur kaum

Rechte verloren, sondern ihre Rechtsqualität wird, begründet in der Unwissenheit sowohl der frühen spanischen Verwaltung als auch der indianischen Unterschicht, der *macehuales*, deutlich verbessert.

Das Zusammenwirken aller genannten Kräfte führt zu einer deutlichen Veränderung des Systems Zentraler Orte des Arbeitsgebietes zunächst auf der höheren Zentralitätsebene, die von dem neuen Zentrum Antequera/Oaxaca besetzt wird. Daß dieser Vorgang langsam vor sich geht und keineswegs mit dem Gründungsakt der Stadt zusammenfällt, wurde gezeigt. Erst ab etwa der Mitte des 16. Jahrhunderts, war die Existenz Antequeras gesichert, nämlich erst dann, als sich die Gegner des Cortês durchsetzen konnten und dessen Besitzanspruch auf einen Teil des Beckens beschränkt war. Die Kirche, die in Antequera bereits investiert hatte, ist an dieser Entscheidung massiv beteiligt (siehe den oben zitierten Brief des ersten Bischofs). Allerdings gibt es nach Abschaffung der *encomienda* nur eine einzige Klammer zwischen spanischem und indianisch-bodenständigem Administrations-, Wirtschafts- und Rechtssystem in der Gruppe der Kaziken. Diesen fällt die Rolle des Trägers der Akkulturation zu, sie sind die Verbindung der kleinen spanischen Bevölkerungsschicht zur Masse der indianischen Bevölkerung.

3. Die politische Struktur des Beckens von Oaxaca im 16. Jahrhundert

a) Das System der Encomienda

Es wurde bereits angedeutet, daß die erste politische Einrichtung der spanischen Eroberer im Becken von Oaxaca die *encomienda* war, eine Verwaltungsform, die in Neu-Spanien von Cortês eingeführt worden war und von der spanischen Krone gebilligt wurde. Das erste in Neu-Spanien eingerichtete Regierungssystem beschreiben OLIVERA und DE LOS ANGELES ROMERO als "bastante simple".[129]

"estaba constituido por los cargos de Capitán General, Juez y Gobernador, monopolizados todos en la persona de Cortés, y los cargos de encomenderos ocupados principalmente por los conquistadores ..." [130]

Die *encomienda* war als Rechtsform nicht vergleichbar mit den
feudalistischen Organisationsformen Europas. Derartige Aussagen
bei OLIVERA/ROMERO (1973:236) sind bei näherer Betrachtung
nicht haltbar. Der *encomendero* hatte weder Eigentums- noch Besitzrecht an dem Grund und Boden der ihm verliehenen *encomienda*, auch hatte er keine Funktionen der niederen oder höheren
Gerichtsbarkeit in diesen Gebieten inne. Die ihm unterstellten
Indios blieben freie, direkt der Krone unterstehende Reichsbür-
ger, die im Rahmen ihrer Verpflichtungen als Bewohner der kolo-
nisierten Gebiete Neu-Spaniens zu arbeiten und ihren *encomenderos* Tribut zu zahlen hatten. Der *encomendero* seinerseits war
dazu verpflichtet, für die Wohlfahrt und die Verbreitung der
christlichen Lehre in seiner *encomienda* zu sorgen und die Entlohnung der dazu erforderlichen Geistlichen aufzubringen, sowie
den Kirchenbau zu unterstützen. Landbesitz mußte dem *encomendero* gesondert verliehen werden (*mercedes*), wie auch alle Rechte,
wirtschaftliche Betriebe der Viehzucht (Klein- und Großtier-
zucht, *ganado menor y ganado mayor*), Mühlen, Minen oder der-
gleichen zu betreiben (*licencias*).
Die *encomienda* war nicht verkäuflich, sondern nur in der ersten
Generation vererbbar. Doch auch dies wurde von der Krone sehr
rasch aufgehoben,[131] so daß das *encomienda* - System mit dem
Rückfall der *encomienda* von Tlacochahuaya an die Krone bereits
in den ersten Dekaden des 17. Jahrhunderts im Arbeitsgebiet
aufhörte zu existieren (s.o.).

Trotz dieses raschen Endes war das Gebiet des heutigen Staates
Oaxaca ein Schwerpunkt der *encomienda* - Verteilung gewesen.
OLIVERA/ROMERO (a.a.O., S. 237) führen dies-sicher nicht zu Un-
recht-darauf zurück, daß den Spaniern bereits seit der Erobe-
rung der Zentralregionen Mexikos immer wieder vom sagenhaften
Reichtum der 'Königstümer im Süden' erzählt worden sei:

"El teniente de la villa de Segura de la Frontera [dies lag noch bei Tepeaca] se partió con su gente a la provincia de Guaxaca, con mucho gente
de guerra de aquella comarca, nuestros amigos; y aunque los naturales de la
dicha provincia se pusieron en resistirle y peleó dos o tres veces con ellos muy reciamente, al fin se dieron de paz ... y me informó <u>como la tierra
era muy biena y rica de minas, y me anvió una muy singular muestra de oro
de ellas, que también envió a vuestra majestad ...</u>" 132

(Hervorhebung v. Verf.).

So beschreibt Cortés selbst in seinem dritten Brief an die spanische Krone vom 15. Mai 1522 die Eroberung der goldreichen Provinz Guaxaca. Auch der Chronist Bernal Díaz de Castillo erzählt, daß die Spanier vom Goldreichtum der Gegend angezogen worden seien (1950:198). Aber gerade wegen dieses Reichtums versucht die Krone die Vergabe der Orte in dieser Provinz, unterstützt durch die Dominikaner, zu verhindern.

Ein Dokument von 1560 (ENE 9:46-47) nennt alle Orte, die nicht verliehen werden durften. Im Becken von Oaxaca waren dies Zimatlan, Zaachila, Teitipac, Macuilxochitl, Mitla und Tlalixtac, also nahezu alle größeren Orte, die nicht bereits 1560 als *encomienda* verliehen waren oder dem Marquesado angehörten. Die dadurch entstandene Bedeutungslosigkeit des Systems der *encomienda* (s. Karte 3) im Becken von Oaxaca aber darf nicht auf die gesamte Provinz übertragen werden. Besonders im nordöstlich an das Becken anschließenden Bergland, sowie in den Bergländern östlich und südlich des Arbeitsgebietes war im 16. Jahrhundert beinahe jeder größere Ort zur *encomienda* geworden.[133]

Welche Schwierigkeiten die Krone mit den *encomenderos* hatte, zeigt eine Sammlung von *reales ordenes* Karls V.[134]. Gleich mehrfach wird z.B. im *real orden* vom 20. Dezember 1538 (unterzeichnet in Toledo) von den *encomenderos* gefordert, daß sie endlich Häuser aus Stein oder Ziegeln bauen sollten:

"... porque nuestra yntencion y voluntad es que las dichas nuestras yndias se pueblen y noblezcan e hagan en ellas edificios perpetuos como lo hazen en estos nuestros reynos ... para que esto aya efecto es mandar que todos los que tienen y tubieren yndios encomendados hagan casas de piedra o ladrillo y en defecto dello de tierra ... las quales dichas casas se an obligados a começar dentro de seis meses ..."[135]

Auch mußten die *encomenderos* verpflichtet werden zu heiraten und sich in ihren *encomiendas* niederzulassen:

"... que las mas personas que han tenido e tienen yndios encomendados en esa provincia son hombres solteros no casados a cuya causa los dichos yndios han recivido dano y no son tan bien tratados ni doctrinados en las cosas de nuestra santa fee catholica como lo serían si sus encomenderos fuessen casados y estubiessen de asiento en esa dicha provincia ..."
(a.a.O., Villa de Madrid, 8. Nov. 1539)

Es wurde den *encomenderos* ab dem 9. Juni 1549 außerdem verboten, Tribute vierteljährlich zu erheben, da die Indios sich über das zu kurze Tributintervall beschwert hätten. [136]

Die gesamte umfangreiche Gesetzessammlung enthält Verordnungen, die die usurpierten Rechte der spanischen Eroberer, insbesondere aber die Rechte der *encomenderos*, erheblich zu Gunsten der Indios einschränkten. Zwar dürfte die Realität im Neu-Spanien des 16. Jahrhunderts deutlich von dieser Gesetzgebung differiert haben, diese zeigt aber, daß die Übergriffe in den Kolonien nicht im Sinne der spanischen Krone waren. Zwar erwartete die Krone Gewinne aus den überseeischen Unternehmungen, aber nicht auf Kosten ihrer indianischen Untertanen, die Karl V. ausdrücklich schützte. [137]

b) Der Marquesado del Valle

Der Marquesado del Valle (er hatte seinen Namen von den Valles Centrales de Oaxaca) ist kein geschlossenes Gebiet. Nach GARCIA MARTINEZ (1969: 51-58) gehören dazu Siedlungen auf dem zentralen Hochland (Coyoacán,Tacubaya, Metalcingo, Toluca, Calimaya, Cuernavaca, Oaxtepec, Acapixtla, Yautepec und Tepoxtlán) ebenso wie einige Siedlungen südlich Veracruz, Charo in Michoacan und beinahe das gesamte Nord- und Südbecken des Arbeitsgebietes, das als Distrikt Cuatro Villas bezeichnet wird (die vier Städte waren: Etla, Villa de Oaxaca, Cuilapan und Tlapacoya, s. Karte 3). Außerdem erstreckt sich Cortés Interesse, wie aus dem oben bereits zitierten dritten Brief und später deutlicher aus dem fünften Brief hervorgeht, auf den Isthmus von Tehuantepec, besonders aber auf die dortigen Hafenstandorte am Pazifik (Cortés hatte dort Schiffe bauen lassen). Erst als 1563 die Krone anordnet, daß kein Hafen Neu-Spaniens in privater Hand sein dürfe, auch nicht als *encomienda* verliehen werden könne [138] erhält der Marqués als Ersatz für den Verlust dieser Hafenstandorte den Tribut einiger Dörfer um Chalco.

Hernán Cortés' Sohn, Martín (Marqués del Valle von 1547-1589), verliert in einem langen Prozeß dann sogar das Recht *corregidores* und *alcaldes mayores* des Marquesado selbst zu ernennen (ENE 7: 187-189), seinem Nachfolger allerdings wird dieses

Recht 1593 wieder eingeräumt (s. den erneuten Verlust im
18. Jahrhundert). Die interne politische und verwaltungsrechtliche Struktur des Marquesado vor der Einrichtung der alcaldías
mayores und corregimientos haben OLIVERA/ROMERO (a.a.O.,
S. 242) erarbeitet.

Beide Systeme, encomienda und marquesado, zeigen das zunächst
rein ökonomische Interesse an den eroberten Gebieten. Sie sind
daraufhin ausgerichtet,mit Hilfe des Tributsystems, dessen Verwaltung auf unterster Ebene noch den ehemaligen Kaziken über-
lassen ist, mit möglichst geringem Aufwand an Verwaltung und
damit Einmischung in die Angelegenheiten der indianischen Gemeinden, möglichst hohen Gewinn zu erzielen. Beide Systeme sind
aber auch für eine ordnungsgemäße staatliche Verwaltung unange-
messen. Während das encomienda - System im Becken daher ziem-
lich rasch verschwindet, erhält sich der Marquesado del Valle,
wenn auch in eingeschränkten Grenzen bis zum Ende der Kolonialzeit. Er verwischt in erheblichem Maße die vorspanische Bedeutung der größeren Zentren des Beckens, wie Etla oder Cuilapan,
und konzentriert auch in der Folgezeit alle ökonomischen und
administrativen Aktivitäten auf die Stadt Villa de Oaxaca. Nur
dort entsteht ein fester Markt mit vom cabildo (Stadtrat) kontrollierten Preisen (alhondiga), und nur dort wird in der Folgezeit der alcalde mayor angesiedelt, gerade jene administrative
Funktion also, die den außerhalb des Marquesado gelegenen kleineren Zentren des Beckens über nahezu die gesamte Kolonialzeit
hinweg ihre Bedeutung sicherte. Diesem alcalde mayor werden die
von corregidores verwalteten jurisdicciones von Etla, Cuilapan
und Tlapacoya unterstellt, die jurisdicción von Villa de Oaxaca
verwaltet der alcalde mayor selbst. Im Gegensatz zu den der
Krone unterstehenden jurisdicciones gibt es innerhalb des Marquesado also eine deutliche hierarchische Abstufung zwischen
alcaldes mayores und corregidores.[139]

c) Alcaldías und Corregimientos

Das politisch administrative System, das im spanischen Reich
nach den 40er Jahren des 16. Jahrhunderts existierte, gliedert
sich dann in mindestens drei unterschiedliche Teilsysteme:

1. Die Verwaltung in Spanien, als Kopf der gesamten Administration. Für die Belange Neu-Spaniens repräsentiert im Indienrat (consejo de indias) und dem spanischen König.

2. Das Verwaltungssystem in Neu-Spanien, das eine Vielzahl unterschiedlicher Ämter aufzuweisen hatte, deren Kompetenzen sich gegenseitig überschnitten und nicht klar geregelt waren. Am Kopf der Organisation standen der Vizekönig und die real audiencia, denen die gobernadores de Provincia verantwortlich waren, die alcaldes mayores und corregidores.

3. Auf lokaler Ebene das System der indianischen Selbstverwaltung mit gobernadores, alcaldes und regidores. [140]

Die wichtigsten Vertreter der spanischen Krone auf der lokalen Ebene waren die alcaldes mayores und corregidores. In Oaxaca waren sie mit der politischen Verwaltung, der Rechtsprechung in erster Instanz und der Verwaltung des Tributsystem auf höherer Ebene betraut[141], soweit die Gebiete der spanischen Krone direkt unterstanden und nicht zum Marquesado del Valle oder zu einer encomienda gehörten. Die corregidores der ersten Dekaden des 16. Jahrhunderts in den Zentren außerhalb des Marquesado, also den der Krone direkt unterstehenden Gebieten des südöstlichen und östlichen Beckenteils, hatten in dieser frühen Zeit die gleichen Aufgaben wie alcaldes mayores.

Dabei kann gelten, daß corregidores in Orten mit überwiegend indianischer Bevölkerung, alcaldes mayores nur in spanischen Städten angesiedelt wurden.

Die ersten corregimientos sind unter der segunda audiencia gegründet worden und können oft als Nachfolgeinstitution der encomienda verstanden werden (s. Karte 4). Dabei hatte der in Antequera sitzende alcalde mayor ebenso wie der der Schwesterstadt Villa de Oaxaca aber nicht nur die Verwaltung der spanischen vecinos zu übernehmen, sondern auch der indianischen Dörfer und Städte seiner jurisdicción. Eine direkte Abhängigkeit der corregidores von den alcaldes mayores kann nicht nachgewiesen werden.

Dieses Verwaltungssystem war aber bereits im 16. Jahrhundert nicht starr gewesen und war es offensichtlich während der ge-

samten Kolonialzeit nicht. Im östlichen Beckenteil z.B. kann
man an den in den Justizakten genannten Titeln des 17. und
18. Jahrhunderts eine dauernde Änderung der *alcaldías mayores*
beobachten. Gab es dort am Beginn des 17. Jahrhunderts die *alcaldías mayores* von Teotitlan, Mitla und Antequera, tauchen in anderen Dokumenten oft aus demselben Jahr *alcaldías mayores* von
Macuilxochitl und Tlacolula auf. Erst gegen Ende des 17. Jahrhunderts folgt eine etwas stabilere Phase mit den *alcaldías mayores* von "Teotitlan con su agregado Macuilxochitl" und der von
"Mictla y Tlacolula". Dann plötzlich erscheint Mitla gar nicht
mehr als Standort der *alcaldía mayor*, ebenso wenig wie Tlacolula und Macuilxochitl. Rechtsfälle aller genannten Gemeinden
werden von der *alcaldía mayor* Teotitlan entschieden und kurz
vor bzw. während der Einführung des Intendantensystems gibt es
eine *alcaldía mayor* von Teotitlan und Tlacolula, die dann von
einer in Tlacolula abgelöst wird.[142]

Nirgends mehr als hier also muß darauf hingewiesen werden, daß
die Karte 4 im Anhang eine Momentaufnahme nach den Informationen aus den *relaciones geográficas* der zweiten Hälfte des
16. Jahrhunderts ist.[143] Es bleibt aber festzuhalten, daß keine
der spanischen Verwaltungsinstitutionen außerhalb der neuge-
gründeten spanischen Städte ihren Sitz in einer Siedlung hat,
die nicht in vorspanischer Zeit ein bedeutendes *cacicazgo* gewesen wäre. Von der spanischen Stadt einmal abgesehen, haben die
Verwaltungsinstitutionen der Mitte des 16. Jahrhunderts vorwiegend zentrenbewahrende Funktion.

Mehrfach bereits wurde darauf hingewiesen, daß die Kaziken des
Beckens von Oaxaca ihre vorspanische politische Macht noch lange erhalten konnten. Dies nicht zuletzt dadurch, daß sie von
der spanischen Administration zur indianischen Selbstverwaltung
aufgerufen waren. Sie hatten nicht nur in der Regel den Sitz
des *gobernadors* inne (in Zaachila sogar das Recht ihren Nachfolger in diesem Amt zu bestimmen), sondern waren für die Tri-
buteintreibungen sowohl unter den *encomenderos* wie auch in den
der Krone unterstehenden Gebieten zuständig. Selbst in militärischen Expeditionen tauchten sie als Führer auf[144], sprachen
Recht in Landstreitigkeiten innerhalb der Gemeinden (PNE IX:1),

verwalteten die *repartimiento* - Forderungen der Minen (PNE
IV:296) und repräsentierten die indianischen Gemeinden gegenüber den spanischen Autoritäten. Diese Funktionen aber hatten
sie, wie die folgenden Kapitel zeigen werden, nicht sehr lange
inne. Bald schon begannen die Kaziken den spanischen Lebensstil
nachzuahmen, beantragten *licencias* zum Führen der Insignien
spanischer Adliger (*caballo y espada*) und fühlten sich diesen
gleichgestellt, was zu einem Verlust ihrer nur im Geburtsrecht
der vorspanischen Zeit begründeten Stellung führen sollte.[145]

Zusammenfassend kann festgehalten werden, daß in der ersten
Hälfte des 16. Jahrhunderts zwar eine Reihe von Institutionen
gegründet, Funktionen verändert und Neuerungen eingeführt worden waren, das Netz der Zentralen Orte der vorspanischen Zeit
aber zunächst noch weiter bestand. Alle vorspanischen *cacicazgo - cabeceras* erhielten auch Funktionen der spanischen weltlichen und kirchlichen Administration, wobei aber die Gründung
der spanischen Städte Villa de Oaxaca und Antequera eine Ver-
schiebung des Zentralitätsniveaus zu Gunsten der spanischen
Stadt und zu Ungunsten der alten Zentren initiierte und die
spanische Verwaltung die Rangunterschiede in der Hierarchie der
vorspanischen Zentren verwischte.

III. WANDLUNGEN IN DER ZWEITEN HÄLFTE DES 16. JAHRHUNDERTS UND IM 17. JAHRHUNDERT

1. Veränderungen der wirtschaftlichen Bedingungen in spanischen Zentren

Etwa von der Mitte des 16. Jahrhunderts an wuchs die Bevölkerung der Stadt Antequera/Oaxaca deutlich.

Tabelle 3: Die Bevölkerungsentwicklung Antequeras[x] von 1526 bis 1660[146]

Jahr	Anzahl der Haushalte (*vecinos*)	Zensus oder Bevölkerungs- schätzung	Quelle
1526	30	120	GAY, B. I, T. 2, S.389 f.
1529	80	320	AGN Hosp.Jes. 293:135,14v
1541	130	650[a]	RAHM A113,29v
1544	30	150	Col.Doc.ined. 7:547
1569	-	980	AGI Indif.gen. 1529:229,3v
1579	500	2500	BARLOW, "Descripción", S. 135
1595	-	1740	BORAH/COOK 1963:83
1621	400	2000	AGI Aud.Mex. 358
1626	-	2000	GAY, B. II, T. 1, S. 221
1628	-	2000	GAGE, S. 120
1643	600	3000	DIEZ DE LA CALLE, S. 177
1646	500	2500	GAY, B. II, T. 1, S. 221
1660	-[b]	3000	PORTILLO, fol. 145

[x] Villa de Oaxaca del Marquesado nicht enthalten

[a] Erwachsene

[b] BURGOA (Geográfica Descripción I:30) gibt 2000 *vecinos* an

Im Gegensatz zur hier verzeichneten spanischen Stadtbevölkerung sank die Zahl der Indios in diesem Zeitraum ebenso wie in allen anderen bisher untersuchten Regionen Neu-Spaniens katastrophal: Benutzt man die *tributario* - Zahlen von 1568 und rechnet mit der Formel von BORAH und COOK (1963:75 für den Bevölkerungsverlust zwischen 1519 und 1568), erhält man annähernd 350 000 indianische Bewohner des Beckens zur Zeit der Konquista. 1568 muß dann die Zahl von nur noch 150 000 und 1630, am Tiefpunkt der Bevölkerungskurve, eine Zahl von 40 000 bis 45 000 angenommen werden.[147]

Die Bevölkerungsdichte betrug also zum Zeitpunkt der Konquista etwa 500 Einwohner pro km², um 1568 noch 216 E/km², am Tiefstpunkt in der ersten Hälfte des 17. Jahrhunderts nicht mehr als 70 E/km², stieg dann um 1740 wieder auf 100 E/km², gegen Ende des 18. Jahrhunderts auf 160 E/km² und erreichte erst 1959 414 E/km², also noch nicht die Bevölkerungsdichte, die man für die Zeit vor der spanischen Eroberung schätzt.[148]

Dieser Bevölkerungsverlust, verbunden mit dem gleichzeitigen Zuzug spanischer Siedler nach Antequera, förderte ab der Mitte des 16. Jahrhunderts die Stadt. Hatte es zunächst das Problem gegeben, daß für die zuziehenden Spanier kein Land zur Verfügung stand, so war Land in der zweiten Hälfte des 16. und der ersten Hälfte des 17. Jahrhunderts kein Minimumfaktor mehr. Allerdings gelang es den Spaniern trotzdem nicht - wie in anderen Gebieten Neu-Spaniens - den Bevölkerungsverlust zur Ausbreitung ihres Grundbesitzes zu nutzen. Spanische Besitzeinheiten blieben - verglichen mit den Großbetrieben in anderen Teilen Neu-Spaniens, etwa den *haciendas* im Becken von Puebla oder Mexiko - kleine Betriebe mit wenig Land. (s. TAYLOR 1973a, z. Vgl. NICKEL 1978).

Aus der Not der ersten Jahre nach der Konquista entwickelten die spanischen Siedler aber eine andere, durchaus florierende Wirtschaftsform, die *huerta* - oder Gartenwirtschaft. Kleine Landstücke in der Nähe der Stadt wurden als Privatbesitz intensiv bewirtschaftet, nachdem sie den Indios abgekauft worden waren. Sie erschienen äußerlich als kleine Familienbetriebe, wurden aber mit einem der *hacienda* ähnlichen Wirtschaftssystem bearbeitet.[149]

Im Jahre 1565 sind nicht weniger als 46 dieser *huertas* für das Becken belegt, von denen der größte Teil reicheren *encomenderos* und bevorzugten Bürgern Oaxacas gehörte. 157 Indio-Familien waren dort beschäftigt, die größten Unternehmungen allein beschäftigten mehr als 20-30 Familien.[150]

Die *huertas* sind sicherlich keine zentrale Einrichtung des spanischen Antequera gewesen, könnten also daher eigentlich hier vernachlässigt werden. Sie sind aber in den ersten Jahrzehnten nach der Konquista die eigentliche landwirtschaftliche Existenzgrundlage des neuen Zentrums. Begann die Entwicklung der spanischen Landwirtschaft in anderen Gebieten Neu-Spaniens mit dem Viehzuchtgroßbetrieb (*hacienda*) mit nur wenig Anbau (oft nur zur Eigenversorgung), so war es im Becken von Oaxaca der landwirtschaftliche Kleinbetrieb mit sehr intensivem Anbau, der am Anfang stand. Ebenso wie der Ansiedlung von Industrie in industriellen Gesellschaften eine zentrenbildende Wirkung zugesprochen wird, muß die Art und Weise der landwirtschaftlichen Produktion in der vorindustriellen Gesellschaft untersucht werden.

Jene Orte nämlich, die ihre Produktion auf den neuen Markt der Städte Oaxaca und Antequera mit dem Anbau der von den Spaniern eingeführten Pflanzen umstellten und eventuell sehr früh entsprechende Verarbeitungsbetriebe erhielten, waren gegenüber den Siedlungen mit traditionellem Anbau im Vorteil. So wurde bereits im 16. Jahrhundert in Etla und Tlalixtac de Cabrera Weizen angebaut, und es gab auch entsprechende Mühlenbetriebe. Beide Orte erschienen - dann in den Quellen des 17. Jahrhunderts - als Produktionszentren für den Markt der spanischen Städte, und Etla kann sogar als eines der bedeutendsten Marktzentren der Region gelten (s.u.).

1552 erhielt Antequera das Recht, die Seide, die in der Region Oaxaca[151] erzeugt wurde, zu verarbeiten und damit einen kräftigen wirtschaftlichen Aufschwung. Nur Mexiko-Stadt und Puebla hatten diese *licencia* zur Weiterverarbeitung der Seide gehabt. Der Boom war allerdings nur kurz. Bereits für 1580 berichtet BORAH vom Niedergang der Seidenmanufakturen und 1794 gab es nur noch 5 seideverarbeitende Betriebe in Antequera.[152] Das Verarbeitungszentrum hatte sich bald in die Mixteca Alta in die Nähe des Produktionszentrums (um Villa Alta) verlagert.

Ebenfalls bis 1550 war das in der Kolonialzeit bedeutendste Weltmarktprodukt des Arbeitsgebietes noch kaum bekannt, der *cochinilla* - Farbstoff[153]. Der Darstellung der Entwicklung der Produktion und des Handels mit *cochinilla* hat HAMNET[154] eine vielbeachtete Arbeit gewidmet. Für die Stadt bedeutete erst dieses gewinnträchtige Produkt einen valenten Wirtschaftsfaktor, nachdem 1587 bestimmt worden war, daß der gesamte *cochinilla* - Handel der Region über Antequera abzuwickeln sei.[155] 1575 berichtete der Vizekönig an die Krone, daß der Handel mit *cochinilla* die weitaus größte landwirtschaftliche Aktivität der Krone sei.[156] In Oaxaca wurden in durchschnittlichen Jahren 7000 *arrobas cochinille*[157] erzeugt, die einen Wert von 259 000 *pesos* repräsentierten (zum Vergleich: im Zeitraum 4/1577 - 3/1578 rechnete die *real caja de México* die Silberproduktion ganz Neu-Galiziens für das ganze Jahr mit 162 367 *pesos*[158] ab). Um 1600 wird geschätzt, daß 10 000 - 12 000 *arrobas cochinille* mit einem Wert von 600 000 *pesos* Spanien erreichten.[159] Oaxaca war neben Puebla/Tlaxcala und Mexiko-Stadt an der Produktion zu mehr als 2/3 beteiligt.

Der *cochinilla* - Handel aber war von Anfang an nicht unproblematisch gewesen. Bereits 1548 hatte der Stadtrat von Tlaxcala indianische Verwalter im *cochinilla* - Handel eingesetzt.[160] Der Vizekönig Martîn Enrîquez schuf in Puebla 1572 dann das Amt des königlichen *juez de granas*, wogegen der Stadtrat von Puebla heftig protestierte. Sein *alcalde mayor* und die *regidores* nämlich waren bis dahin die größten *cochinilla* - Händler gewesen.[161] Die eingesetzten Richter jedoch wurden rasch wieder korrupt und nutzten ihre Stellung zum Betrug und zu unangemessenen *repartimiento* - Forderungen gegenüber den produzierenden Indio-Gemeinden. Daran änderte auch die *ordenanza* Philipps III von 1620 wenig, der den *juezes de granas* die regelmäßige Kontrolle der *cochinilla* - Märkte befahl, da, wie der Vizekönig Marquês de Guadalcâzar 1618 berichtete, eben diese *juezes* am meisten in das unehrliche *cochinilla* - Geschäft verstrickt seien. Nicht nur, daß Spekulationen und Pressionen gegenüber den produzierenden Indio-Gemeinden überhand genommen hatten, sondern der *cochinilla* waren auch Fremdstoffe beigegeben worden, um das Gewicht der Säcke zu erhöhen. Der *visitador general* Neu-Spaniens, der Bischof von Puebla Juan de Palafox y Mendoza, griff die *alcaldes mayores* im Juni 1641 direkt an. Sie seien die eigentlich zerstörerischen Kräfte des Staats- und Wirtschaftssystems. Die Ämter, die sie hätten, dienten den Konquistadoren lediglich zur Unterhaltung. Allerdings muß auch gesagt werden, daß das Amt des *alcalde mayor*, der direkt nach dem Vizekönig die höchste regionale politische und juristische Macht darstellte, erstaunlich schlecht bezahlt war.[162]

Meist erhielt ein *alcalde mayor* nur bis zu 500 *pesos* im Jahr und war, um seinen Unterhalt und seine gesellschaftlichen und repräsentativen Pflichten erfüllen zu können (im 17. und 18. Jahrhundert auch in der alten Welt ein häufiger Grund für die Gesetzesübertretungen der staatlichen Organe), auf Zusatzverdienste jeder Art angewiesen. Sowohl TAYLOR als auch HAMNET und CHANCE zeigen eine Reihe von Beispielen der wirtschaftlichen Aktivitäten der *alcaldes mayores* und *regidores* des Stadtrats von Oaxaca, die allesamt Gesetzesübertretungen darstellen, denn wie aus der 'Recopilación de leyes de los reynos de las Indias' (Buch 5, Gesetzblatt 47) eindeutig hervorgeht, war ihnen jeglicher Handel verboten:

"Que la prohibición de tratar, y contratar comprehende a los gobernadores, alcaldes mayores, y sus tenientes."

Die Durchführung der Gesetze aber, die die Krone im 16. und 17. Jahrhundert zum Schutze der Indios erlassen hatte, war direkt abhängig von der Person des Vizekönigs und seinem mehr oder weniger stark ausgeprägten Rechtsempfinden (so schrieb auch Palafox[163]).

Der spanischen Krone kann also nicht vorgeworfen werden, daß sie es versäumt habe, die rechtlichen Voraussetzungen zu schaffen, um die exzessive Ausbeutung der Indios zu verhindern, wohl aber kann ihr vorgeworfen werden, daß sie immer wieder Vize-Könige zuließ, die sich um die Durchführung dieser Gesetze nicht im mindesten kümmerten.

Anders als der Handel wurde der Grundbesitz der *alcaldes mayo-res*, *corregidores* und anderer spanischer Administratoren von der spanischen Krone beurteilt: Gesetze von 1532, 1563, und 1596 enthielten die klare Anweisung, daß die Mitglieder der spanischen *cabildos* (Stadträte) bei der Landverteilung zu bevorzugen seien (Recopilación de leyes, Buch 4, Lap. 12, Gesetz 5).

TAYLOR nennt folgende konkrete Beispiele:

"Property - owning political officials in the sixteenth century included Christobál Gil, a regidor who owned a cattle ranch near Tlacochahuaya in the 1530's; Diego Hernández Calvo, a regidor who owned cattle estancias near Tlapacoya in the 1560's; Pedro Sánchez de Chavez, an alcalde ordinario of Antequera who owned an estancia east of Mitla in 1565; Luis y Christobál Ramírez de Aguilar, regidores with two estancias de ganado mayor near San Lorenzo Cacaotepec and Huitzo in 1528; Melchior Ruiz, an alcalde ordinario with two sitios de ganado menor near Ocotlán in 1590; and Christobál de Sala, the corregidor of Teitipac in the 1590's."[164]

Da Streitereien über Land- und Besitzgrenzen von eben diesen spanischen Grundbesitzern entschieden werden sollten, waren Ämterkonflikte vorprogrammiert, vor allem aber - abgesehen vom konkreten Konfliktfall - führte diese Praxis zum Vertrauensverlust der Indios gegenüber der spanischen Regionalverwaltung. Dies betraf zwar weniger das Becken von Oaxaca selbst, führte aber in eng benachbarten Bereichen besonders im 17. Jahrhundert zu blutigen Aufständen der Indios, die sich gegen illegale *repartimiento* - Forderungen wehrten: Am 22. März 1660 wurde der *alcalde mayor* von Tehuantepec getötet, die *casas reales* wurden niedergebrannt. Weitere Aufstände wurden aus Nejapa berichtet, wo der *alcalde mayor repartimiento* - Forderungen für *cochinille* - Produktion und das Anfertigen von Decken aus Baumwolle überzogen hatte. Ebenfalls um ein *cochinille-repartimiento* ging es beim Aufstand der Indios von Ixtepeji, deren *alcalde mayor* fliehen mußte. Weitere Aufstände fanden in Teutila, Teococuilco, Villa Alta und Huajuapan statt. Sie griffen über auf Huamantla, Tlaxcala, Zimatlan, Otumba und Tancítaro.[165]

Aus dem Beckenbereich ist ebenfalls eine Quelle erhalten, die den Ämtermißbrauch der *alcaldes mayores* dokumentiert.[166] Ab dem 22. Oktober 1662 beschwerten sich die Indios mehrerer Gemeinden des Beckens (Tlalixtac, Zaachila u.a.) beim Bischof Antequeras über die überhöhten Forderungen des *alcalde mayor* Don Lorenzo Ramîrez de Guzmân. Dieser hatte versucht, in einigen Dörfern seiner Einflußsphäre Handelsmonopole einzurichten. Er verlangte für ein Brot einen halben *real*, während man in Antequera 3 Brote für einen *real* kaufen konnte; für ca 1/2 Liter Wein (*un quartillo* [167]) fünf *reales*, obwohl dieselbe Menge in der Stadt für 3 *reales* zu bekommen war, oder er verpflichtete z.B. die Einwohner Tlalixtacs (per *repartimiento*) 18 *arrobas* (ca. 207 kg) Baumwolle zu spinnen, 6 *arrobas* (ca. 70 kg) gesponnenes Garn gaben sie ihm innerhalb von 6 Monaten zurück, wobei er für ca. 1 Pfund Garn (0,46025 kg = 1 *libra*) nur 1 *real* bezahlte, während die gleiche Menge in Antequera 3 *reales* kostete. Hinzu kommt noch das Erheben unberechtigt hoher Gebühren für die *visita* (Inspektion) der Dörfer (12 *reales*) und eine ganze Reihe weiterer als unberechtigt empfundener Forderungen.

Die gesetzten zentralen Einrichtungen der weltlichen Administration, für deren höchste Stufe auf regionaler Ebene die *alcaldîa mayor* stehen kann, verlor durch diesen Ämtermißbrauch an Ansehen und Attraktivität. Hilfe in dieser Situation konnten die Indios nur von der kirchlichen Administration erwarten, und so stammen die eben zitierten Tatsachen auch aus einem Protokoll, das der *visitador* der Provinz Oaxaca (in der Regel der Bischof der Provinz) an den *consejo de indias* in Sevilla zur Beurteilung sandte. Die Entscheidung des Indienrates ist in diesem Fall zwar nicht überliefert, aber der Vorgang als solcher zeigt, daß weltliche und geistliche Administration in vielfacher Weise miteinander verstrickt waren, wobei die kirchliche Autorität, insbesondere durch die Stellung geistlicher Würdenträger als *visitadores* (Berichterstatter gegenüber der spanischen Krone bzw. dem Indienrat) dominant war.
Trotz dieser de facto starken Stellung waren die de jure-Rechte der Kirche in der Kolonie weit geringer als im Mutterland. [168] Dies führte zwar im 17. Jahrhundert nicht direkt zu einer Veränderung in der Hierarchie Zentraler Orte (das Hauptzentrum Antequera war Bischofssitz und Sitz eines *alcalde mayor*), sehr wahrscheinlich aber zu einem Wandel der Wertigkeit zentralörtlicher Funktionen dahingehend, daß die *alcaldîa mayor* oder das

corregimiento nur noch dann nachgefragt wurde, wenn es keinen anderen Weg gab.

Hinzu kam die nun deutlich stärker werdende Valenz wirtschaftlicher Faktoren, insbesondere das Entstehen neuer Märkte im Zusammenhang mit den wirtschaftlichen Aktivitäten des 17. Jahrhunderts. Nur noch per Verordnung ließ sich - und dies auch nur für begrenzte Zeit - der gesamte Handel mit *cochinilla* der Provinz Oaxaca über Antequera leiten[169]; spätestens am Ende des 17. Jahrhunderts und Beginn des 18. Jahrhunderts verlagerten sich diese Aktivitäten zu den Produktionszentren (Villa Alta, Etla, Tlacolula, Ocotlan). Was bei Antequera noch für kurze Zeit gelingen konnte, nämlich aus ökonomischen Gründen anders laufende Güter- und Warenströme in das Hauptzentrum gesetzter Zentralität zu lenken, war z.B. im Ostbecken von vornherein nicht möglich. Seit der frühesten spanischen Zeit war dort der Sitz der *alcaldía mayor* in Teotitlan del Valle gewesen. Bereits am Beginn des 17. Jahrhunderts jedoch zeugen Justizprotokolle von dem entstehenden großen Markt in Tlacolula[170], der nicht nur die Waren des alltäglichen Bedarfs umsetzte, sondern rasch zum Hauptumschlagplatz der im Ostbecken produzierten *cochinilla* wurde.

Ab der Mitte des 16. Jahrhunderts entfalteten die Spanier wirtschaftliche Aktivitäten auf vielen Gebieten. Zunächst schien es so, als wären sie nur wenig an der Landwirtschaft, der Viehzucht oder überhaupt am Besitz von Ländereien interessiert.[171] Diese Beobachtung TAYLOR's ist sicherlich nicht ganz falsch. Andererseits aber war das Becken von Oaxaca in der ersten Hälfte des 16. Jahrhunderts noch extrem dicht besiedelt, Kaziken, einheimische Nobilität, indianische Gemeinden und nicht zuletzt die wenigen spanischen *encomenderos* bis hin zum bedeutendsten unter ihnen, dem Marquês del Valle Cortés, waren nicht daran interessiert, den nachkommenden Spaniern zu Grundbesitz zu verhelfen. Erst der Niedergang der *encomienda*, verbunden mit dem massiven Bevölkerungsverlust unter den Indios, ließ die vizeköniglichen Landvergaben (*concesiones*) ab 1570 ansteigen.[172] Insbesondere die Viehzucht hatte in der Zeit ausreichend Prestige, um die spanische Oberschicht zu interessieren. Hinzu kam, daß die Märkte für Produkte der Tierhaltung größer geworden waren. Die Bevölkerung Antequeras war nach 1570 auf über 1000 angestiegen, und zum selben Zeitpunkt, als die Seidenproduktion bereits im Niedergang war, wurden im Becken weitere Minen (vorwiegend auf Silber) entdeckt und erschlossen. Teitipac, San Balthasar Chichicapan und Santa Catarina Minas waren zwar kleine Vorkommen verglichen mit denen Nordmexikos, sie konnten aber einer Reihe spanischer Familien bis zur Mitte des 17. Jahrhunderts gute Verdienstchancen bieten. Die weitaus meisten Minen hatten nur einen Besitzer, der einen kleinen Betrieb führte und als Arbeitskräfte nur diejenigen einsetzen konnte, die ihm als *repartimiento* - Leistung zugestanden wurden.[173]

Die Minenwirtschaft im Beckenbereich ist damit gekennzeichnet durch einen gravierenden Mangel an Arbeitskraft und einen mindestens ebenso gravierenden Mangel an Kapital. Erst gegen 1578 waren die Unternehmungen in Teitipac so gut angelaufen, daß die Minenbesitzer ein *repartimiento* von 100 indianischen Arbeitern pro Woche beim Vizekönig Neu-Spaniens beantragen konnten, um diese Arbeiterschaft je nach Größe der Mine untereinander verteilen zu können.[174]

Der größte Teil der Arbeiter für die Minen kam im Rahmen dieser *repartimiento* - Forderung aus den volkreichen und nähergelegenen Orten des Beckens, namentlich aus Mitla, Tlacolula, Teozapotlan (Zaachila), Cuilapan, Macuilxochitl und Ocotlan.

Am Beginn des 17. Jahrhunderts allerdings arbeiteten z.B. in Teitipac nur noch vier Minen, die geforderte *repartimiento* - Leistung war auf 45 Arbeiter pro Woche reduziert worden.[175] Andere Minenstandorte, wie Chichicapan und Santa Catarina Minas, hatten die Funktionen und die Bedeutung von Teitipac übernommen.

Die Minenstandorte bildeten also nur kurzfristig Zentrale Orte mit besonderen wirtschaftlichen und administrativen (Steuerbeamte) Funktionen. Ihre Entstehung und ihr Verfall hatten aber nicht unwesentlichen Einfluß auf die Entwicklung der übrigen Zentralen Orte des Arbeitsgebietes.

Das Hauptzentrum Antequera verlor durch die Minenwirtschaft an Bevölkerung, da die Minenbesitzer ihre Wohnstätten möglichst nahe an die Produktionsstätten legten, um ihren Betrieb und

dessen tatsächliche Förderleistung besser kontrollieren zu können. Erst durch diesen Bevölkerungszuwachs wurden die ehemals
kleinen Indio-Pueblos zu Wirtschaftszentren, zumal mit den Spaniern ihre Angestellten und indianischen Arbeiter zogen.[176]

In Chichicapan waren 1601 nur noch 10 Minen aktiv, von denen
jede einzelne ein wöchentliches *repartimiento* von nicht mehr
als 10-12 indianischen Arbeitskräften hatte.[177]

Gegen Ende der ersten Dekade des 17. Jahrhunderts wurde die
Produktion in Chichicapan wieder verstärkt. Nun mußten von 22
indianischen Gemeinden der näheren Umgebung wieder 400 indianische Arbeiter wöchentlich für diese Minen gestellt werden.[178]
Die bis zur Mitte des 17. Jahrhunderts im Staatsarchiv von Oaxaca noch zahlreich vorhandenen Quellen über die Minenaktivitä-
ten setzen aber um 1650 aus. Zu diesem Zeitpunkt waren die meisten Vorkommen für die Methoden der Zeit bereits sehr stark
ausgebeutet. Minenbesitzer und Minenbetreiber waren beinahe
ausschließlich Spanier und Kreolen der Stadt Antequera gewesen.
Dort war das Silber von Teitipac bereits seit 1579 Zahlungsmit-
tel geworden.[179]

Der Handel mit Silber und Gold scheint Antequera keinen nach-
haltigen wirtschaftlichen Gewinn gebracht zu haben. Bereits
1620 werden nur noch 5 Silberhändler im Stadtgebiet erwähnt.[180]
Neben der wenig belegten Schuldknechtschaft der Minenarbei-
ter[181] gibt es 1643 Beweise für einen florierenden illegalen
Handel mit indianischen Arbeitskräften für die Minenarbeit.[182]

Trotzdem bleibt zusammenzufassen, daß die Minenwirtschaft im
Arbeitsgebiet niemals die Bedeutung gewinnen konnte, die sie in
anderen Teilen Mexikos hatte. Sie war niemals so wichtig für
die regionale Ökonomie wie etwa Ackerwirtschaft und Viehzucht
oder der Handel zwischen der Hauptstadt Mexiko-Stadt und Guatemala, oder der *cochinille* - Handel und die *cochinille* - Produktion. Durch seine Minen gewann Oaxaca auch keine überregionale
Bedeutung im 16. und 17. Jahrhundert. Es waren keine dauerhaf-
ten Zentren vergleichbar mit Taxco oder Guanajuato entstanden.
Leider finden sich nur vereinzelt Unterlagen über die Produk-
tions- und Transportkosten der Edelmetalle für die Minen in
Oaxaca. Die erheblichen Schwankungen in ihrem Arbeitskräftebe-

darf könnten mit den Schwankungen der Edelmetallpreise in Europa und damit den Schwankungen der "Weltmarktpreise" für Gold
und Silber zusammenfallen. Dieser Aspekt der wirtschaftshisto-
rischen Entwicklung der Region konnte hier nicht weiter verfolgt werden.

Antequera gewann überregional an Bedeutung durch seine topographische Lage in Neu-Spanien als Durchgangs- und Umschlagplatz
der Waren, die für den pazifischen Handel bestimmt waren. Der
Zugang zum - bis zum Ende des 16. Jahrhunderts - einzigen Pazi-
fikhafen Neu-Spaniens in Huatulco ging über Antequera. Erst als
Acapulco gegen Ende des 16. Jahrhunderts Huatulco überflügelte,
verlor Antequera und damit das gesamte Becken von Oaxaca diese
Bedeutung. Nur zum Teil konnte der Verlust dieser Funktion substituiert werden durch den aufkommenden Handel mit Guatemala,
der auf dem Landweg ebenfalls über Antequera lief.

Alle überregionalen und profitträchtigeren wirtschaftlichen Aktivitäten - sei es die Seidenraupenzucht, die gesteigerte Nachfrage nach Grundbesitz, die Silberproduktion oder der durch die
gesamte Kolonialzeit bedeutend gebliebene *cochinille* - Handel,
gingen von Antequera - Oaxaca aus oder nutzten den spanischen
Ort als Zentrum der Aktivität. Die darbende, vom Aufgeben be-
drohte, kleine spanische Stadt profitierte deutlich von dieser
Entwicklung. In Antequera saß der *alcalde mayor*, der Bischof,
das Mutterkloster der Dominikaner und zahlreiche Klöster anderer Orden, Händler für Edelmetalle, Händler im Handel mit Guatemala und solche im pazifischen Handel.[183] Antequera hatte am
Ende des 16. Jahrhunderts zentralörtliche Einrichtungen wirtschaftlicher und kirchlicher Art, die höchsten regionalen Einrichtungen der spanischen Verwaltung, feste Märkte (*alhondiga*)
und einen Wochenmarkt, der bis 1979 im Zentrum der Stadt abgehalten wurde.

Das Hauptzentrum war zur Schnittstelle des regionalen Wirt-
schaftssystems mit dem überregionalen ökonomischen System
Neu-Spaniens geworden und damit eine der Schnittstellen der
Neuen Welt zum Mutterland Spanien.

Das regionale Wirtschaftssystem hatte sich auf dieses neue Zentrum hin umorientiert, was vice versa einen Bedeutungsverlust der ehemaligen (vorspanischen) Hauptzentren des Beckens, wie Zaachila, Ocotlan, Teotitlan del Valle, Tlalixtac de Cabrera, Etla und Huitzo mit sich brachte. Kam, wie im Falle Zaachilas, zu dem Verlust der wirtschaftlichen Funktionen auch noch der Verlust der administrativen Funktionen (als Teil des Marquesado-Bezirkes Cuatro Villas wurde der Ort von Oaxaca aus verwaltet) hinzu, so hätte der Ort zum einfachen Marktort oder zum Hauptort eines Kirchspiels absinken müssen. Einzig die kirchlichen Funktionen (Kloster - Hauptkirche) waren längere Zeit unverändert und damit bewahrender Faktor des alten Systems.

Innerhalb des Beckens von Oaxaca hatte sich aber trotz der zahlreichen Veränderungen ein funktionierendes Austauschsystem erhalten, dessen Strukturen aus vorspanischer Zeit stammten. So treffen wir im 17. Jahrhundert bereits zum ersten Mal auf jenen, von GORMSEN für das heutige Mexiko beschriebenen Hiatus zwischen einem traditionellen Austauschsystem der Wochenmärkte in den ehemaligen vorspanischen Zentren, dessen wirtschaftliche Basis bis heute der Austausch landwirtschaftlicher Produkte des alltäglichen Bedarfs in kleinen Haushaltsmengen ist, und einem moderneren kolonialspanischen interregionalen Handel mit Sitz in Oaxaca/Antequera. Nur aufgrund unterschiedlicher Warenspektren ist es verständlich, daß neben dem großen Wochenmarkt in Antequera-Oaxaca und der *alhondiga* (dem festen Dauermarkt mit vom Magistrat kontrollierten Preisen, der vom 16. Jahrhundert an belegt ist) ein zweites traditionelles Austauschsystem bis heute existiert, dessen Hauptmarkt sich im 17. Jahrhundert in Zaachila befunden haben muß. Seine Angebote wurden bis in die äußerste Ostecke des Arbeitsgebietes, bis Mitla, nachgefragt. Zwei Protokolle des 17. Jahrhunderts im Archivo Municipal von Mitla[184] berichten von Überfällen auf eine Gruppe von Indios, die von Mitla aus den Markt von Zaachila besuchten. Neben den in Mitla erzeugten Produkten (Decken, Salz und Chilli) führten sie Mais und Trockenfisch mit sich, die auf dem Markt von Zaachila angeboten werden sollten. Einkaufen sollten sie Waren des nicht-alltäglichen Bedarfs, insbesondere Geräte zur Feldbestel-

lung, Bastmatten und verschiedene andere Produkte, wie Farben
und Baumwollgarn, das wieder zur Herstellung von Decken gebraucht wurde.

Ähnliche Nachrichten über den Markt von Zaachila finden sich
auch in anderen Archiven:

Indios von Teotitlan del Valle gingen auf diesen Markt, um ihren nicht-alltäglichen Bedarf zu decken[185], ebenso wie Indios
aus Huitzo[186] oder aus Etla[187]. Zwar existiert die Beschreibung
von BURGOA über die Größe und den Einzugsbereich des Marktes
von Etla, in den Regionalarchiven des Beckens allerdings finden
sich keine wesentlichen Hinweise, daß dieser Markt vom südlichen oder östlichen Beckenteil aus besucht worden wäre. Er
scheint vorwiegend vom nördlichen und nordöstlichen Beckenteil
und von den spanischen Städten Antequera und Oaxaca (Obst) aus
nachgefragt worden zu sein.[188]

Aus den Justizakten des 17. Jahrhunderts im AM von Tlacolula
kann abgelesen werden, daß der Wochenmarkt dieses Ortes neben
seiner Funktion zur Versorgung des direkten Umlandes auch Umschlagplatz für Waren aus der Küstenregion (z.B. Fisch) und
Markt für cochinille war. Der Handel muß auch auf den größten
Märkten (wie etwa in Antequera) zu einem sehr großen Teil
Tauschhandel gewesen sein, wie anders wäre es sonst zu erklären, daß am Beginn des 17. Jahrhunderts mehrere Ladungen (car-
gas) Mais aus dem Bergland (aus der Gegend um Villa Alta) nach
Antequera auf den Markt gebracht werden sollten, Mais, der als
Grundnahrungsmittel in ausreichendem Maß im Becken selbst ange-
baut wurde.[189]

Die Nachrichten über das Marktsystem sind allerdings sehr spärlich und reichen zu dessen vollständiger Rekonstruktion nicht
aus. Die meisten Belege für die Existenz der Märkte und Beschreibungen über die dort angebotenen Waren ließen sich aus
den Protokollen von Raubüberfällen gewinnen, die offensichtlich
gegen Ende des 17. und bis zur Mitte des 18. Jahrhunderts ent-
weder erheblich angestiegen waren oder häufiger protokolliert
wurden.[190]

Marktbeschreibungen aus der Zeit existieren heute ebenso wenig mehr, wie die sicherlich einst vorhandenen Bücher der Marktgemeinden über die auf dem Markt erhobenen Abgaben und Steuern.

Besser als alle anderen Zentralitätsfaktoren sind die Einrichtungen der Kirche im 17. Jahrhundert für das Becken von Oaxaca belegt. Aus zwei Teilen besteht das "Lebenswerk" des Dominikanerpaters Fray Francisco de Burgoa, einer eher als Kirchen- und Personalgeschichte angelegten "Palaestra Historial" und einem zweiten Teil, der als Beschreibung Neu-Spaniens gedacht war, die "Geográfica Descripción". Vom Autor selbst ist wenig bekannt.[191]

Als einzige deskriptive Quelle aus dieser Zeit ist der Teil mit dem Titel "Geográfica Descripción" interessant. Allerdings wird derjenige enttäuscht, der hier eine geographische Beschreibung Oaxacas vermutet. Kirchengeschichte verbunden mit der Personalgeschichte der Kloster- und Weltgeistlichen verpackt in biblische Allegorien nehmen gut 9/10 seiner "Beschreibung" ein.[192]

2. Die Einrichtungen der Kirche im Becken

Da aus dem 17. Jahrhundert weder *tasaciones* noch *padrones*, noch *relaciones geográficas* für Oaxaca existieren, ist die 'geographische Beschreibung' des BURGOA die einzige Quelle, die das Arbeitsgebiet *doctrina* für *doctrina* behandelt und damit annähernd als flächendeckend bezeichnet werden kann. Leider hat sich der Autor nicht, wie etwa die von der Krone angeforderten *relaciones geográficas* des 16. und dann des 18. Jahrhunderts, an eine feste Gliederung oder einen Fragebogen gehalten; die Informationsauswahl ist subjektiv lückenhaft, und daraus, daß BURGOA etwas nicht erwähnt, kann nicht geschlossen werden, daß es nicht vorhanden war.

Die Quelle ist damit für eine Auswertung nach den in den einzelnen Orten installierten, verorteten Einrichtungen der Zentralität nur bedingt tauglich. Ein Indikator der Zentralität, nämlich die Qualität und Quantität der Einrichtungen der kirchlichen Administration, läßt sich aber ablesen. Neben den beiden Hauptorten des Beckenbereiches, Antequera und Oaxaca, beschreibt BURGOA die *doctrinas* [193] von Cimatlan (Zimatlan), Cuilapan, Etla, Guaxolotitlan (Huitzo), Ocotlan, Talixtaca (Tlalixtac de Cabrera), Teutitlan (Teotitlan del Valle) und Tlacochahuaya.

a) Die Doctrina von Cimatlan

Bereits die Luftbildauswertung des Südbeckens läßt in dem äußerst regelmäßigen Schachbrettgrundriß Zimatlans eine jüngere, erst in der spanischen Zeit erfolgte Gründung vermuten. Einzig bei BURGOA jedoch findet sich die Bemerkung, daß das heutige Zimatlan von indianischen Adligen aus dem Bergland westlich des Beckens offensichtlich erst nach deren Missionierung angelegt worden sei.
Tatsächlich kennen die Quellen des 16. Jahrhunderts auch nur einen Ort, der als 'Tepecimatlan' geführt wird. [194] Dies kann der Ort San Bernardo Tepecimatlan gewesen sein, den der spätere Zensus von 1796 bereits mit "San Bernardo Mixtepec (Tepecimatlan)" bezeichnet.

"... y se erigió esta [doctrina] de Cimatlan al pie desta Montaña de el
Valle baxando del Pueblo de la Magdalena [Magdalena Mixtepec] , Caziques, y
Principales reducidos y devotos, à fundar este Pueblo que antes servía de
rancherías, de espias, y guarda terminos de la jurisdicción aprovechandose
de estos llanos para sus siembras, y fue esta fundación tan acordada que
creció el Pueblo con abundancia agregandole otros para muy lucida doctrina
y se capaz de un officio de Corregidor separado de la del Alcalde mayor de
Antequera ..." [195]

Nicht nur die Tatsache, daß einheimische Adlige hier siedelten
und damit in kurzer Zeit eine hohe Bevölkerungsakkumulation in
der neu-gegründeten Siedlung erreichten, wirkte zentrenbildend
im Falle Zimatlans, sondern auch die Reaktion der frühen spanischen Verwaltung, die durch das Einsetzen eines *corregidor* den
neuen Ort zum Verwaltungszentrum machte. Auch die Kirche stand
dieser Politik nicht nach:

"... estan acabando una sumptuosa Iglesia de boveda tan grande, y tan her-
mosa que puede lucirse en una opulenta Cuidad, y ellos (die Bewohner Zimatlans) mesmos son los alarifes para la trasa, y montea de la obra, y los que
la executan con grande primor, y hazen en el Pueblo la cal, y ladrillo con
excessivo trabajo por la falta de agua, obligandoles la necessidad à car-
garla à ombros assi para las pilas de el barro, como para las mezclas de la
arena, y cal, y otros menestres, y cada dia sentian mas esta molestia valiendose de poços que abrian, ..." [196]

Trotz des hohen Grundwasserspiegels (im südlichen Teil des
Beckens liegt er oftmals über zwei Meter[197]), war Wasser der
Faktor im Minimum bei der Gründung Zimatlans. Da aber einheimische Adlige (*nobles*), spanisch-weltliche und spanisch-kirch-
liche Administration, sich bereits für den Standort entschieden
hatten, wurde dieses 'technische' Problem gelöst.

"... y se hallo toda la tarxea tan entera, limpia, y fuerte, que con dos
puentesillas en dos arroyos, que atrabiesan, entro tanta agua en el Pueblo
que corria con abundancia, y se descubrió un grande tanque junto à la Iglesia, y otras pilas para el regalo del Pueblo, y yo fuí à verlo, y hallé un
tanque de ocho braças [braza = 1,67 m] , y de una de hondo, reboçando de
agua que se vertia, y tan dulce, y regalada para bever que es muy para dar
gracias à nuestro Señor ..." [198]

Wie bereits SEELE in einer Untersuchung über die Wasserbauten
der spanischen Kolonialzeit im Becken von Puebla-Tlaxcala berichten konnte, hatten die Spanier über die Mauren viel vom
orientalischen Wissen über Bewässerung und Wasserbautechniken
übernommen und nach Neu-Spanien gebracht. [199] Die Technik des

Baus von Wasserleitungen auch über größere Entfernungen war allerdings auch den Hochkulturen Mesoamerikas bekannt gewesen, und so kann es bei diesem Beispiel der Neugründung eines Zentralen Ortes nicht verwundern, daß weder die einheimische Nobilität noch die spanische Administration ihre Standortwahl vom Faktor Wasser direkt abhängig machten. Das Vorhandensein von geeignetem (bereits melioriertem) Land, die Konkurrenzsituation zu Zaachila und die Grenzlage zum Marquesado waren entscheidendere Standortfaktoren.

Die These, daß hier direkt und zielgerichtet ein Zentraler Ort mit zahlreichen weltlichen und kirchlichen Funktionen gegründet worden war, wird auch durch die Aussagen von BURGOA über die Bedeutung Zimatlans in seiner Zeit (der Mitte des 17. Jahrhunderts) bestätigt:

"... tiene al presente este Pueblo trecientos vezinos, y tres Pueblos cabecera de Doctrina, y otros cinco pequeños de visita, y los tres Pueblos con Iglesias de boveda la una de San Pablo acabado con sacristia, otra de Santa Maria, la mitad, y otra de Santa Anna recien acabada la Capilla mayor la advocacion de Cimatlan es de el incluyto Martyr San Lorenço, dos leguas al sur de Cuilapan ..."[200]

Bei den drei anderen genannten Hauptkirchenorten, San Pablo, Santa Maria und Santa Ana, dürfte es sich um die heutigen San Pablo Huixtepec, Santa Maria Vigallo und Santa Ana Tlapacoyan handeln, die auch die Karte von GERHARD[201] noch im ausgehenden 18. Jahrhundert der *doctrina* von Zimatlan zuschreibt.

Tlapacoyan war zwar eine der vier Städte des Marquesado, hatte aber anscheinend bereits im 16. Jahrhundert kaum noch zentralörtliche Bedeutung.
Weder wesentliche weltlich-administrative noch wesentliche kirchliche Funktionen sind dort belegt. Zwar war es Hauptkirche eines Kirchspiels, unterstand aber der *doctrina* des jüngeren Zimatlan. Tlapacoyan war von der ehemaligen *cabecera* eines *cacicazgo* durch seine untergeordnete Rolle im Marquesado auf das niedrigste Zentralitätsniveau abgesunken.

b) Die Doctrina von Cuilapan

Eines der größten und architektonisch prächtigsten Klöster Mexikos wird den heutigen Touristen in Cuilapan gezeigt. Allein - es scheint nie fertig geworden zu sein. Trotzdem legt es auch heute noch Zeugnis davon ab, daß der kleine Ort Cuilapan einst eine volkreiche und bedeutende Siedlung gewesen sein muß. Die Gründung der kolonialzeitlichen Siedlung Cuilapan geht in die vorspanische Zeit zurück. Der Chronist, der selbst Priester in Cuilapan war, hat dort, mehr als an anderen Orten, die mündlich überlieferte Geschichte der vorspanischen Bewohner aufgenommen. Danach war es der *cacique* von Zaachila, der einst die mixtekischen Adligen um Hilfe im Krieg gegen Tehuantepec bat und sie zuerst als Verbündete, dann selbst als Eroberer in das Becken von Oaxaca brachte. Noch zur Zeit der spanischen Konquista war das Verhältnis zwischen den mixtekischen Eroberern und den zapotekischen Beckenbewohnern gespannt (s. Quelle 1 im Anhang). Zwar berichtete BURGOA auch, daß die mixtekischen Fürsten den Herrn von Zaachila als obersten Herrn anerkennen mußten, gleichzeitig aber wird dessen Schwäche belegt:

"... muy corto el Reyno Zapoteco, pues no tenía fuerças, ni para guardar su casa, ni para acometer à la agena, ..."[202]

Die Gründung des Dominikanerklosters führt BURGOA auf eine Bestimmung der spanischen Krone von 1548 zurück, daß in den Dörfern der Indios Klöster zu errichten seien und die Eingeborenen im christlichen Glauben unterrichtet werden sollten:

"... creció su desconsuelo hasta el ano de 1548, en que vino la Cedula del Rey, que mandaba se edificacen Conventos, y Casas de Religiosos en los Pueblos de los Indios para que los doctrinasen ..."[203]

Diese sehr allgemeine Bestimmung aber gilt für die gesamte Mission in Neu-Spanien und kann die Gründung eines großen Klosters, das außerdem im 18. Jahrhundert *vicaría* war, nicht begründet haben. Viel eher war in Cuilapan der erste Stützpunkt der Mission der Mixteken und die erfolgreichste *congregación*, an der nicht nur der Dominikanerorden, sondern auch wesentlich der Marques del Valle beteiligt waren (s.o.).

Bereits zur Mitte des 17. Jahrhunderts bezeichnet BURGOA Cuilapan als Villa (Stadt). Zur *doctrina* gehören nun typischerweise
(Mixtekenexklave) nicht nur Siedlungen im Becken, sondern auch
mixtekische Dörfer im westlich angrenzenden Bergland:

"Quedandole à Cuilapan la Villa, Santa Cruz de Xoxocotlan, Santa Maria At-
zompa, Santa Lucia, San Sebastian, estos cerca, y en el Valle, y San Pablo
y San Miguel en la Sierra, y San Reymondo junto à Theozapotlan ..."[204]

Die *doctrina* gehörte damit zu den flächengrößten kirchlichen
Verwaltungseinheiten des Beckens, war aber im Gegensatz zu Zimatlan politisch nicht selbständig, sondern wurde von dem nahe-
gelegenen Hauptsitz des *alcalde mayor* des Distriktes "Cuatro
Villas", von Villa de Oaxaca aus, verwaltet.

c) Die Doctrina von Etla

Bereits in den Quellen des 16. Jahrhunderts war die Gegend um
Etla als Wirtschaftszentrum, insbesondere als Zentrum landwirt-
schaftlicher Produktion aufgefallen. Der Zentrale Ort dieser
Region, das heutige San Pedro y San Pablo Etla, gehörte poli-
tisch ebenso wie Cuilapan dem Marquesado del Valle als eine der
"Cuatro Villas" des Distriktes an.
BURGOA läßt keinen Zweifel daran, daß er die Taten des ersten
Marquês, Hernan Cortês, sehr bewunderte. Nach einer ausführ-
lichen Lobrede auf Cortês' Leistungen bei der Eroberung
Neu-Spaniens, zeigt er am Beispiel Etlas, daß der *conquistador*
viel für die Missionierung und das wirtschaftliche Wachstum der
Dörfer in seinen Gebieten getan hat und dabei von den missio-
nierenden Dominikanern unterstützt wurde:

"... de los naturales de la Villa de Etla, se han renovado con tal succes-
sión que con el buen trato del Marquês, y enseñarles à sembrar, y cultivar
trigos, y hazer molinos, se han mejorado en todo, assi en lo espiritual de
Iglesias, y culto divino, como en lo temporal de sus labranças, y cosechas,
desde que recibieron la fé de la doctrina, Predicación y enseñança de nue-
tros religiosos ..."[205]

Etla aber war vor allem - zur Zeit des BURGOA - bedeutendes
Marktzentrum und Sitz von Händlern. Der Markt scheint nach der
Quelle ein bedeutendes Einzugsgebiet gehabt und nicht allein

der Vermarktung der Produkte der Landwirtschaft gedient zu haben, sondern auch von Händlern mit Waren des nicht-alltäglichen
Bedarfs aus Antequera bedient worden zu sein:

"... tienen gran fería todos los Miercoles de el Año acuden Mercaderes de
la Ciudad con generos de Castilla, y Indios de varias Provincias, con grana, mantas, y frutos de su tierra, es grande el concurso, y cambios de todo
genero, y en tiempo de frutas, son con abundancia las que se traen ..."206

Auch in Etla engagierte sich die Kirche mit einem prächtigen
Kloster, das allerdings erst nach einer kleineren Kirche gebaut
wurde und nachdem Architekten aus Spanien angekommen waren, die
dafür sorgten, daß dieses Kloster zu den repräsentativsten Bau-
ten der Dominikaner im Arbeitsgebiet gehört:

"... y la primera [Iglesia] que edificaron fue abaxo como quienientos pas-
sos de donde está oy, y en lo mas fertil del Pueblo, que se llama Natividad, donde llegan los riegos, y humedades de lo que se vierte; la casa era
pequeña y mal labrada por que fue de las primeras donde entraron Religiosos
à devoción del Marqués, y no havia officiales que dispusieran Iglesias se-
guras, ni viviendas, hasta que passaron de España grandes Arquitectos
..."207

Das so errichtete Kloster wurde zum Wallfahrtszentrum, und die
Verbindung zwischen Markttag und Kirchgang war bereits im
17. Jahrhundert evident:

"... sustenta esta Convento cinco, ò seis Ministros, y con mucho trabajo
personal, porque los dias de fiesta se empieça de ordinario la Missa à las
onze del dia (y casi siempre ay sermon), esperando à la gente de la jurisdicción, que se llama con campanas excelentes de dos torres ..."208

Die Bewohner des Ortes scheinen auf den Autor eher den Eindruck
städtischer als ländlich-bäuerlicher Lebensweise gemacht zu haben. Insbesondere die Adligen (principales) haben sich der spanischen Lebensweise bereits so sehr angeglichen, daß sie spanische Kleidung tragen und mit geschärften Degen zu Pferde (den
Zeichen der spanischen Hidalgos) sitzen:

"... la gente son naturalmente apazibles, limpios, lucidos y liberales,
bien tallados, visten como Españoles los principales, y ladinos que son
muchos precianse de andar en buenas mulas, y cavallos con espadas fillas y
adereços en sus fiestas ..."209

Die verkehrsgünstige Lage, das Aufkommen an Kirchenzehnt und
die hohe Bevölkerungszahl runden das Bild von einem bedeutenden

Zentralen Ort in der Mitte des 17. Jahrhunderts ab:

"... por exemplar, aqui [in Etla] en el Camino Real, tres leguas de la Ciudad Antequera ..." 210

"... passan de cinco mill pesos los diezmos de esta Doctrina [de Etla] ..." 211

"... tendra con sus estancias dos mill Vezinos ..." 212

d) Die Doctrina von Guaxolotitlan (Huitzo)

Der Bericht über die Doctrina von Huitzo dagegen enthält nur wenige wirklich brauchbare Angaben. Er wird überschattet von einem Streit zwischen den Kaziken des Ortes und dem Dominikanerorden um den Besitz und die Nutzung einer Getreidemühle. Nur vor dem Hintergrund dieses offensichtlich erbittert geführten Rechtsstreites werden die Bemerkungen des Dominikaners BURGOA über die Intelligenz der einheimischen Oberschicht von Huitzo (Kaziken) ins rechte Licht gerückt. Keineswegs sind sie Nachweis für den Niedergang dieses Kazikengeschlechtes wie TAYLOR meint:

"Francisco de Burgoa, who knew the caciques of Huitzo over a period of 43 years, attributed the seventeenth-century decline of this cacicazgo to a series of inept rulers:..." 213

Bei TAYLOR folgt nun ein Teil des Zitates, das ich vollständig hier im Original wiedergebe:

"El dia de oy ay algunos [caziques] de menos inteligencia, y de doblada malicia an muerto todos los Caziques viejos, y con ellos la reputacion, brio y haziendas de estancias de ganado menor, que tenian, y sus herederos mas distraydos, que guardosos, se hallan pobres, y de estragadas costumbres, valiendose de inquietar à los Pueblo, incitandolos à quexas, y discordias de unos, con otros, quando no tienen defuera con quien litigar, y de este pernicioso exercicio se valen, assi para acreditarse de abiles con los plebeyos; como para sustentar sus demasias, y à llegado à tanto descoco, que hasta las capellanias, de algunas hazenduelas, que impusieron en el Convento los Senores antiguos, se las van usurpando, y menoscabando, sin detenerlos el defraudar de los suffragios à sus mayores." 214

Sicherlich ist es richtig, daß die politische Macht der Kaziken überall im Arbeitsgebiet im 17. Jahrhundert zu schwinden begann. Dies ist allerdings kaum ihrer "menos inteligencia y do-

blada malicia" zuzuschreiben, als der Tatsache, daß die einheimische Oberschicht sich bereits im 16. Jahrhundert den spanischen Adligen gleichgestellt fühlte, an hervorragenden Plätzen
in der Stadt Antequera wohnte und damit der Abstand zwischen
indianischen Kaziken und indianischen *macehuales* im 17. Jahrhundert bereits so groß war, wie der zwischen dem einfachen Indio und einem spanischen Hidalgo.
Angesichts wieder steigender Bevölkerungszahlen ist es nur zu
verständlich, daß Kaziken versuchten, die oft drückende Last
der "capellanias de algunas hazenduelas", der Stiftungen für
die Kirche also, los zu werden. Daß BURGOA hier als Gegner in
diesem Streit tendenziös schreibt ist ebenso verständlich,
sollte dann aber auch so interpretiert werden. Sein Ärger über
die Kaziken von Huitzo macht sich an anderer Stelle erst richtig Luft:

"Alcançaron del Virrey que era entonces, merced para fabricar dos molinos
de trigo en el Pueblo de San Juan del Rey [S. Juan del Estado] visita y
estancia de su cabecera ... y luego llegaron à ofrecer y dar de hecho à sus
Ministros el titulo, y merced de un molino para moler el trigo del Convento, y sustento de sus Padres espirituales ... y despues de ochenta años de
possesion pudo la malicia de un juez convenida con la de los Caziquillos de
este tiempo, despojar al Convento deste benificio ..."[215]

Das Kloster steht also vor dem Verlust von einer Mühle und etwas Grundbesitz, und da die "Kazikchen" (*caziquillos*) Gegner in
diesem Rechtsstreit sind, werden sie von BURGOA mit schlechten
Eigenschaften belegt. Zwar kann TAYLOR nachweisen, daß ab 1725
kein Kazike des Beckens mehr den Posten eines *gobernador* inne-
hatte, ja es läßt sich sogar zeigen, daß die Landstreitigkeiten
zwischen *macehuales* und ihrem ehemaligen Kaziken gegen Ende des
17. Jahrhunderts auffällig zunehmen, dies darf allerdings nicht
verallgemeinert werden. Das Auftreten der Kaziken von Huitzo
gegen die Dominikaner, das anscheinend erfolgreich war, und die
Tatsache, daß sie einen "juez convenida" fanden, sind eher
Zeichen einer noch existenten politischen Macht als Indikatoren
des Verfalls des *cacicazgo*.

Wie bereits im 16. Jahrhundert erscheint Huitzo auch noch im
17. Jahrhundert als mittelgroßes Zentrum (soweit es hier die
kirchlichen Funktionen betrifft).

Immerhin gehören zur kirchlichen Verwaltung Huitzos elf weitere, wenn auch kleine Pueblos, die laut BURGOA in der Nähe des Hauptortes liegen. Die im 16. Jahrhundert noch erwähnten intensiven Beziehungen zu Siedlungen im nördlich und westlich an das Becken angrenzenden Bergland der Mixteca werden in keiner der Quellen des 17. Jahrhunderts mehr genannt, dürften nach dem Zerfall des aztekischen Provinzialsystems, insbesondere der aztekischen Tributgliederung, ausgefallen sein. BURGOA erwähnt für den Ort, außer daß er Hauptsitz der *doctrina* und Klosterort ist, keine weiteren höherwertigen Funktionen (s.u.)

"... sustenta quatro Ministros y tiene onze Pueblos cercanos de Doctrina y los mas en el camino Real, ð para Mexico, y Vera-Cruz ð para la Mixteca ... Tiene esta doctrina de Guaxolotitlan onze Pueblos de visita algunos de sesenta ð ochenta vezinos, y los mas no passan de treinta; habrá en toda la jurisdicción seiscientos, son los naturales trabajadores en sus siembras y cosechas, tienen algunas Iglesias adornadas, pero solas, la de la Cabecera, y del Pueblo de San Andres, son de tisera de viguería, todas las demas son de paja, y con muy poco abrigo, está el Pueblo principal distante de Antequera casi seis leguas ..."216

San Andres (Zautla), das in der Karte bei GERHARDT217 als Hauptkirche bezeichnet ist, gehörte nach der Beschreibung von BURGOA, also noch zur Mitte des 17. Jahrhunderts zur *doctrina* von Huitzo und war keine selbständige Hauptkirche.

e) Die Doctrina von Ocotlan

Nur sehr wenige Nachrichten haben wir über die Entwicklung der bis heute bedeutendsten Distrikthauptstadt des Südbeckens, Ocotlan. Das gesamte Archiv des Ortes muß in den hier besonders blutigen Revolutionswirren Mexikos verbrannt worden sein, wie dem Verfasser vom *presidente de municipio* und dem Pater der Kirche übereinstimmend erklärt wurde. Die frühesten Quellen (*padrones*), die sich heute noch in Ocotlan befinden, stammen aus der zweiten Hälfte des 19. Jahrhunderts und aus dem Beginn des 20. Jahrhunderts. Das Munizipal- und besonders das wichtige Kirchenarchiv des Ortes sind verloren.

Dem Chronisten des 17. Jahrhunderts muß der Ort einen äußerst traurigen Anblick geboten haben. Aus einem einst valenten *cacicazgo* mit einem bedeutenden Markt (der heute wieder existiert),

war durch den Bevölkerungsverlust der zweiten Hälfte des
16. Jahrhunderts, verbunden mit dem der Minenzwangsarbeit, geradezu eine Geisterstadt geworden. BURGOA erwähnt zwar auch für
Ocotlan das Auftreten mehrerer Seuchenwellen, legt aber zur Be-
gründung des exzessiven Bevölkerungsverlustes unter den Indios
dieser Region, das Hauptgewicht auf die Minenarbeit.
Drei bedeutende Minenzentren (Silber und Gold) lagen in der
Nähe des Ortes im östlich anschließenden Bergland, darunter das
größte, Chichicapan, und zwei kleinere, Santa Catarina Minas
und Jerónimo Taviche, dessen Minen heute wieder geöffnet sind.

Nach einer Blüte am Ende der vorspanischen- und am Beginn der
Kolonialzeit, fallen die Siedlungen und die landwirtschaftliche
Nutzfläche Ocotlans partiell temporär im 17. Jahrhundert wüst:

"... tenía el Pueblo dos mill y mas vezinos con Señores, y Caziques nobles,
dociles, y bien inclinados à los Religiosos, y con tanto gusto lo recibieron que luego se les ofrecieron a hazerles Iglesias, y Convento muy decen-
te, y valiendose de Arquitectos ... empeçaron uno de los mejores Templos, y
mas capaces de los que tiene esta Provincia ..."[218]

"... se levantó la ruyna general de mas de dozientos mill Tributarios, en
veinte Doctrinas de estos valles, assi en las Cabeceras, como en las estancias, con un lamentable descubrimiento de minas de plata, en unas lomerias
vezinas de este Pueblo de Ocotlan, y fundose Real, y ingenios de moler metales, y fue tan miserable el estrago de Indios, que pararon las Iglesias,
y perecieron los obreros ..."[219]

"En este Pueblo de Ocotlan de dos mill Vezinos, no se hallan cinquenta oy y
toda su Comarca padece esta ruyna. La Iglesia quedó sin acabar, y estuvo
cubierta de paja, hasta que se moderó el repartimiento de minas ..."[220]

BURGOA berichtet außerdem, daß es noch nicht einmal mehr Leute
genug in Ocotlan gebe, um die Wasserleitung zum Kloster zu rei-
nigen und vor dem Verfall zu bewahren. Zwar ist ihm ein bewuß-
tes Überzeichnen der Situation mit dem Ziel der Abschaffung der
Minenrepartimientos durchaus zuzutrauen, was aber nicht darüber
hinwegtäuschen kann, daß die wirtschaftlichen Aktivitäten der
Zeit (neben den Minenrepartimientos muß auch an die drückenden
Lasten der *cochinille - repartimientos* erinnert werden), die
dem spanischen Zentrum Antequera einen erheblichen Boom brachten, die ehemaligen Zentralen Orte des Beckens bis nahe an deren Untergang belasteten. Eine totale Aufgabe der Siedlungen
setzte meist trotzdem nicht ein. Die Geländearbeit im Becken

von Oaxaca erbrachte nur drei Befunde permanenter Ortswüstungen, die aus dem Beginn des 17. Jahrhunderts stammen könnten. Da es jedoch aus dieser Zeit kein Gesamtverzeichnis aller Siedlungen des Beckens gibt und auf Grund der Bauart der Häuser Siedlungen auch innerhalb weniger Jahrhunderte vollkommen vergänglich sind, ist die Wüstungsforschung in dieser Region kaum flächendeckend durchzuführen. Von vielen Orten kann zwar angenommen werden, daß sie partiell und temporär im 17. Jahrhundert wüst gefallen waren, ein Nachweis aber gerade dieser Wüstungserscheinung ist auch bei der wesentlich dichteren Quellenlage in Europa schwierig. Die Totalwüstung wurde im Falle Ocotlans sicherlich nicht zuletzt dadurch verhindert, daß der Ort in einer fruchtbaren und gut beackerbaren Ebene lag, die zudem noch ausreichend Möglichkeiten der Bewässerung bot, auch mit geringem Arbeitskräfteeinsatz also ausreichend Ertrag für die verminderte Bevölkerung gesichert werden konnte.

"... tiene la Doctrina ocho Pueblesillos sugetos, y uno que es el mayor que llaman S. Antonino [Castillo Velasco] de hasta cien casados, que es el que mas ayuda à suplir las faltas de la Cabecera, y lo mas de la jurisdicción està en tierra llana, en distrito de dos leguas, muy fertiles de mayz, y semillas, està à la parte de el Sur de la Ciudad de Antequera, seis leguas de distancia ..."[221]

Mit der Bemerkung, daß der Ort S. Antonino Castillo Velasco derjenige sei, der "mas ayuda à suplir las faltas de la Cabecera", spricht BURGOA wahrscheinlich die Tatsache an, daß die *repartimiento* - Forderungen der spanischen Minenbesitzer an eine indianische Gemeinde auch dann erfüllt werden mußten, wenn im Hauptort selbst nicht mehr ausreichend Bevölkerung dafür vorhanden war. Der bevölkerungsstärkste Ort der Doctrina mußte hier mit der Stellung von Arbeitskräften einspringen.

Gerade im Grenzfall Ocotlan wird deutlich, daß die Kirche, insbesondere der Dominikanerorden, seine Verwaltungseinheiten (*doctrinas*) auch dann noch lange aufrecht erhielt, wenn aufgrund massiver Veränderungen (hier eines exzessiven Bevölkerungsverlustes) die Bedingungen zur Gründung einer solchen verorteten Einrichtung kirchlicher Verwaltung längst nicht mehr gegeben waren.

f) Die Doctrina von Talixtaca (Tlalixtac de Cabrera)

Im Vergleich zum vorher beschriebenen Ocotlan ist Tlalixtac de
Cabrera im 17. Jahrhundert ein Ort mit zahlreichen kirchlichen
Funktionen. Zwar berichtet BURGOA auch hier nur noch von 300
vecinos (über 2000 waren es in der ersten Hälfte des 16. Jahrhunderts), aber aufgrund der Nähe zum Markt Antequera, der guten Anbau- und Bewässerungsmöglichkeiten, der Lage zum *camino
real* und offensichtlich auch durch die kirchlichen Sonderfunktionen, die BURGOA beschreibt, scheint die Siedlung einen Teil
ihrer vorspanischen Bedeutung erhalten zu haben. Tlalixtac war
im 17. Jahrhundert neben Etla eines der landwirtschaftlichen
Produktionszentren für den Markt in Antequera geworden, auf
dessen Gemarkung intensiver ganzjähriger Anbau betrieben wurde:

"... los de este Pueblo de Talistaca, ..., con mas de trecientos vezinos,
acomodados al trabajo, son grandes labradores, valiendose de la fertilidad
de sus tierras, para doblar las cosechas del año, la una del temporal, y la
otra de humedades, que de ambas se aprovechan, vendiendo la yerva en la
Ciudad, con la cercanía de una legua de tierra llana, y en sitio muy espa-
cioso, y dilatado, de buenas casas de teja, y orden de calles, está al
oriente de la Ciudad, y en el camino Real, de toda comodidad para los pasa-
geros, donde hallan todo genero de sustento, assi de semillias, como de
carnero, y aves, con abundancia, y la tienen grande en las cosechas, de
mayz, garvanço, frijol, pimientos, ò chiles ...

... tiene un gracioso y acabado Convento, de vivienda alta, y baxa, muy
buena Iglesia de tixera, y insigne Capilla mayor, de boveda, muy escogida
pintura de Retablo, dos Colaterales del Santo Crucifixo, y el de la Reyna
de los Angeles del Rosario, esta Senora tiene muy lindos mantos de tela,
Corona dorada ...

... el Claustro es muy alegre, y toda la vivienda, y officinas sufficien-
tes, tiene una huerta la mejor que tiene oy Convento de la Provincia ...

...ᴇ en las quatro esquinas del patio de la Iglesia tiene quatro Capillas
muy decentes, para las Processiones, ..."[222]

Die kirchlichen Einrichtungen also sind prächtig gestaltet, das
Kloster eines der schönsten der Ordensprovinz und die Kirche
insbesondere für Prozessionen und damit auch für Wallfahrten
sehr gut geeignet. Dieser Ausbau der kirchlichen Funktionen in
dem Antequera sehr nahe gelegenen Ort, erfolgte nicht zuletzt
deshalb, weil bereits der erste Bischof Antequeras, López de
Zárate, bei Tlalixtac zwei *haciendas* besaß, die wohl als Som-
mersitz genutzt wurden, der Ort also zeitweise Bischofsresidenz

war.[223] Aus dem Bericht von BURGOA geht außerdem hervor, daß im
benachbarten pueblo Huayapa (San Andres Huayapan) ein heiliges
und wundertätiges Kruzifix aufbewahrt wurde, zu dem ebenfalls
viel Volk pilgerte, so daß täglich dort eine Messe gelesen werden mußte.

"... sustenta tres Religiosos, por que aunque los quatro Pueblos, que tiene
de visita, estan en contorno un quatro de legua, no mas, el uno es grande
de mas de dozientos casados, y es el celebre Huayapa: ...
tienen muy linda Iglesia de tixera, toda de cedro blanco muy oloroso, toda
adornada de muy curiosos Colaterales, y sobre todo, una Capilla de un Santo
Crucifixo milagroso, del tamano de una vara, ... y aunque esto causó mucha
admiracion à todos los que lo vieron, ... y los Religiosos adornaron el lugar, buyendo siempre del rumor popular, ..." [224]

Der Versuch des Bischofs von Antequera dieses wundertätige Kruzifix in die Kathedrale von Antequera zu verbringen, löste
große Proteste der Indio-Bevölkerung aus. [225]
Viel eher begannen die Bewohner des Ortes selbst um das heilige
Bildnis herum eine Kapelle zu erbauen:

"... tiene entrada para los Religiosos y Ministros, por el curpo de la Iglesia, y para los seculares por la puerta principal ... Empeçó la devocion
de Eclesiasticos, y seculares de la Cuidad [de Antequera], que està poco
mas de una legua, à frequentar novenas, y rogativas, como la Santa Imagen,
à continuar sus milagros, està oy este Santuario con tanto adorno ...que
podía en una Corte ser de todo respecto, y agradecimiento, son grandes los
socorros que hallan lisiados, enfermos y astigidos que todo el año acuden à
su piedad, ..." [226]

Der ehemals Zentrale Ort Tlalixtac, der in vorspanischer Zeit
Sitz eines Kaziken war und seit der Konquista die Funktion eines der landwirtschaftlichen Produktionszentren für den stetig
wachsenden Markt in Antequera/Oaxaca übernommen hatte, war im
17. Jahrhundert außerdem noch Wallfahrtszentrum und zumindest
während einiger Monate Residenz des Bischofs.

Diese besondere Art der "zentralörtlichen Funktionen", die
Funktionen eines Wallfahrtszentrums, sind hinsichtlich der
Hierarchisierung Zentraler Orte nicht direkt vergleichbar mit
Funktionen weltlicher oder kirchlicher Administration oder mit
wirtschaftlichen Funktionen. Sie geben dem Ort eine Sonderstel-
lung innerhalb der Zentren des Beckens.

Da Tlalixtac in vorspanischer und früher spanischer Zeit ein bedeutender Zentraler Ort war, kann von der Bewahrung eines Teils seiner ehemaligen Bedeutung durch die Spezialisierung auf wenige Sonderfunktionen gesprochen werden. Leider sind die Informationen von BURGOA zu gering, um jene Eigendynamik nachweisen zu können, die Wallfahrtszentren mit ihren typischen spezialisierten Gewerben, Dienstleistungen und Handel (Devotionalien) regelhaft entwickeln.

g) Die Doctrina von Teutitlan (Teotitlan del Valle)

Seit dem frühesten 16. Jahrhundert, als in Teotitlan, nicht in Mitla, Tlacolula oder Macuilxochitl, den anderen benachbarten großen *cacicazgos* des Ostbeckens, der Sitz der *jurisdicción* von der spanischen Verwaltung eingerichtet wurde, war Teotitlan das Hauptzentrum dieses Beckenteiles. Die Kirche folgte zunächst dieser Einteilung und errichtete in Teotitlan eine "Vicaría de primera clase", ein Kloster höherer Bedeutung also.[227] Bereits zur Zeit von BURGOAs Bericht ist allerdings der benachbarte Ort Tlacolula größer, beherbergte Händler und eine reiche indianische Oberschicht, ja hat sogar neben dem Hauptsitz bereits einen eigenen spanischen *corregidor*.

"... es vicaría de primera clase por el temple, sustenta dos Religiosos Ministros tiene cinco Pueblos de Doctrina, y administracion, todos cerca à distancia de una legua, el uno que se llama Tlacolula fue mayor que este de Indios tratantes, y mercaderes, dueños de Requas, ricos, y de substancia, las pestes lo han gastado en gente, y haziendas, con todo es corregimiento à parte de su Cabecera ..."[228]

Am Beginn der zweiten Hälfte des 17. Jahrhunderts zeichnet sich also bereits die wesentliche Veränderung in der Hierarchie der Zentralen Orte des östlichen Beckenteiles ab. Tlacolula übernimmt alle höherwertigen Zentralitätsfunktionen (eine große Kirche mit einem Weltgeistlichen existiert bereits zur Zeit BURGOAs) und löst damit Teotitlan del Valle ab.

Die Haupterwerbsquelle der Bewohner von Teotitlan del Valle in heutiger Zeit, die Produktion wollener Decken (Sarapes) und deren Vermarktung, wird ebenfalls bereits im 17. Jahrhundert vermerkt, wie auch ihr Geschäftssinn und ihre Mobilität im Handel.

"... es Pueblo grande de casi 400 vezinos, gente abil, y docil, amigos de trajinar contratos, y mercancía, van y vienen adonde hallan que comprar, y vender, son grandes tejedores de lanas ..."[229]

Teotitlan del Valle hat zwar noch de jure die Funktionen kirchlicher und weltlicher Verwaltung, beherbergt ein Kloster und ist ein überdurchschnittlich großer Ort, die Bevölkerung aber hat sich bereits vorwiegend auf ein gewinnträchtiges Gewerbe spezialisiert. Da damals, wie übrigens auch heute noch, der Handel mit den im Ort produzierten Wolldecken nahezu ausschließlich in den Händen der Bewohner des Ortes selbst liegt, ist kein Anreiz zur Ansiedlung fremder Händler und Entstehung eines festen Marktes gegeben. Zwar gehen von Teotitlan Händler aus, in Teotitlan selbst aber findet - von dem zur Deckung des alltäglichen Bedarfs notwendigen abgesehen - kein überregionaler Handel statt.

Das konkurrierende Zentrum Tlacolula dagegen kann auf einen gewinnträchtigen und großen *cochinille* - Markt verweisen, aus dem sich im Laufe der Zeit der größte Wochenmarkt des Beckens entwickelte (an zweiter Stelle hinter dem Wochenmarkt Oaxacas).[230]

Teotitlan war trotzdem noch bis zum Beginn des 18. Jahrhunderts Sitz der Hauptverwaltungsfunktionen des östlichen Beckenteils. Dies war das Erbe seiner früheren, vor allem seiner vorspanischen Bedeutung als *cacicazgo* und kultisches Zentrum, dessen ehemalige Riten BURGOA folgendermaßen beschreibt:

"... halló Sathanas la altura de su apetito, y lo remontado de su altiva condición, escogió la cima del peñasco, para Cathedral de sus docmas nefandos, y Theatro de espantosas representaciones, ... los dias mas sangrientos de sacrificios señalaba desde alli à sus barbaros sacerdotes, desde aquella cima en varias figuras articulaba la fantastica voz, con que les mandaba, la carnicería de hombres como brutos, y ceremonias como supersticioso oraculo del tyrano sobervio, ..."[231]

"... la fama de este Pueblo, se dilató por varias partes de estas Provincias ... venian aun las muy lejanas à consultarle sus negocios, y observar sus respuestas ..."[232]

Die Kultstätte dieses Orakels lag auf einem Hügel wenig nördlich des heutigen Ortszentrums von Teotitlan (s. Karte 2). Der
Berg galt seit der vorspanischen Zeit als heilig und während
der gesamten Kolonialzeit, ja bis vor wenigen Jahren, bestand
der Hauptteil der großen Dorffiesta im Frühjahr aus einer Pro-
zession zu eben jenem Berg. Die Geschichte der Gründung des
Dorfes war bereits für den Chronisten des 17. Jahrhunderts in
mythologisches Dunkel gehüllt. Das Dorf gehörte zu den ältesten
der Zapoteken, deren Herren einst in Gestalt von Vögeln zur
Gründung des Ortes und des Heiligtums vom Himmel gestiegen
seien:

"... fue la fundacion deste Pueblo antiquissima; de las primeras de la Zapoteca, y sus Señores, por el sitio de este Idolo, muy tenido, singiendo su
orígen haver venido del cielo en figura de ave ..."[233]

Die rund 100 Jahre früher entstandene *relación* wußte dazu noch
entschieden Genaueres zu berichten (s.o.)

Für BURGOA ein sicheres Zeichen wirtschaftlicher Prosperität
der Bewohner des Ortes ist ihr Habitus und die Tatsache, daß
sie nicht nur Reitpferde besitzen, sondern auch Zugtiere zur
Feldbestellung:

"... todos andan à cavallo con sillas ginetas, tienen muchos bueyes de ara-
do, para el cultivo de sus sembrados ..."[234]

h) Die Doctrina von Tlacuechahuaya (San Geronimo Tlacochahuaya)

Eines der ältesten noch vollständig erhaltenen Klöster des
16. Jahrhunderts befindet sich heute in dem kleinen Ort Tlacochahuaya. Zwar behauptet BURGOA, daß hier einst große und bedeutende Kaziken geherrscht hätten, doch fehlt dafür jeglicher
Nachweis von anderer Seite. Durch die Ansiedlung des Dominikanerklosters erhält Tlacochahuaya zentralörtliche Funktion, besonders als Zentrum der Mission des Ostbeckens. Nach der Gründung der *vicaría* im benachbarten Teotitlan del Valle aber verliert das Kloster diese Bedeutung rasch. So kann BURGOA auch
von wenig mehr als der landwirtschaftlichen Tätigkeit der Be-

wohner berichten und höchstens auf eine ruhmreiche Vergangenheit hinweisen.

"... el Pueblo es de los bien poblados de estos Valles, tiene mas de trecientos casados, de la gente mas abil, y capaz que tiene esta Provincia,
grandes trabajadores en labranças de mayz, y demas semillas de la tierra,
la mitad, y principal de el Pueblo, está sobre penas lequissimas. - valense
de profundos poços para su sustento, todas las mas casas son de teja baxas
como las viviendas de los Españoles, con sus calles, tratanse en comer, y
vestir muy decentes, muy buenos cavallos, y fillas, en que andan, la otra
mitad es inmediata, y muy humeda, por ser vagio, ésta cultiban, y aqui se
criaron desde su gentilidad aquellas gruessas azeybas, ... tiene cinco
Pueblos de visita que administran los Religiosos, todos à media legua, y
menos, ..."235

Zwischen Tlacochahuaya und dem eng benachbarten Teotitlan muß
im 17. Jahrhundert die Grenze der *jurisdicciones* von Antequera
und Teotitlan verlaufen sein. Tlacochahuaya gehörte nach dem
Bericht von BURGOA als Exklave zur *alcaldía mayor* von Antequera, wahrscheinlich deswegen, weil die *encomienda* erst wenige
Jahre vor diesem Bericht an die Krone zurückgefallen war und
diese sie vorläufig Antequera zuteilte. BURGOA berichtet von
vier Generationen *encomenderos*, die GERHARD mit den Namen Rodrigo Pacheco (1550), Gaspar Calderón (1570-1580), María Gil
(1597), und Diego de Cepeda (1639) glaubt angeben zu können.236

"Está este Pueblo sugeto à la justicia mayor de la Ciudad, y fue encomienda
por quatro vidas de un vezino della, oy entró ya en la Real Corona; ..."237

3. Die Alcaldías Mayores und Corregimientos 1628 und 1653

Nur zwei Listen, die heute in der spanischen Nationalbibliothek
in Madrid aufbewahrt werden, zeigen die Sitze der Einrichtungen
der höchsten regionalen Verwaltungsorgane Neu-Spaniens im
17. Jahrhundert. Eine Liste aus dem Jahr 1628 (BN MSS 3047)
nennt neben den Ortsnamen die Distanz zu Mexiko-Stadt und die
Dotierung des jeweiligen Amtes. Sie ist ebenso wie die zweite
aus der Mitte des Jahrhunderts stammende Liste Teil einer von
Juan Díez de la Calle zusammengestellten Dokumentensammlung
Neu-Spaniens (in 5 Bänden).238

Die zweite Aufstellung von 1653 nennt nicht mehr die Dotierung der einzelnen Ämter, sondern teilt diese in 4 Klassen ein, wobei sie jeweils Zwischenstufen nennt. Es kann angenommen werden, daß sowohl die Dotierung des Amtes (in 1628) wie auch die Klassengliederung (in 1653) direkt proportional zur zentralörtlichen Bedeutung dieser Ämter sind. (s. Quelle 6 im Anhang)

Die Liste von 1628 nennt insgesamt 157 *alcaldías mayores* und *corregimientos* in Neu-Spanien, die von den Vizekönigen besetzt wurden. Nur die Ämter der größten Städte und die in einigen wenigen Minenzentren sind mit 500 und mehr *pesos* pro Jahr dotiert:

Im Bistum Mexiko ist es der Minenort von Pachuca (Alcaldía Mayor de Tezayuca y minas de Pachuca) und der Ort Chalco. Im Bistum Puebla-Tlaxcala ist es die *alcaldía mayor* von Ciudad de los Angeles (Puebla), im Bistum Michoacan die *alcaldía mayor* der Stadt Patzcuaro, im Bistum Oaxaca/Antequera die *alcaldía mayor* von Antequera und die von Tehuantepeque.

In der zweiten Gruppe der *alcaldías mayores* mit einer Dotierung von 300 und mehr *pesos* pro Jahr sind die Minenorte stärker vertreten. Es gehören im Bistum Mexiko in diese Gruppe:
Die *alcaldía mayor* von Otumba (450 p.), die von Panuco (300 p.), die von Villa de los Valles (300 p.), die von Guautitlan (300 p.), die Minas de Escanela (300 p.), die Minas von Taxco (300 p.), die *alcaldía mayor* der Ciudad de Suchimilco (450 p.), die *alcaldía mayor* der Minas von Sichu (400 p.) und die des Hafens von Acapulco (350 p.). Im Bistum Puebla-Tlaxcala sind es die *alcaldía mayor* der Ciudad de Tlaxcala (300 p.), die von Tepeaca (300 p.) und von Cholula. Im Bistum Michoacan die *alcaldía mayor* der Villas de San Miguel, die der Minas de Talpuxagua, die von Zacatula, von Villa de León, Colima und die der Minen von Guadalcazar.
Im Bistum Oaxaca gehören in diese Gruppe Xicayan, Villa Alta, Teutila und im Bistum Guadalajara noch die *alcaldía mayor* von Villa del Nombre de Dios.

Erst in der Gruppe der am geringsten dotierten *alcaldías mayores* und *corregimientos* zwischen 150 (der geringste vorkommende

Wert) und 250 *pesos* pro Jahr, finden sich nun die übrigen *al-caldías mayores* des Arbeitsgebietes:
Minas de Chichicapan (200 p.), Miahuatlan (250 p.), Mitla und Tlacolula (200 p.), Zimatlan (250 p.), Huitzo (150 p.), Teotit-lan-Macuilxochitl (200 p.)

Die dem Marqués del Valle unterstehenden *alcaldías* und *corregi-mientos* werden nicht genannt. Außer der *alcaldía mayor* von An-tequera gehört also, im überregionalen Zusammenhang betrachtet, keine der *alcaldías* des Beckens den besser dotierten Ämtern an.

Im Vergleich zu diesem Befund zeigt die Liste aus der Mitte des 17. Jahrhunderts (die allerdings keine Dotierungen, sondern ei-ne Klasseneinteilung enthält) einige Veränderungen. Oaxaca (An-tequera) und Villa Alta sind 'oficios de primera clase', Te-huantepeque taucht in der Gruppe zwischen erster und zweiter Klasse auf, Miahuatlan gehört der zweiten Klasse an, Chichicapa fällt in die Gruppe zwischen zweiter und dritter Klasse, Mitla und Tlacochahuaya gehören der dritten Klasse an, und Huitzo fällt in die Gruppe zwischen 3. und 4. Klasse. Teotitlan-Ma-cuilxochitl und Zimatlan werden als viertklassig eingestuft.

Die Einteilung der *alcaldías mayores* des Ostbeckens in eine von Mitla und Tlacolula und eine von Teotitlan und Macuilxochitl stellt wieder nur eine temporäre Erscheinung in der ersten Hälfte des 17. Jahrhunderts dar.

Die ständige Veränderung der beiden *jurisdicciones* (zeitweise waren sie zu einer geworden) des Ostbeckens ist bereits gezeigt worden (s. Kap. C II. 3c).

Die beiden Listen weisen aus, daß die Ämter im Becken von Oaxa-ca als geringwertig eingeschätzt wurden (außer der *alcaldía mayor* des Distriktes Cuatro Villas in Oaxaca und der der *real corona* in Antequera). Sie hatten keine oder nur eine sehr ge-ringe überregionale Bedeutung im 17. Jahrhundert, in dem sich die Verwaltung Neu-Spaniens bereits auf die Kernräume und die wenigen ergiebigeren Minenzentren konzentrierte. Ein Prozeß, der bis heute anhaltend die Zentralisierung Mexikos auf die Kernräume des Beckens von Mexiko und Puebla-Tlaxcala lenkte, setzte in diesem Jahrhundert ein. Mit der Erweiterung des Seehandels zwischen den übrigen spanischen Provinzen der Neuen Welt lag das Becken von Oaxaca mehr und mehr abseits der großen Warenströme.

Die Einrichtungen der staatlichen Finanzverwaltung hatten ihren Sitz in den Zentren des Beckens. In Antequera selbst gab es eine *real caja*, deren Einzugsbereich nördlich bis zum heutigen Huajuapan de León reichte. In einem Antrag an den Vizekönig [239] beklagten sich die Einwohner Huajuapans, daß sie ihren Tribut nach Antequera bringen müßten, obwohl in Puebla ebenfalls eine *real caja* sei und diese viel leichter zu erreichen wäre.

Neben dieser zentralen Einrichtung waren in den Zentren des Beckens vor allem die Einnahmestellen der Handelssteuer (*alcabala*) verortet. Wie aus den *alcabala* - Büchern des AEO (Leg. de alcabala und ungeordnete Papiere) hervorgeht, gab es *alcabala* - Administratoren (ihr Amt war ihnen verpachtet worden) in: Huitzo, Etla, Zaachila, Zimatlan, Ocotlan, Ejutla, Teotitlan del Valle und Tlacolula, in jenen Orten also, die nicht nur die größeren Zentren des 17. Jahrhunderts waren, sondern in denen auch die Existenz von Märkten belegt bzw. angenommen werden kann (s. Karte 5).

4. Die wirtschaftliche Gesamtsituation am Ende des 17. und in der ersten Hälfte des 18. Jahrhunderts

CHANCE beschreibt die wirtschaftliche Gesamtsituation nach der ersten Blüte der spanischen Wirtschaft in der zweiten Hälfte des 16. Jahrhunderts und am Beginn des 17. Jahrhunderts nun am Ende des 17. Jahrhunderts so:

"La minería era de poca importancia en el Valle después de 1650, el comercio era todavía muy rudimentario y orientado hacia la región (con la sola excepción del comercio de cochinille) y los artículos fabricados para la exportación se limitaban, en gran parte, a textiles de algodón producidos en los poblados indígenas y en unos pocos obrajes en Antequera."[240]

Tatsächlich war die Nachfrage nach Produkten der Landwirtschaft auf dem städtischen Markt in Antequera erheblich angewachsen.

Diese Nachfragesteigerung resultierte nicht aus einem kontinu-
ierlichen Stadtwachstum (die städtische Bevölkerung stagnierte
im 17. Jahrhundert bei ca. 6000 Einwohnern), sondern sie ist
zurückzuführen auf das geringe Angebot und dieses wiederum auf
eine stark verringerte Produktion. Die Kurve der Entwicklung
der Indio-Bevölkerung näherte sich ca. 1630 ihrem Tiefstpunkt.
Zwar gelang es den indianischen Gemeinden den größten Teil ihres Landbesitzes im Becken zu erhalten, die Produktion auf dieser Fläche muß jedoch deutlich geringer gewesen sein. Meist
konnten die indianischen Gemeinden die spanischen Märkte nicht
mehr beliefern und erschienen so in der ersten Hälfte des Jahrhunderts als Selbstversorger.[241] Da die Gemeinden und ihre vorspanische Herrenschicht es aber andererseits verstanden hatten
alte Besitztitel zu bewahren, war auch einer Bewirtschaftung
der Flächen durch spanische Großbetriebe (*haciendas*) Grenzen
gesetzt. Obwohl TAYLOR bereits für das Jahr 1643 im Beckenbereich 41 *haciendas* nennt, waren diese vergleichsweise klein
(der größte Teil hatte weniger als 1200 ha Fläche). Weder die
bewirtschaftete Fläche noch der Grad an politischer und ökonomischer Eigenständigkeit, noch die Besitzerstruktur lassen diese Betriebe mit denen anderer Regionen Mexikos vergleichbar erscheinen.[242] Die Betriebe waren außerdem hoch verschuldet, ex-
perimentierten oft erfolglos mit neuen Anbaumethoden, und ihre
Besitzer waren eine fluktuierende Schicht weltlicher aber auch
geistlicher Kleinunternehmer, keine geschlossene homogene Gruppe und auch keineswegs reich.[243]

TAYLOR zeigt eine Reihe von Beispielen, daß die Betriebe nicht
oder nur selten innerhalb der Familie ihrer Besitzer vererbt
wurden. Meist wurden sie wie alle anderen Immobilien gehandelt.
Daraus ergab sich die Situation, daß die *haciendas* des Beckens
kein stabiles Element in der Versorgung der Bevölkerung bildeten, sie waren nicht in der Lage den Bedarf der Stadt Antequera
zu decken, ebensowenig wie die indianischen Gemeinden. Dies
steigerte die prekäre Versorgungslage der Stadt derart, daß der
alcalde mayor 1632 die Gemeinden seiner *jurisdicción* innerhalb
eines Radius von 10 *leguas* um die Stadt zwingen mußte, mehr zu
produzieren.[244]

In anderem Zusammenhang war eben bereits der Ämtermißbrauch der
corregidores und *alcaldes mayores* erwähnt worden, der aber auch
auf die wirtschaftliche Situation der Zeit ein deutliches
Schlaglicht wirft. *Corregidores* und *alcaldes mayores* versuchten
mit Hilfe des beschriebenen *repartimiento de efectos* geschlossene Märkte mit begrenztem Geldumlauf und eine finanzielle Abhängigkeit der Indios zu erreichen. Sie zahlten den Indios für
ihre Produkte geringe Mengen Geld (nicht Naturalien) und zwan-
gen sie in bestimmten Läden zu kontrollierten und natürlich
überhöhten Preisen einzukaufen. Ein derartiges System konnte
nur solange funktionieren, wie sich die Indios nicht entschieden zur Wehr setzten und die Besitzer der Läden gleichzeitig
politische Macht ausübten. Der *alcalde mayor* des Marquesado
verfuhr ähnlich: er zwang die Indios der ihm unterstehenden Gemeinden in seinem Laden in Oaxaca einzukaufen. Die Schulden der
Gemeinde Villa de Oaxaca bei ihrem *alcalde mayor* erreichten
1752 264 *pesos*, die des Dorfes Santo Tomás Xochimilco 218 *pesos*.[245]

Während die wirtschaftlichen Aktivitäten der Städte Oaxaca und
Antequera von wenigen auf diese Weise kontrolliert wurden,
konnte sich das traditionelle Marktsystem im Becken frei entwickeln. Lizenzen, die Märkte in Mitla, Tlacolula und Ocotlan
sowie in Huayapan zu institutionalisieren, wurden vergeben.[246]

Auf diese im Zentrum schlechte wirtschaftliche Gesamtsituation
führt CHANCE auch die geringe Zuwanderung zurück, die Antequera
in den Jahren zwischen 1693 und 1700 aufzuweisen hatte: Von
1257 Personen mit bekannter Herkunft, die in diesen Jahren in
der Stadt heirateten, waren nur 153 außerhalb des Bistums geboren, darunter waren allerdings noch 60 Spanier und 14 Neger-
sklaven.[247]

Ebenso paßt in dieses Bild eines wirtschaftlichen Niedergangs,
verbunden mit einer hohen Rechtsunsicherheit und zunehmender
Unzuverlässigkeit der weltlichen Verwaltung, der sprunghafte
Anstieg der Raubüberfälle, Morde und Selbstmorde, deren Protokolle in den Justizakten der Munizipalarchive des Beckens zu
finden sind. Allein in den Archiven von Teotitlan del Valle und
Tlacolula konnten mehr als 60 Protokolle solcher Überfälle in

dieser Periode ausgewertet werden, die u.a. ein dichtes Bild des Verlaufs der *caminos reales* des Ostbeckens ergaben.[248] In Verbindung mit Luftbildauswertung und Geländebegehungen konnte der Verfasser feststellen, daß etwa zur Mitte des 18. Jahrhunderts der Hauptverkehrsweg nach Guatemala vom nördlichen Teil des Ostbeckens in den südlichen Teil verlegt worden war. Vor dieser Zeit hatte es nur eine Stichstraße zum Hauptzentrum des Ostbeckens in Tlacolula gegeben (wie auch heute wieder), der Weg war über Teotitlan del Valle verlaufen. Mitla am äußersten Ostende des Beckens war ebensowenig angeschlossen wie Stgo. Matatlan, der Ort, bei dem heute die Carretera Panamericana das Becken verläßt. Drei Wege führen aus dem östlichen Beckenteil Richtung Norden, einer nördlich Tlalixtac, zwei andere bei Teotitlan del Valle und San Miguel del Valle. Diese beiden vereinigten sich im Bergland bei Cuajimoloyas und führten weiter nach Villa Alta. Der erste führte nach Ixtepeji. Während die alte Trasse deutlich trockeneres Gelände bevorzugt, kreuzt die neue Trasse den flachen und feuchten Beckenboden bereits östlich Sta. Maria del Tule und führt über Tlacochahuaya nach Tlacolula, wo sich beide Trassen bei der alten Hacienda Tanive wieder vereinigen und das Becken über San Lucas Quiavini und San Dionisio Ocotepec verlassen.[249] Tlacolula, nicht mehr Teotitlan del Valle, war damit die erste größere Siedlung, die die Reisenden erreichten, wenn sie auf dem Weg nach Mexiko-Stadt von Guatemala kommend in das Becken von Oaxaca kamen.

Ein weiteres Indiz für die schlechte wirtschaftliche Gesamtsituation ist die Überfüllung des Gefängnisses in Antequera.[250] Nach 1730 war dieses Gefängnis mit "vagabundos" und "gente ociosa" überfüllt. 1742 mußten sogar 108 Gefangene aus Platzmangel nach Veracruz überführt werden.[251]

Der Rückgang des interregionalen Handels (auf Grund der schlechten Wirtschaftslage in Europa, die sich erst mit steigender Bevölkerungszahl ab 1740 wieder besserte) machten Antequera zunehmend abhängig von der Landwirtschaft des Beckens, die zu dieser Zeit alles andere als produktiv war. Zu den Problemen, die die spanischen Großbetriebe bereits hatten (s.o.), kamen noch Naturkatastrophen und Tierseuchen im beginnenden 18. Jahrhundert hinzu:

"The combination of draughts, frosts, wheat blight, and a fatal epidemic
among cattle and sheep in the early eighteenth century had especially far
reaching effects on the local economy. As production declined, many Spanish
estates decreased in value; several were mortgagedand eventually sold. Ren-
tal and interest payments of all kinds were often long overdue; the religious orders suffered losses in income; and local trade in non-agricultural
goods and services diminished."[252]

Die Hypothese von BORAH vom allgemeinen wirtschaftlichen Niedergang Neu-Spaniens im 17. Jahrhundert, bedingt durch den ka-
tastrophalen Bevölkerungsverlust, kann nach diesen Befunden im
Becken von Oaxaca nur zum Teil bestätigt werden. Vermarktungs-
und Produktionssystem der indianischen Märkte funktionierten in
dieser Zeit. Die Lizenzierung neuer Märkte wurde beantragt, und
die indianischen Gewerbe florierten.[253] Im spanischen Zentrum
dagegen gingen Produktion und Absatz zurück. Zwischen 1693 und
1700 konnte CHANCE von 426 Männern, die in dieser Zeit heirateten und bei denen die Berufsgruppe mit angegeben war, nur 4 Weber und 3 Färber feststellen.[254]

Insbesondere durch Spezialisierung seit der vorspanischen Zeit
war die Wirtschaftskraft der Gemeinden des Beckens weniger ge-
fährdet. So produzierten Tlalixtac und Tlacolula Pulque und
Mezcal in derart großen Mengen, daß sie alle anderen Gemeinden
des Beckens versorgen konnten und zum Teil deren eigene Produktion zerstörten.[255] Andere Gemeinden hatten sich ebenfalls spezialisiert: Coyotepec z. B.auf die noch heute berühmte schwarze
Keramik und die Produktion von feinem Kalk zum Hausbau, aber
auch von Kalk, wie er zur Herstellung von Tortillas gebraucht
wird. Auch San Antonio de la Cal (= Kalk) lieferte diesen Kalk.
Der Ort Santa Cecilia war auf die Schnitzerei von Holzbesteck
spezialisiert, Santa Maria Azompa lieferte Gebrauchskeramik,
Mitla, Macuilxochitl und Díaz Ordaz waren Weberorte (allerdings
mit geringerer Produktion als Teotitlan del Valle).[256] Da aus
keinem der genannten Orte, noch von irgendeinem Markt des
Beckens, Absatzschwierigkeiten bekannt sind, könnte das die
These unterstützen, daß sich das lokale Wirtschaftssystem des
Beckens, das vor allem die Deckung des alltäglichen Bedarfs der
Indio-Bevölkerung übernahm, vom interregionalen Austauschsystem
weitgehend abgekoppelt hatte.

Trotzdem scheint aber immer noch die Zuwanderung der Indios in die spanische Stadt bedeutend gewesen zu sein: Von 1720 Personen, die in der Zeit zwischen 1693 und 1700 in Antequera heirateten, waren 321 (18,7 %) Indios (*macehuales*). Davon waren nur 28 % in Antequera selbst geboren; etwa ein Drittel kam aus den Dörfern des Beckens, die restlichen zwei Drittel stammten aus dem Bistum Oaxaca.[257] Leider liegen keine Angaben aus früheren Perioden vor, so daß die genannten Zahlen nicht verglichen werden können. Angesichts stagnierender Gesamtbevölkerungszahl in Antequera kann die Zuwanderung im Vergleich zur Gesamtbevölkerung allerdings nicht sehr groß gewesen sein.

Zusammenfassend läßt sich feststellen (zumindest soweit es den untersuchten Raum betrifft), daß Philipp V. von Anjou, der erste Bourbone auf spanischem Thron, nach dem Frieden von Utrecht (1713) kein koloniales Wirtschaftssystem übernehmen konnte, das ihm über die Finanzmisere, die der Erbfolgekrieg hinterließ, hätte hinweg helfen können. Ganz im Gegenteil war er offensichtlich gezwungen, die Situation in den Kolonien auch noch dadurch zu verschlechtern, daß er die Ämter der Krone nicht mehr verdienten Beamten oder Militärs gab[258], sondern sie an Geldgeber verkaufte. Diesen mußte er das Recht zubilligen, ihrerseits die Ämter von Personen ihres Vertrauens beaufsichtigen zu lassen, so daß der direkte Einfluß der Krone auf die Verwaltung der *alcaldías mayores* und *corregimientos* Neu-Spaniens noch geringer wurde. Selbst auf die alten und verbrieften Rechte des Marquesado del Valle mußte die Krone aus Geldnot zurückgreifen. Das alte Recht des Marqués, seine Beamten selbst zu ernennen, wurde ihm erneut genommen.

Es war durch diese Praxis offensichtlich geworden, daß wirtschafts- und verwaltungspolitische Reformen notwendig waren. Die "Bourbonischen Reformen" beginnen daher folgerichtig auch in der Mitte des 18. Jahrhunderts zu greifen.[259] Sie verbessern den interregionalen Handel der Kolonien ebenso wie den Güteraustausch mit dem Mutterland und Europa. Die Verwaltungsreformen machten nicht bei einer neuen administrativen Gliederung halt, sondern ermöglichten auch die Erhebung der *relaciones geográficas* von 1777 und der Bevölkerungszahlen in den Pfarreien (*curatos*) aus dem gleichen Jahr. Mit diesen Daten ent-

stand so, 1798, der erste echte Bevölkerungszensus der Kolonie
(Bucareli-Zensus).

Das Wiederaufblühen des interregionalen Handels in den Kolonien
setzt Antequera wieder ein in die alte Position als Umschlagplatz im Handel mit Guatemala, und die Erleichterungen im Handel mit Europa bringen dem Geschäft mit der *cochinilla* erheblichen Aufschwung. Die Region Oaxaca wird zum größten Produzen-
ten eines der wichtigsten Weltmarktprodukte Neu-Spaniens.[260]

IV. ENTWICKLUNGSTENDENZEN GEGEN ENDE DER KOLONIALZEIT

1. Wachstum und Bedeutungszuwachs im Hauptzentrum Antequera

a) Wirtschaftlicher Aufschwung und Bevölkerungszuwachs

In der Zeit zwischen 1742 und 1810 wuchs die Gesamtbevölkerung Neu-Spaniens von ca. 3 336 000 auf 6 122 000 an. Dieser Anstieg entspricht einem durchschnittlichen Zuwachs in 50 Jahren von 61 %.[261]

Das Wachstum der Bevölkerung im Becken von Oaxaca nahm nicht ganz so dramatische Ausmaße an: TAYLOR schätzt für den Zeitraum von 1740 bis 1790 ein Wachstum von ca 57 % oder von 70 000 Einwohnern (1740) auf ca. 110 000 Einwohner (1790).[262]

Dieses Bevölkerungswachstum, das auch der Stadt Antequera einen Bevölkerungszuwachs um das Dreifache (von ca. 6 000 E. in 1700 auf 18 558 E. in 1777) brachte, ist neben den ersten ökonomischen Erleichterungen im Handel mit Europa unter der Herrschaft Karls III. (1759-1788) einer der Hauptgründe für den wirtschaftlichen Aufschwung der Kolonie in der zweiten Hälfte des 18. Jahrhunderts.

Antequera, das bis zu dieser Zeit in seiner Entwicklung stagniert hatte und zum kleinen, nur noch regionalen Zentrum abzusinken drohte, erlebte vor allem im sekundären und tertiären Wirtschaftssektor einen erheblichen Aufschwung (s. Abb. 5).

Wie die von HAMNET[263] erarbeiteten Zahlen, insbesondere über die in Antequera registrierte *cochinilla* zeigen, verläuft die Kurve des hier registrierten Rohstoffes keineswegs geglättet, der Wert pro Pfund aber zyklisch. Im Zeitraum von 1758-1772 stieg der Preis pro Pfund *cochinilla* von 16,5 *reales* (1758) auf ein vorläufiges Maximum von 30 *reales* (1772). Im folgenden Zeitraum sank der Wert der *cochinilla* stetig, bis er 1794 ein Minimum von 10,5 *reales* pro Pfund erreichte. Innerhalb von 15 Jahren stieg er wieder auf 33 *reales* (1809) und hatte bereits 7 Jahre später erneut ein letztes Maximum von 32 *reales* erreicht.[264] (s. Abb. 6)

Nach den Daten von HAMNET muß der größte Teil der Produktion an
cochinilla aus der Region Oaxaca über Antequera gegangen sein,
bevor der Rohstoff über Veracruz exportiert wurde. Obwohl die
Preisentwicklung keineswegs stetig aufwärts ging, stieg das
Handelsvolumen in Antequera zunächst an und erreichte in 1774
mit 1 558 125 Pfund sein Maximum. In den folgenden Dekaden sank
das Handelsvolumen der Stadt erheblich bis zum völligen Bedeutungsverlust des *cochinilla* - Handels und der *cochinilla* - Produktion mit der Einführung der billigeren chemischen Farbstoffe
in der zweiten Hälfte des 19. Jahrhunderts.

Nur zum Teil war die Produktion des Weltmarktproduktes noch in
den Händen einiger indianischer Gemeinden. Der weitaus größere
Teil wurde (auch über das oben erwähnte *repartimiento de efectos*) von den Funktionsträgern der spanischen Verwaltung oder
von Händlern meist spanischer Herkunft und Grundbesitzern in
Antequera kontrolliert. Die schlechten Arbeitsbedingungen der
zum *repartimiento* verpflichteten indianischen Arbeiter sind
hinreichend belegt, Mißhandlungen durch *hacienda* - Besitzer und
Verwalter waren an der Tagesordnung.[265] Bedingt durch den wirtschaftlichen Aufschwung in der Stadt hatten sich dagegen dort
die Arbeits- und Verdienstmöglichkeiten grundlegend gebessert.
Während ein Tagelöhner in der Landwirtschaft höchstens 2 *reales*
für 12 Stunden harte Arbeit erlösen konnte, verdiente ein unge-
lernter Arbeiter in der Stadt bei besseren Arbeitsbedingungen
und meist kürzerer Arbeitszeit bis zu 2,5 *reales* pro Tag.[266]
Die *cochinilla* allerdings stellte in Antequera sehr wenige Ar-
beitsplätze zur Verfügung, wohl aber das sich gleichzeitig erheblich entwickelnde Textilmanufakturgewerbe. Eine Studie über
die Stadt aus dem Jahre 1792[267] zeigt anhand der Branchenstruk-
tur nicht-indianischer Bewohner den Überhang im sekundären Sektor (s. Abb. 5), insbesondere in der Textilproduktion. Die
Nachfrage nach billiger Baumwollkleidung (den weißen, weiten
Anzügen mit roter Schärpe und Sombrero, wie sie die Indios des
Beckens noch heute tragen) war angesichts wachsender Bevölkerungszahlen insbesondere bei der Landbevölkerung und den ärme-
ren städtischen Schichten ebenfalls erheblich angestiegen.

Die Studie nennt 359 Schneider, 284 Weber, 114 Sombrerohersteller und 51 Hersteller von Knöpfen. Aus dem folgenden Jahr datiert der Bericht des Intendanten von Oaxaca, Antonio de Mora y Peysal, der für den Bereich der Städte Antequera und Oaxaca sieben Seidenmanufakturen, aber 500 Baumwollwebereien nennt[268], während eine Studie der Webergilde zehn Jahre zuvor nur 152 Baumwollwebereien verzeichnet[269], weswegen CHANCE (a.a.O., S. 185) annimmt, daß der Indendant übertrieben habe.

Bereits 1757 aber muß die Baumwollweberei Antequeras eine derartige Bedeutung gewonnen haben, daß sich Baumwoll- und Seidenweber in getrennten Gilden (gremios de tejedores) zusammenschlossen. Die Gildenverfassung übernahmen sie vom gremio de tejedores in Mexiko-Stadt.[270]

Während das Handelsvolumen im cochinilla - Handel gegen Ende des Jahrhunderts und zu Beginn des 19. Jahrhunderts immer weiter absank[271], bewahrten die Textilverarbeitung und der interregionale Handel in Antequera ihre starke Stellung, bis in den ersten Dekaden des 19. Jahrhunderts durch die Einfuhr billigerer Baumwolle und in Europa maschinell produzierter Stoffe dieser Wirtschaftsbereich zerstört wurde.[272]

Handel und Gewerbe der Stadt waren vorwiegend allerdings in der Hand von Spaniern und Mestizen, die 1792 mit 58 % den weitaus größten Bevölkerungsanteil in Antequera repräsentierten. Insbesondere die mit der Öffnung des Handels mit Europa in die Stadt gekommenen Spanier und die hier bereits ansässigen Fernhändler schöpften nach übereinstimmender Meinung der Historiker den größten Teil des durch Textilgewerbe und cochinilla - Handel erwirtschafteten Gewinns ab.

Innerhalb der Indio-Bevölkerung, die 1792 immerhin bereits mit 26 % den zweitgrößten Anteil der Stadtbewohner stellte, soll sich nach CHANCE (a.a.O., S. 188f) zum Ende des Jahrhunderts ein tiefgreifender Wandel vollzogen haben (s. Abb. 7).

1777 und 1804 wird berichtet, daß der Gebrauch der Nahua-Sprache in den Dörfern um Antequera und Oaxaca, wie auch in der Stadt selbst, aufgegeben worden sei. Mit dem Untergang der Sprache wurden auch die sozialen Differenzierungen zwischen

principales und *macehuales* verwischt. CHANCE (a.a.O.) zeigt
außerdem, daß die Indios bis auf wenige Ausnahmen nur in gerin-
gerwertigen Berufen tätig waren und keinen sozialen Aufstieg
schafften. Schwierig ist die Gruppe der Kaziken oder ehemaligen
Kaziken zu dieser späten Zeit einzuordnen. Als Begriff für die
erste Sozialgruppe, die sich mit den Spaniern assimiliert hatte, taucht die Bezeichnung "Kazike" in den Statistiken des ausgehenden 18. Jahrhunderts nur noch selten auf.[273] Die Gruppe
hatte auch sonst erheblich an Einfluß verloren. Bereits seit
dem Ende des 17. Jahrhunderts häuften sich die Fälle, in denen
die *macehuales* der Gemeinden des Beckens gegen ihre eigenen Kaziken klagten, um deren Land erhalten zu können (s. Tab. 2).
Bereits Anfang des 17. Jahrhunderts waren die meisten Kaziken
nicht mehr in den *cabeceras* ihrer *cacicazgos* ansässig, sondern
in der spanischen Stadt. Dieser 'Absentismo' führte, allerdings
erst als die Kaziken auch ihren politischen Einfluß in den Gemeinden verloren und immer mehr *macehuales* in die Stadträte
eindrangen, zum Verlust der Besitztitel.[274]

Neben dem Verlust an Prestige der Kaziken sind diese Landstreitigkeiten der *macehuales* gegen ihre früheren Kaziken sicherlich
auch Ausdruck wachsenden Bevölkerungsdruckes im 18. Jahrhundert, der das Wachstum der Städte und die Nachfrage auf den regionalen Märkten und damit den wirtschaftlichen Aufschwung erheblich mit begründete.[275]

b) Veränderungen der weltlichen Administration, insbesondere die Einführung des
   Intendantensystems

Die Entstehung des Intendantensystems in Neu-Spanien soll im
folgenden näher beleuchtet werden, weil es den bis in die jüng-
ste Zeit reichenden Prozeß der Zentralisierung der Verwaltung
auf allen Ebenen einleitete und damit zunächst im 18. Jahrhundert einen erheblichen Bedeutungszuwachs der spanischen Städte
begründete.[276]

Am Beispiel der ersten in den Neuen Welt eingeführten *intendencia* auf Kuba erläutert PIETSCHMANN (1971) zunächst den Unterschied zum davor bestehenden alten System:

141

"Bis zu diesem Zeitpunkt läßt sich in der kolonialen Verwaltung kein or-
dentlicher Beamter feststellen, der so ausgedehnte Kompetenzen gehabt hätte [wie der Intendant], da selbst die Vizekönige - auch nachdem ihnen 1751
das Amt des superintendente de real hacienda übertragen worden war - in ihren Befugnissen wesentlich beschränkter waren und vor der Durchführung
neuer Maßnahmen die Billigung der Krone einholen, sich mindestens aber der
Zustimmung der Ratskollegen ... versichern mußten. ... Die Aufgaben des Intendanten waren auch tatsächlich außerordentlicher Natur, denn er sollta ja
nicht bloß an die Spitze eines bereits bestehenden und zur Zufriedenheit
funktionierenden Verwaltungsapparates treten, sondern ein den Erfordernis-
sen nicht mehr gewachsenes Behördensystem reorganisieren, verpachtete
Steuern in königliche Verwaltung überführen, die mit ihrer Einziehung zu
beauftragenden Beamten ernennen, neue Richtlinien für die Finanzverwaltung
erstellen und die Amtsführung der bestehenden Organe überprüfen."[277]

Die Bestallung des ersten Intendanten auf Kuba jedoch hatte,
außer daß die Idee einmal in der Neuen Welt eingeführt war,
zunächst keine weitere Wirkung. Allerdings beschloß die Krone
mit der Ausarbeitung der Reformpläne für Kuba auch das Vertei-
digungswesen Neu- Spaniens neu zu organisieren. Parallel dazu
sollte auch die Verwaltung inspiziert werden, womit der damali-
ge alcalde de casa y corte, José de Gálvez betraut wurde.[278]

Drei Instruktionen enthielten die Aufgaben des Generalvisitat-
ors und intendente de ejército, die die Pflichten und die Ver-
fahrensweise bei der Visitation der audiencia und der übrigen
Justizbehörden und bei der Inspektion der Finanzverwaltung
festlegten. PIETSCHMANN aber weist vor allem auf die dritte
dieser Instruktionen hin, die den eigentlichen Zweck der visita
enthalte, nämlich die Steuereinnahmen des Vizekönigreiches zu
erhöhen. Möglichst genau sollte Gálvez über die Aufgabenvertei-
lung der Finanzverwaltung der Kolonie berichten und die einzelnen Institutionen wie auch die Tätigkeit der Beamten untersuchen. Er war ermächtigt,

"die Zahl der Beamten und deren Gehälter zu verändern, neue Instruktionen
zur Einziehung und Verwaltung der verschiedenen Steuern zu erlassen und die
Übernahme verpachteter Steuern in staatliche Verwaltung durchzuführen."[279]

Auch war er befugt, die Verwaltung der städtischen Finanzen zu
überprüfen und sollte die Möglichkeiten der Einführung von intendencias überprüfen und darüber an die Krone berichten.
PIETSCHMANN weist ausdrücklich darauf hin, daß zu diesem Zeitpunkt offensichtlich noch nicht an die Einführung der späteren
Provinzintendanten gedacht gewesen war, sondern lediglich an

die Einführung von Intendanten mit Befugnissen in den zwei *causas hacienda* und *guerra*, während die später installierten Provinzintendanten alle vier *causas*, in die im 18. Jahrhundert die gesamte öffentliche Verwaltung gegliedert wurde, zu übernehmen hatten (*causa de justicia*, für die Justiz- und Stadtverwaltung einschließlich der staatlichen Oberaufsicht über die Kirchenverwaltung, die *causa de policía*, zu der alle Angelegenheiten der öffentlichen Ordnung, aber auch von Handel und Verkehr gezählt wurden, ferner die *causa de hacienda*, die staatliche Finanzverwaltung, und die *causa de guerra*, die gesamte Militärverwaltung).

Gemäß seiner Instruktion erarbeitete Gálvez einen Plan zur Einführung von elf *intendencias* in Neu-Spanien. Diesen, zusammen mit Gutachten der Bischöfe von Mexiko und Puebla, unterbreitete er der Krone.[280]

Er schilderte das althergebrachte System in den schwärzesten Farben, schilderte, daß die Vizekönige allein und ohne andere Hilfe als die der *alcaldes mayores*, die ungeheuren Lasten der Ämter eines Generalkapitäns, Gouverneurs und Superintendanten der Finanzverwaltung zu tragen hätten. Die beiden *audiencias* im Bereich des Vizekönigreichs hätten vollauf zu tun mit den Beschwerden über die Übergriffe und schlechte Amtsführung der *alcaldes mayores* und *corregidores*, die das Dokument als schlimme Plage (*ruinosa plaga*) bezeichnete. Gálvez beklagte außerdem, daß die *alcaldes mayores* zu der Praxis übergegangen seien, eine Anzahl von Stellvertretern zu ernennen, die von niederer Herkunft seien, grenzenlose Habsucht und keinerlei Pflichtbewußtsein besäßen und dem Amt Schande bereiteten.

Daher schlug Gálvez die Einführung eines ganz neuen Systems vor, daß auf drei Klassen aufgeteilt insgesamt 11 *intendencias* errichtet werden sollten. Eine *intendencia general de ejército* mit Sitz in der Hauptstadt und 10 *intendencias de provincia* mit Sitz in den spanischen Städten, in Puebla, Oaxaca (Antequera), Mérida oder Campeche, Valladolid de Michoacan, Guanajuato, San Luis Potosí, Guadalajara, Durango und in den Provinzen Sonora und Kalifornien. Diese Intendanten wollte Gálvez durch die Zahlung hoher Gehälter von Veruntreuung und Ämtermißbrauch abhalten. Alle Schwierigkeiten bei der Einführung des neuen Systems wurden von ihm bagatellisiert, insbesondere aber wurde das alte System und hier besonders das Amt des *alcalde mayor* verteufelt. Ihr Handelsmonopol sollte gebrochen werden, die Indios durch die Entlastung von den *repartimientos* zu höherer Produktion und gesteigertem Konsum angeregt werden. Nebenbei würden sich durch den gesteigerten Warenaustausch die Einnahmen aus der *alcabala* erhöhen. Weitere Kosten als die der Gehaltszahlungen an die Intendanten könnten schon deswegen nicht entstehen, weil es bereits überall *oficiales reales* oder Spanier gebe, die gerne weitere Verwaltungsaufgaben übernehmen würden.

Die Provinzen Sonora und Kalifornien allerdings waren keinesweg die reichsten des Landes, sondern zu jener Zeit fast unbesiedelt, ohne Verkehrsverbindungen und von unbefriedeten Indianern bewohnt. Auch wurden in Neu-Spanien die *alcaldes ordinarios* nicht jährlich gewählt, wie in Spanien. In Städten ohne Stadtrat und in Ortschaften ohne Stadtrecht wurden diese weder gewählt noch von Kronbeamten ernannt. So enthält der Bericht des Gálvez einige Ungereimtheiten, die PIETSCHMANN zu Recht herausstellt. Auch das negative Urteil über die *alcaldes mayores* kann er nicht teilen. Zwar ist es richtig, daß Übergriffe und Ämtermißbrauch nicht die Fehler eines Verwaltungssystems nachweisen, die Justizakten der Regionalarchive aber zeigen, daß der Amtsmißbrauch auch nicht bagatellisiert werden sollte. Die Justizakten der Zeit haben sehr häufig mit 'Rechtsprechung' nur wenig gemein. Die Meinungen über die vorgeschlagenen Neuerungen des Gálvez gingen dann auch im Mutterland sehr weit auseinander und führten zum Aufschub des Reformprojektes, bis Gálvez selbst 1776 das Amt des *gobernador* des Indienrates erhielt.[281] Gálvez wollte jedoch dann auch erst die Erfahrungen mit der Einführung des Intendantensystems im neu errichteten Vizekönigreich Rio del la Plata abwarten. So wurde die *ordenanza de intendentes* erst am 4. Dezember 1786 vom König gebilligt und trat erst am 7. Mai des folgenden Jahres per Dekret der *audiencia* in Kraft. Die politische Gliederung des Marquesado del Valle war von diesem Plan zunächst unberührt.[282] Allerdings war ja dort bereits seit dem 16. Jahrhundert die einzig nennenswerte Verwaltungsinstitution der *alcaldía mayor* von Villa de Oaxaca. Durch die Einführung des Intendantensystems und durch die Verortung seiner Einrichtungen in Antequera wurde der wirtschaftliche Aufschwung, den das Hauptzentrum seit der Mitte des 18. Jahrhunderts erfuhr, wesentlich verstärkt. Erst am Ende des 18. Jahrhunderts also erhielt die Stadt Hauptstadt-Funktionen für ein erweitertes Umland, das dann nahezu der Größe des modernen Staates Oaxaca entspricht (s. Karte 11).

Nur noch die Stellen der regionalen Finanzverwaltung (z. B. *aduana* und *alcabala*) befanden sich ab 1786 in einigen der ehemaligen Zentren des Beckens (Huitzo, Ocotlan, Etla, Zaachila und Tlacolula[283]). Alle juristischen Entscheidungen, die von den *alcaldes* oder *juezes* vor Ort getroffen wurden, mußten anläßlich der regelmäßigen *visitas* durch den *intendente* oder einen seiner *subdelegados* überprüft werden. Damit trug die Praxis keineswegs zur Verbesserung der Rechtssicherheit bei. Zwar geht die Zahl der Kapitalverbrechen zurück, was aber auch einer Verbesserung der Wirtschaftssituation zugeschrieben werden kann. Die Angebote der Hauptstadt (Antequera) wurden nun von wesentlich mehr Personen nachgefragt, allein schon weil sich der Einzugsbereich der Verwaltung vergrößert hatte. Die Aufhebung des *repartimiento de efecto* verschlechterte die Gewinnsituation der in diesem System produzierenden Gewerbe und damit der wirtschaftlichen Standorte im Becken.

c) Die Einrichtungen der Kirche

Die Konzentrationstendenzen blieben nicht nur auf die wirtschaftlichen und weltlich-administrativen Funktionen beschränkt. Auch die Einrichtungen der Kirche und des Ordens konzentrierten sich im 18. Jahrhundert in Antequera. So berichtet der Reisende Don Pedro Alonso O'Crovly bereits 1774 in seiner "Idea Compendiosa del Reyno de Nueva España"[284] nicht nur vom *crecido comercio* der Stadt, den er auf die *cochinilla* und darauf zurückführt, daß der Handelsweg nach Guatemala über Oaxaca führe, sondern auch von den auffällig guten und zahlreichen Bildungseinrichtungen und den Einrichtungen der Kirche in der

Stadt. Dem *colegio de ninas* schreibt er besondere Bedeutung zu.
Es sei nicht nur eine von den Töchtern der oberen Schichten Antequeras bevorzugte Bildungsstätte, sondern auch weit über Antequera hinaus als hervorragende Schule bekannt. Des weiteren
nennt er die Häuser der 'Clerigos con la Catedral', 'dos conventos de Dominicos' (Sto. Domingo Sorriano existierte zu diesem Zeitpunkt noch und der neue Konvent am Nordrand der Stadt
war bereits bewohnt), 'dicho de franciscos descalsos', 'dicho
de San Agustin', 'dicho de la Mercedes', 'dicho de Carmelitas
Descalsos', 'el Colegio de Jesuitas', 'dos dichos de estudios'.
Nach Vertreibung der Jesuiten war die Aufsicht über die Ausbil-
dungsstätten ihres Ordens in Oaxaca dem Bischof übertragen worden.[285] Sie existierten also weiter, wenn auch nicht mehr als
Institutionen des Ordens, wohl aber als Institutionen der
Kirche. Weiter werden genannt: 'un convento de San Juan de
Dios', 'dicho de Bethlemitas', 'cuatro Conventos de Monjas',
wobei O'Crovly die vielen Kirchen unerwähnt läßt.[286]

Im sozialen Bereich sollte außerdem das Hospital Real de San
Cosme y San Damian der Stadt nicht unerwähnt bleiben, dessen
Abrechnung aus dem Jahre 1778 erhalten geblieben ist.[287]

Mit einer jährlichen Einnahme von 7230 *pesos* und 15 fest be-
zahlten Angestellten, darunter einem Verwalter, einem Arzt und
einem Chirurgen, sicherlich keine unbedeutende soziale Einrichtung (s. Anhang, Quelle 2).

In der Zeit des wirtschaftlichen Wachstums ergibt sich daraus
eine deutliche Konzentration aller zentralörtlichen Funktionen
in der spanischen Stadt, die jetzt nun nicht mehr durch die
Verwaltungsorgane der Kirche oder der weltlichen Administration
initiiert wird, wie im 16. Jahrhundert noch, sondern von staatlichen Organen und kirchlicher Verwaltung nachvollzogen wird.
Träger dieser Zentralisierung sind in der Hauptsache die Gewer-
betreibenden und Händler aus dem spanischen Mutterland oder
Kreolen der höheren sozialen Schicht, die unterstützt durch die
gesteigerte Nachfrage auf Grund des Bevölkerungswachstums und
die wirtschaftlichen Erleichterungen durch die bourbonischen
Reformen ihre Betriebe oder Handelshäuser in Antequera an-
siedeln und damit dem in Karte 5 zu beobachtenden Trend folgen,

in vorwiegend von Weißen bewohnten Siedlungen zu leben. Die indianischen Gemeinden des Beckens zeigen auch am Ende des
18. Jahrhunderts einen nur sehr kleinen Anteil an nicht-indianischer Bevölkerung. Diese wenigen Spanier oder Kreolen in den
Zentren des Beckens waren meist die Verwalter der *haciendas*,
die Angehörigen der Kirche oder die der Klöster und zumindest
in den Beckenteilen, die nicht zum Marquesado del Valle gehören, die Angehörigen der spanischen Administration (*alcaldes
mayores, tenientes* und *oficiales* der Finanzverwaltung), die allerdings zunehmend im 18. Jahrhundert ebenfalls ihren Wohnsitz
in Antequera nahmen.

Das Einwohnerverzeichnis des Zentrums Zimatlan z.B. zeigt in
seiner detaillierten Aufstellung der ethnischen Zugehörigkeit
der Bewohner der einzelnen Siedlungen sehr deutlich, daß im
Hauptort (*cabecera*) mit 2,2 % nur sehr wenige Nicht-Indios (34)
wohnten, bedingt durch die große Konzentration von *haciendas* und
ranchos unter spanischer Verwaltung im *pueblo sujeto* von Sta.
Gertrudis dagegen der Anteil der Nicht-Indio Bevölkerung erheblich höher war (42,1 %).

	Nicht-Indios		Indios	
	n	%	n	%
Cabecera	34	2,2	1516	97,8
Sta. Gertrudis	142	42,1	195	57,9

(s. a. Tab. 4 im Anhang)

Aus den Akten der Munizipalarchive des Beckens geht hervor, daß
nur der *alcalde mayor* der *jurisdicción* des östlichen Beckenteils (Tlacolula 1758) zur Mitte des Jahrhunderts noch im
Hauptort seiner *jurisdicción* lebte. Alle anderen (Ocotlan, Zimatlan, Marquesado, Antequera, Teotitlan, Zaachila) lebten in
ihren Wohnungen in Antequera bzw. Oaxaca (Marquesado).

2. Der Funktionsverlust der kleineren Zentren des Beckens im 18. Jahrhundert

Sicherlich sind die in den kleineren Zentren des Beckens während des 18. Jahrhunderts abgelaufenen Prozesse zunehmenden Verlustes höherrangiger zentralörtlicher Funktionen nicht mit der Umkehrung des vorherigen Kapitels hinreichend beschrieben. Versucht man eine Bilanz zu erstellen zwischen Funktionsverlust der kleineren und mittleren Zentren des Beckens und Gewinn der Stadt an Funktionen, so ist rasch klar, daß dies der falsche Weg ist. Die Stadt hat nicht 'die Funktionen der kleineren Zentren' gewonnen und diese haben ihre Funktionen nicht abgegeben, sondern das Spektrum der zentralörtlichen Funktionen hat sich verlagert. Der Abstand in der Hierarchie der Zentralen Orte des Beckens hat sich zum Ende des 18. Jahrhunderts hin deutlich vergrößert. Tlacolula, das noch im 17. Jahrhundert einer der Hauptumschlagplätze im Handel mit Guatemala und im *cochinilla* - Handel gewesen war, hatte diese überregionalen Funktionen ebenso vollständig verloren, wie etwa Etla, von dessen überregionalem Markt im 17. Jahrhundert BURGOA noch berichtet hatte. Die Märkte existierten nach wie vor, auch die Einrichtungen der Finanzverwaltung waren vorhanden, hatten im 18. Jahrhundert gegenüber Antequera jedoch nur kleinräumig regionale Bedeutung für ein Umland, das etwa so groß war wie der Pfarrbezirk (*curato*) des jeweiligen Ortes. So gehen die Beschreibungen des 18. Jahrhunderts (*relaciones geográficas*) kaum noch auf die Marktfunktionen der Orte ein und nennen außer den kirchlichen kaum noch Sonderfunktionen in den Zentren des Beckens.

a) Bevölkerungsentwicklung

Auch das Bevölkerungswachstum in den Gemeinden des Beckens scheint sich im Gegensatz zum Hauptzentrum sehr in Grenzen gehalten zu haben. Der Anstieg der Zahlen der *tributarios* z.B. in den Gemeinden des Distriktes Cuatro Villas des Marquesado erreichte von 1716 bis 1808 nicht einmal 15 %.[288] In den einzel-

nen Bezirken zeichnete sich sogar nahezu Stagnation bzw. Bevölkerungsverlust ab.[289]

Tributarios in	1716 n	1808 n	%
Etla	1154	993	- 16,2
Villa de Oaxaca	387	693 1/2	+ 79,2
Cuilapan	2268	2669	+ 17,7

Die Bevölkerungsdaten des Marquesado nach *tasaciones* von 1703 -
1740 spiegeln sogar einen deutlichen Bevölkerungsverlust vor,
der zwischen 1734 und 1740 eingeträten wäre. Der Bevölkerungsverluste durch Epidemien am Ende der 30er Jahre und die Agrarkrise der 40er Jahre konnten aber in der zweiten Hälfte des 18.
Jahrhunderts ausgeglichen werden. Sie hatten die Stadt sicherlich ebenso, wenn nicht stärker betroffen als die kleineren
Zentren des Beckens. Während das Wachstum Cuilapans noch als
durchschnittlich bezeichnet werden kann, ist der Bevölkerungs-
gewinn der Stadt Oaxaca mit fast 80 % nahezu so hoch wie der
Antequeras in der zweiten Hälfte des Jahrhunderts (vgl.auch
Quelle 8 im Anhang).

Leider fehlen weitere statistische Daten, um den Prozess der
Bevölkerungswanderung im einzelnen belegen zu können. Die Zahl
für Etla aber zeigt zumindest, daß die Zentren des 17. Jahrhunderts, auch die damals bedeutenderen Wirtschafts- und Marktzentren, von diesem Prozeß nicht verschont blieben.

Es kann angenommen werden, daß die Mehrzahl der kleineren und
mittleren Zentren des Beckens durchschnittlich zwischen 10 und
20 % an Bevölkerung verloren. Da aber die Gesamtbevölkerungs-
zahlen des Beckens keinen solchen Bevölkerungsverlust aufweisen, kann weiter angenommen werden, daß der Verlust in den vorwiegend indianischen Siedlungen den beiden Hauptzentren (Antequera und Oaxaca) zugute gekommen ist. Das nur geringe Bevölkerungswachstum der Gesamtbevölkerung des Beckens im 18. Jahrhun-

dert, wie auch anderer Teile des heutigen Staates Oaxaca, geht
auf die gerade schon erwähnten Seuchenwellen zurück. In den
Jahren nach 1740 kommt außerdem eine Agrarkrise hinzu, die
durch Tierseuchen und schlechte Ernteerträge, bedingt durch
schlechtes Wetter und Pflanzenkrankheiten, ausgelöst war. Dies
betrifft nicht nur den Beckenteil um Etla, wie TAYLOR annimmt
(a.a.O., S. 34), sondern in den genannten Jahren auch die anderen Gemeinden des Beckens.

"En 1779 pesò sobre Oajaca la gran calamidad de la peste de las viruelas
que causó gran número de victimas, lo que contribuyó también a detener la
marcha progressiva de la población."[290]

Das Archiv von Teposcolula sowie das von Tlacolula enthalten
aus den 80er Jahren des 18. Jahrhunderts Belege für Naturkatastrophen und Seuchen in der Küstenregion Oaxacas und im nördlich anschließenden Bergland.[291]

b) Die Entwicklung der kirchlichen Verwaltungsfunktionen in den Mittel- und Kleinzentren
   des Beckens

Die entscheidenden Änderungen der kirchlichen Verwaltung begannen bereits im 17. Jahrhundert, hatten aber erst in der Mitte
bzw. gegen Ende des 18. Jahrhunderts Auswirkungen in Oaxaca.
Bereits vom 7. November 1693 datiert eine *real cedula*, die auf
ein Breve des Papstes Paul V. zurückgeht (vom 23. Dezember
1611), worin bestimmt wird, daß die 'ordentlichen Klöster'
(*conventos formales*), die zur Wahl des Priors zugelassen sind
und Sitz und Stimme im Provinzkapitel haben, mindestens mit
acht Klosterbrüdern (*religiosos*) besetzt sein müßten. Bereits
1744 war dies im Becken von Oaxaca nur noch in den Konventen
von Antequera, Cuilapan und Etla der Fall. Alle anderen Klöster
des Beckens waren mit wesentlich weniger Klostergeistlichen besetzt. Selbst im Wallfahrtszentrum von Tlalixtac gab es nur 4,
von denen einer als Pfarrer fungierte. Die einst bedeutenden
Missionsklöster in Zaachila und Zimatlan beherbergten 1744 nur
noch den Pfarrer und je drei Klostergeistliche. Ebenso sah es
im Konvent von Ocotlan, der zu den bedeutendsten Missionsklö-
stern des ausgehenden 16. und beginnenden 17. Jahrhunderts gehört hatte, aus. (vgl. Quelle 7 im Anhang)

Während die *visita* 1706 im Beckenbereich nur 13 *curatos* und *doctrinas* nennt, die von den Dominikanern verwaltet werden[292], zeigt eine Liste aus dem Jahre 1741 allein für die *jurisdicción* der Stadt Antequera 14 *cabeceras de doctrinas*, von denen 10 von Dominikanern betreut werden. Der Begriff 'doctrina' hatte sich in der Zwischenzeit grundlegend gewandelt. Wurden am Beginn des Jahrhunderts nur die Verwaltungseinheiten des Ordens, deren Mittelpunkt meist ein größeres Kloster war, als *doctrina* bezeichnet, so wurden zur Mitte des Jahrhunderts auch die Hauptkirchen weltlicher Geistlicher *cabecera de doctrina*, richtiger wäre *cabecera de curato*, genannt. Die Konkurrenz zwischen Klostergeistlichen und Weltgeistlichen, die noch bis ins 17. Jahrhundert gereicht hatte, war verschwunden, und eine dem Kirchspiel ähnliche Organisationsform, der *curato* (oder Pfarrei) war gefunden worden (vgl. Quelle 9 im Anhang).

Auf der Basis dieser kirchlichen Verwaltungseinheit wurden im ausgehenden 18. Jahrhundert alle wesentlichen statistischen und informellen Erhebungen durchgeführt. Oftmals stimmen im Beckenbereich die heutigen Municipio-Grenzen wieder mit denen überein, die man als Grenzen der *curatos* aus dem Census von 1777 ablesen kann.

Ende des 18. Jahrhunderts gab es also keine hervorstehenden kirchlichen Zentren mehr im Becken außer den oben genannten vier Klöstern und den ebenfalls bereits genannten kirchlichen Einrichtungen der Städte Oaxaca und Antequera.

Dafür bildeten alle Hauptkirchen Mittelpunkte einer Pfarrei, von denen aus die anderen Kirchen als Filialkirchen (*visita*) mitbedient wurden. Damit war die Hierarchie der kirchlichen Funktionen klar viergliedrig mit dem Hauptzentrum in Antequera/Oaxaca, dem Sitz des Bischofs und des Mutterklosters des Dominikanerordens, den bedeutenderen Klöstern mit 8 und mehr Klostergeistlichen, den Hauptorten der Pfarreien und schließlich den Filialkirchen. Auch die räumliche Gliederung der Pfarr-Bezirke war klarer und geschlossener als die chaotische räumliche Gliederung der weltlichen Verwaltung vor Einführung des Intendantensystems.

Beide Systeme aber sind voneinander unabhängig, und wie die Karte von GERHARD[293] zeigt, die die Verhältnisse des ausgehenden 18. Jahrhunderts darlegen soll, nicht annähernd deckungsgleich.

Anders als noch die Missionsklöster des späten 16. und frühen 17. Jahrhunderts, die beinahe ausschließlich in den Zentralen Orten des Beckens angelegt worden waren, ist die Verteilung der Pfarrorte höchstens noch ein Indikator geringster Zentralität des Zentrums eines Kirchspiels. Nur die Orte, die außerdem weltliche Administrationsfunktionen und später, nach Einführung des Intendantensystems, nur noch Funktionen der Finanzverwaltung aufzuweisen hatten, können als bedeutendere Regionalzentren gelten.

Dies trifft auf Huitzo, Etla, Zimatlan, Ocotlan, Zaachila und Tlacolula zu. Außer Huitzo wurden die genannten Orte im 19. und 20. Jahrhundert Distrikthauptstädte und damit Siedlungen höherer zentralörtlicher Bedeutung. In Tlacolula, Zaachila und Ocotlan befinden sich heute die größten indianischen Wochenmärkte des Beckens und trotz der Auflösung der Distriktsgliederung in der Neuzeit immer noch Polizeistationen und Gefängnisse sowie größere Bauwerke der Munizipalverwaltung, die deutlich einen anderen, älteren Baustil zeigen, als die zahllosen, während der Regierungszeit Echeverrías errichteten Munizipalbauten.

Tlacolula, Zaachila und Ocotlan verfügen darüber hinaus über einige Geschäfte des nicht-alltäglichen Bedarfs. Tlacolula und Zimatlán haben Restaurants, Tlacolula sogar kleinere Hotels, die die Nachfrage des steigenden Tourismus decken helfen (Mitla nimmt, bedingt durch das starke Engagement der Universidad de las Americas mit Museum und Restaurant heute eine Sonderstellung ein).

In Zaachila finden sich Geschäfte für Haushaltsgeräte und Geräte der Landwirtschaft sowie ebenfalls ein neues auf den Tourismus ausgerichtetes Restaurant gehobener Kategorie.

V. ZUSAMMENFASSUNG

In der vorspanischen Zeit treffen wir, anders als etwa in Nordamerika, im Bereich der mesoamerikanischen Hochkulturen bereits
auf ein vielfältig differenziertes Netz Zentraler Orte.

Insbesondere die mächtigeren *cacicazgo - cabeceras* fallen als
Hauptzentren auf. Diese werden in ihrer Bedeutung nur noch
überragt von Zentren staatlicher, überregionaler Macht
("Reiche"?). Sowohl für die zapotekischen Königtümer der Küstenregionen Oaxacas (Tehuantepec - Tututepec), wie auch für
das Reich der Mexica im zentralen Hochland Mexikos, liegt das
Becken von Oaxaca peripher. Sein Hauptzentrum in vorspanischer
Zeit, die *cabecera* Zaachila, ist daher relativ selbständig und,
obwohl der Raum als von den Azteken erobert gilt, sind die Tributverpflichtungen der einzelnen *cacicazgos* umstritten und keineswegs fest geregelt. Die Niederlassungen der Azteken im
Becken bildeten keine besonderen regionalen Zentren. Weder administrativ noch wirtschaftlich gehörte Huitzo dem System des
Beckens an, noch hat die Militärgarnison der Azteken auf dem
Cerro Fortín nördlich der heutigen Stadt zentralörtliche Funktionen gehabt (mit Ausnahme derjenigen, daß dort die Tribute
vierteljährlich abgeliefert werden mußten). Die nachweisbaren
Hauptfunktionen mit überregionaler Bedeutung der Administration
und des Kultes waren auf mindestens zwei Zentren verteilt. Im
darunter liegenden Zentralitätsniveau sind die übrigen *cabeceras* der *cacicazgos* anzusiedeln, die teils aufgrund einiger Sonderfunktionen (z.B. Wallfahrtsort zu sein, einen Markt, ein etwas größeres Umland oder einfach auch nur mehr Bevölkerung zu
haben) weiter differenziert werden könnten.

Entsprechend dieser von den Spaniern vorgefundenen Verhältnisse
geht der Prozeß der Kolonisation des Landes auch nicht (wie etwa in Nordamerika oder Nordmexiko) in Form einer linearen
"Frontier" vor sich.[294] Die Befriedung und Kolonisation des
Landes ist nicht Ost-West oder Nord-Süd gerichtet, sondern zen-
tral-peripher. Dies bedeutet, daß meist neue Zentren in den
dichter besiedelten Landesteilen (den Hochbecken) errichtet
wurden, die zunächst ihr näheres Umland kontrollierten und von

dort aus Mission und Kolonisation betrieben. Außer diesem
grundsätzlichen räumlichen Unterschied läuft die Kolonisation
im Modell ähnlich ab wie in Nordamerika, das heißt, es gibt in
einer ersten Phase Gruppen umherschweifender Konquistadoren und
Händler in den Kampfzonen. Ihnen folgen Missionare und erst im
Zuge neuer Einwanderungen spanische Familien, die sich in den
neu gegründeten Städten, nur wenige in indianischen Gemeinden
niederlassen. In den Zonen kriegerischer Eroberung, im zentralen Hochland und den südlichen Bergländern gibt es auch Substi-
tute für die "Forts" Nordamerikas in Form befestigter Missionsklöster.

a) Modell der Kolonisation in Nordamerika

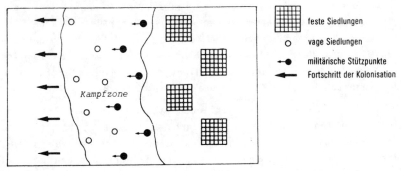

b) Modell der Kolonisation in Mesoamerika

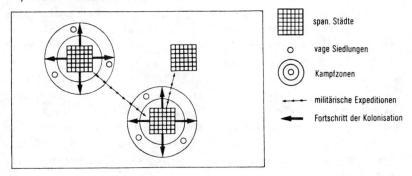

Entw. u. Zeichn.: K.-L. Storck 1983

Der deutlichste Wandel, den die Konquista hervorruft, ist im Becken von Oaxaca die politisch-administrative Aufteilung in einen Teil (Nord- und Südbecken), der dem Marqûes del Valle als *encomienda* unterstellt ist, und einen zweiten, direkt der Krone oder anderen weniger einflußreichen *encomenderos* unterstellten Teilraum.

Noch in der ersten Hälfte des 16. Jahrhunderts beginnen sich mit dem Aufstreben der neu-gegründeten spanischen Stadt in zentraler Lage innerhalb des Beckenraumes die Differenzierungen der anderen Zentren zu verwischen. Nahezu alle ehemaligen *cacicazgo* - Hauptorte erhalten Missionsklöster als erste Einrichtungen kirchlicher Verwaltung oder werden zu *corregimientos* bzw. *alcaldías mayores*, was in der ersten Zeit noch nahezu deckungsgleich ist. Insbesondere auf der höheren Zentralitätsebene verlieren die beiden Hauptzentren Zaachila und Mitla ihre Funktionen als Hauptherrschafts- bzw. Hauptkultzentrum. Im Falle Mitlas erhält die Siedlung sogar nicht einmal die Ersatzfunktion der spanischen Zeit (Kloster oder *corregimiento*).

Aus einem vielfach differenzierten System Zentraler Orte wird in der ersten Hälfte des 16. Jahrhunderts ein System, in dem sich nur noch zwei Zentralitätsniveaus unterscheiden lassen, das der spanischen Gründungsstadt und das der übrigen Zentren des Beckens (siehe Stadium 2).

Zwar hatte die spanische Siedlung am Beginn des Jahrhunderts noch um ihre eigene Existenz zu kämpfen, entwickelte sich aber bis zur Mitte des Jahrhunderts zum Hauptzentrum der Region unter dem neuen Verwaltungssystem. Nicht nur das Mutterkloster der missionierenden Dominikaner entstand in der Stadt, sondern auch der Bischofssitz und die Einrichtungen der staatlichen Verwaltung, insbesondere die *alcaldías mayores* der Krone und des Marquesado. Während die alten Zentren außerhalb des Marquesado ihre Stellung als Zentrale Orte noch bewahren konnten, war die Verwaltung innerhalb des Marquesado von Beginn an auf Konzentration aller höheren Verwaltungsorgane im Hauptort (Villa de Oaxaca) aus.

Der zweite zeitliche Schnitt, der am Ende des 16. Jahrhunderts liegt, zeigt bereits eine deutliche Differenzierung der zen-

tralörtlichen Funktionen kirchlicher und weltlicher Administration wie auch wirtschaftlicher Aktivitäten.

Alle überregionalen Einrichtungen waren in Antequera bzw. Villa
de Oaxaca konzentriert, Warenströme wurden auf diese Zentren
hin umgeleitet und spanische Bevölkerung dort angesiedelt. Das
System der *encomienda* verlor bis zum Beginn des neuen Jahrhunderts an Bedeutung, ohne daß dies Auswirkungen auf das zentralörtliche System gehabt hätte. In beiden Teilräumen des Beckens
gleichförmig wirkte einzig die Kirche, die ihre Missionsstütz-
punkte bis zum Ende des 16. Jahrhunderts in den ehemaligen
größeren Zentren hatte einrichten können. Einzig ein neues Zentrum scheint nach der Konquista im Beckenraum entstanden zu
sein, Zimatlan, als *congregación* der Indios aus dem westlich
anschließenden Bergland, insbesondere der Gegend um San Bernardo Mixtepec (siehe Stadium 3). Die so rasant einsetzende Entwicklung des Hauptzentrums Antequera und Villa de Oaxaca aber
stagniert im 17. und bis zur ersten Hälfte des 18. Jahrhunderts. In den der Krone unterstehenden Teilen des Beckens beginnen sich die Orte Zaachila, Zimatlan, Ocotlan, Teotitlan del
Valle und Tlacolula als bedeutendere Zentren zu konsolidieren.
Huitzo verliert seine ehemalige Bedeutung und im Marquesado
fallen allein Cuilapan durch seine hohe Bevölkerungszahl und
ein bedeutendes Kloster (*congregación* und Missionsstützpunkt
der mixtekischen Volksgruppe) und Etla durch einen überregional
bedeutenden Markt auf. Nach der ersten Welle der Zuwanderung
und der Institutionalisierung zentralörtlicher Funktionen in
den spanischen Städten beginnt eine Phase der Konsolidierung
dort und eine Wiederbelebung derjenigen vorspanischen Zentren,
die zwischenzeitlich auch kirchliche und administrative Funktionen übernommen hatten. Während im 17. und beginnenden
18. Jahrhundert kirchliche Funktionen disperser verteilt und
hierarchisch gegliedert werden, bleiben die Einrichtungen der
weltlichen Administrative konzentriert in den wenigen Zentren
des Beckens und den spanischen Städten (siehe Stadium 4). Die
Minenwirtschaft bringt im Becken von Oaxaca nur kurzzeitig die
Entstehung kleinerer Zentren mit sich, sorgt aber für den exzessiven Bevölkerungsverlust in anderen Zentren des Raumes (s.
das Beispiel Ocotlan) im 17. Jahrhundert.

Obwohl nun deutlich mehrgliedrig, kann das zentralörtliche System des 17. und beginnenden 18. Jahrhunderts immer noch als ein hierarchisches Kontinuum gesehen werden, dessen höchstes Zentralitätsniveau von den spanischen Städten, aufgrund ihrer Funktionen als Warenumschlagplätze (z.B. im Handel mit Guatemala), ihrer weltlichen Verwaltungseinrichtungen (*alcalde mayor* des Marquesado, *caja real* usw) und der Hauptfunktionen der kirchlichen Verwaltung eingenommen wurde.

Wegen ihres über das engere Umland hinausgehenden Ergänzungsgebietes, ihrer Funktion als Sitz eines *alcalde mayor* oder als Sammelstelle der Handelssteuer (*alcabala*) besetzten das zweite Zentralitätsniveau Siedlungen wie Tlacolula, Teotitlan del Valle, Etla, Zaachila, Zimatlan, Chichicapan (als Minenzentrum) und Ocotlan. Alte Zentren wie Tlapacoya, Macuilxochitl, Tlalistac oder Tlacochahuaya hatten zwar noch den Rang von Kirchspielorten (manchmal hatten sie auch noch ein Kloster, allerdings keinen 'convento formal' mehr), auch Cuilapan (hohe Bevölkerungszahl und ein bedeutendes Kloster), konnten aber sonst keine zentralörtlichen Funktionen mehr aufweisen. Sie besetzten das unterste Zentralitätsniveau bzw. wurden Umlandgemeinden der spanischen Städte (Tlalixtac, Cuilapan).

Die Konsolidierungsphase des 17. und beginnenden 18. Jahrhunderts hatte zwar die spanischen Städte kaum noch tangiert, wohl aber die übrigen Zentren des Beckens differenziert. Massiver Bevölkerungszuwachs, wirtschaftliche Reformen und schließlich verwaltungsrechtliche Reformen in der zweiten Hälfte des 18. Jahrhunderts führten zum Bruch des hierarchischen Kontinuums. Alle wirtschaftlichen Aktivitäten konzentrierten sich auf Antequera. Nach wie vor hatten die Zentren des Beckens zwar ihre regionale Bedeutung, diese ist aber mit der der spanischen Stadt nicht mehr vergleichbar. Antequera war, vor allem nach Einführung des Intendantensystems, nicht mehr Hauptzentrum des Beckens allein, sondern Zentrum einer Region, die annähernd so groß war wie der heutige Staat Oaxaca (*intendencia*). Antequera hatte nun endgültig Hauptstadtfunktionen, die auf einem Zentralitätsniveau lagen, das weit über dem der Regionalzentren des Beckens anzusiedeln ist. Waren die wirtschaftlichen Funktionen

dieser Zentren nach wie vor auf das Siedlungssystem des Beckens
selbst ausgerichtet (mit der Ausnahme Tlacolula), so war Antequera eingebunden in das überregionale, koloniale Wirtschaftssystem. Erst in der zweiten Hälfte des 18. Jahrhunderts also
war jener Hiatus zwischen traditionellem, auf die Region ausge-
richtetem Austauschsystem auf Wochenmärkten in kleineren Zentren und dem modernen interregionalen Handel mit Anschluß an
den Weltmarkt in den großen Städten entstanden, der das Land
bis heute prägt. Während der gesamten Kolonialzeit blieb das
Verhältnis zur Hauptstadt Mexiko nahezu gleich. Als Bischofssitz, Warenumschlagplatz am *camino real*, Mittelpunkt einer
landwirtschaftlich reichen und dicht besiedelten Region, als
Standort erster Manufakturbetriebe der Textilerzeugung und als
Zentrum der *cochinilla* - Produktion und des *cochinilla* - Handels stand Antequera während der späten Kolonialzeit auf einem
Zentralitätsniveau mit den anderen Provinzhauptstädten des Vizekönigtums. Erst die Industrialisierung, verbunden mit der modernen Verkehrserschließung des Landes mit Eisenbahnen und
Straßen, ließen Oaxaca im 19. und beginnenden 20. Jahrhundert deutlich gegenüber den Hauptstädten der mexikanischen
Teilstaaten auf dem zentralen Hochland zurückfallen. Da mit dem
zunehmenden Schiffverkehr bereits im 18. Jahrhundert auch seine
Stellung im interregionalen Handel mit Guatemala ausfiel, be-
wahrte die Stadt ihren kolonialzeitlichen Charakter nicht nur
im Baubestand, sondern auch im Mangel an Industrie und damit
Arbeitsplätzen bis vor wenigen Jahren.

Der Wandel des zentralörtliche Systems geht phasenhaft vor
sich, ist abhängig von den unterschiedlichsten sozialen (Kaziken), ökonomischen und administrativen Kräften und summiert
sich nicht einfach zu einem Prozeß des Funktionsverlustes kleinerer Zentren zu Gunsten der größeren. Viel eher bewahren die
Regionalzentren ihre Funktionen im traditionellen Wirtschaftssystem (mit dem Güteraustausch auf den Wochenmärkten und einer
im wesentlichen von Subsistenzlandwirtschaft geprägten Produk-
tionsseite). Der Bedeutungsgewinn der spanischen Gründungsstädte rekrutiert sich auch nicht aus diesen traditionellen
Funktionen, sondern aus den von der Kolonialmacht neu einge-
richteten Funktionen der höheren spanischen Verwaltung, der
Kirche und des kolonialen Wirtschaftssystems.

Die historischen Phasen der Entwicklung des Systems Zentraler Orte im Becken von Oaxaca

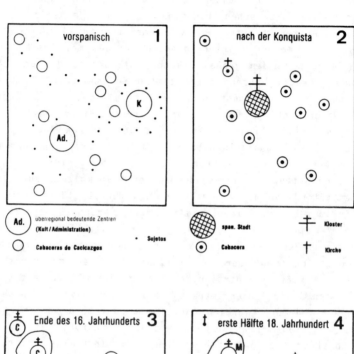

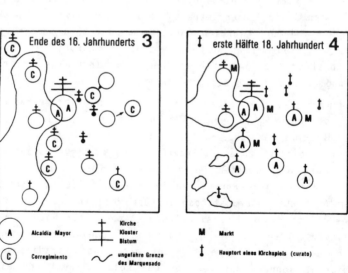

‡ zweite Hälfte 18. Jahrhundert 5

Sitz der Intendencia

Convento formal

Hauptort eines Kirchspiels (curato)

Stabilität und Labilität im

Christallerschen Modell

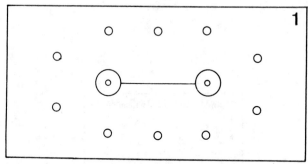

Stadium 1: Labiles vorspanisches System Zentraler Orte mit mehreren überregional bedeutenden Hauptzentren verschiedener Funktion

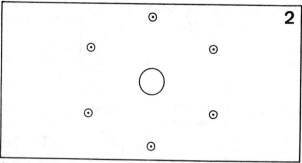

Stadium 2: Stabiles frühspanisches System Zentraler Orte mit dem Hauptzentrum in der spanischen Gründungsstadt und nahezu gleichwertigen Mittelzentren in den alten Cacicazgo-Cabeceras.

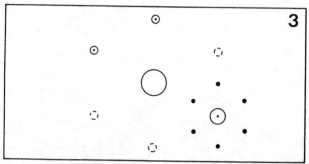

Stadium 3: Instabiles System Zentraler Orte am Beginn des 18. Jahrhunderts. Einige ehemalige Mittelzentren haben ihre Funktionen verloren, ehemals unbedeutende Orte sind zu Kleinzentren (Hauptorte eines Kirchspiels) aufgestiegen.

161

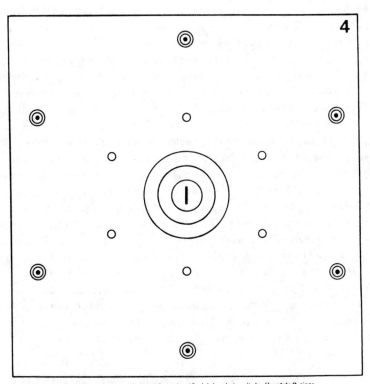

Stadium 4: Stabiles System Zentraler Orte am Ende des 18. Jahrhunderts mit der Hauptstadt einer
Intendencia als Oberzentrum, den größeren Städten der Intendencia als Mittelzentren und
den kleineren, nur noch regionalen Zentren des Beckens.

Zwar wurden in dieser Arbeit auch, wie in den meisten historischen Zentralitätsuntersuchungen, in Abhängigkeit von der Quellensituation, vorwiegend gesetzte Funktionen der Administration untersucht, die zentrendifferenzierenden ökonomischen Funktionen dürfen in einem Kolonialland aber nicht übersehen werden. Spätestens das merkantilistische Handelssystem und die Einführung des Manufakturwesens wirken deutlich funktionszentrierend zu Gunsten der spanischen Kolonialstädte und lassen den hierarchischen Abstand zwischen diesen und den sie umgebenden Regionalzentren so groß werden, daß von einer Abkoppelung des traditionellen Wirtschaftssystems vom kolonialen gesprochen werden kann. Betrachtet man zudem modellhaft den Zugewinn an Bedeutungsüberschuß im Verhältnis zur zeitlichen Entwicklung, so ist dieser kurz vor der Konquista für spanische Gründungsstadt und Regionalzentren zunächst nahezu gleich. Während der Stagnationsphase im 17. und beginnenden 18. Jahrhundert gewinnen weder spanisches Zentrum noch Regionalzentren nennenswert an Bedeutungsüberschuß. Die Grundversorgung des Hauptzentrums ist dependent von der Produktion und den Märkten der umgebenden Regionalzentren. Es herrscht ein hierarchisches Kontinuum mit der spanischen Gründungsstadt an der Spitze, Regionalzentren und Kleinzentren differenzieren sich auf unterschiedlichen Zentralitätsniveaus in dieser Periode. Erst die geänderten administrativen und ökonomischen Bedingungen am Ende des 18. Jahrhunderts lassen den Bedeutungsüberschuß im Hauptzentrum steil ansteigen. Der der kleineren Zentren bleibt konstant, auch wenn sie einige ehemals zentrenbildende, administrative Funktionen verlieren.

Einzig die Tatsache, daß in Oaxaca die Industrialisierung, die zur weiteren Vergrößerung des hierarchischen Abstandes zwischen Regionalzentren und Hauptstadt geführt hätte, nicht erfolgt, differenziert diesen Sonderfall von der Entwicklung anderer Hauptstädte mexikanischer Teilstaaten.

Die seit 1976 in Oaxaca eingerichtete Behörde der Regionalplanung versucht in neuester Zeit durch die Ansiedlung von Industrie, administrativen Institutionen, festen Märkten und modernem Straßenbau diesen Abstand zur Zentralregion Mexikos wieder

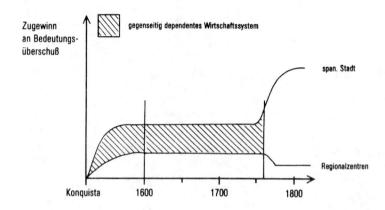

Zugewinn an Bedeutungsüberschuß · gegenseitig dependentes Wirtschaftssystem · span. Stadt · Regionalzentren · Konquista · 1600 · 1700 · 1800

zu verringern. Das Ergebnis eines erfreulichen Lernprozesses ist es, daß diese Bemühungen nicht allein auf die Stadt Oaxaca ausgerichtet sind, sondern Industrie und Straßenbau auch den anderen Zentren des Staates, wie Tehuantepec, Salina Cruz, Puerto Escondido u.a. zugute kommen sollen.

Die "decentralización" aber wird ein langer und mühevoller Prozeß sein, angesichts unzulänglicher Planungsinstrumente, des Mangels an Geld und der oft unklaren Kompetenzverteilung innerhalb der mexikanischen Verwaltung.

Erfolge und Mißerfolge dieser Bemühungen zu untersuchen, könnte besonders in der mexikanischen "Provinz" vor dem Hintergrund ihrer eigenen historischen Entwicklung ein lohnendes zukünftiges Forschungsziel sein, ebenso wie die Fortführung der Fragestellung dieser Arbeit über das 19. Jahrhundert hinweg bis in die Gegenwart. .

GLOSSARIUM [*]

absentismo	- vorwiegende Abwesenheit des Betriebsinhabers, z. B. als Merkmal größerer Hacienda-Betriebe mit Verwalter
aduana	- Zoll, auch Binnenzoll
alcabala	- lokale Verkaufssteuer
alcalde mayor	- für einen Distrikt verantwortlicher spanischer Richter
alcalde ordinario	- Richter niederer Gerichtsbarkeit
alhondiga	- fest eingerichteter Markt mit kontrollierten Preisen
arroba	= 11,5 kg
audiencia	- oberste Gerichts- und Verwaltungsbehörde in Neu-Spanien unter Vorsitz des Vizekönigs
barrio	- Gemeindeviertel, Stadtviertel, nicht selbständige Kleinsiedlung
caballo y espada	- "Pferd und Degen" als Symbole spanischer Ritterschaft oder edler Herkunft
cabecera	- indianische Distrikthauptstadt, später auch Hauptort als Gegensatz zu sujeto und rancho
cabildo	- Stadtrat
cacicazgo	- 'Besitz' eines Kaziken. Landbesitz bildet in der Regel kein geschlossenes Territorium. Der Begriff meint auch Ansprüche des Kaziken an Tributen oder Arbeitsleistungen in vorspanischer Zeit
cacique	- Kazike. Heute: politisch, wirtschaftlich und sozial einflußreicher "Boss"; in vorspanischer Zeit: Fürst eines cacicazgo
camino real	- Königsweg; Hauptdurchgangswege und Haupthandelswege waren in der Kolonialzeit juristisch der Krone unterstellt
canes domini	- Die Hunde des Herrn; Begriff für die durch die Inquisition in Europa gefürchteten Dominikaner

[*] Soweit möglich wurden die Begriffserklärungen von NICKEL 1978:402ff übernommen. Wo aufgrund anderer Erfahrungen in Oaxaca notwendig, wurden sie erweitert.

carga	- (1) Raummaß, nicht einheitlich. Üblich für 186,63 Liter, aber auch für 111,192 und 200 Liter (2) Gewichtseinheit, nicht einheitlich. Für Mais: 138 kg oder 140 kg bzw. 150 kg; für Weizen 161 kg; für Gerste: 115 kg (3) für Oaxaca gilt: 1 carga Honig = 18 arrobas 1 carga Cochinilla = 16 arrobas s.a. CARRERA STAMPA 1949:14f
casa de religiosos	- Bezeichnung für frühe Missionsklöster. Später (ab 18. Jahrhundert) im Gegensatz verwendet zu Convento formal
casas reales	- Die Häuser der Krone; in den cabeceras errichtete Verwaltungsgebäude, z.B. für alcalde mayor oder caja real
cacica	- cassica = Kazikin; weiblich zu Kazike

causa
  causa de hacienda y guerra
  causa de justicia
  causa de policía
	- Abteilung öffentlicher Verwaltung z.B.
	- Finanz- und Militärwesen
	- Gerichtsbarkeit
	- öffentliche Sicherheit

cochinilla	- roter Farbstoff; s. bes. Anmerkung 153
cocolixtli	- seuchenartig sich ausbreitende Krankheit unbekannter Genese und Art
codice	- indianische Bilderhandschrift vorspanischer oder frühkolonialer Zeit
colegio de niñas	- Mädchenschule in der spanischen Kolonialzeit in Verbindung mit einem Nonnenkloster
concesión	- (1) meist vom Vizekönig ausgestellte Erlaubnis zum Betreiben bestimmter Gewerbe: Minen, Mühlen, Färbereien (2) Concesión de tierra: Landschenkung durch die Krone oder den Vizekönig
congregación	- Zusammenfassung und Umsiedlung verstreut wohnender indianischer Familien durch Gründung einer neuen Gemeinde oder Aufsiedlung einer bestehenden Gemeinde. Besonders nach den hohen Bevölkerungsverlusten der frühen Kolonialzeit wurden derartige Umsiedlungen sowohl von den missionierenden Orden forciert als auch von der Krone angeordnet
consejo de indias	- Indienrat; nach dem spanischen König das höchste Organ der spanischen Kolonialverwaltung

convento formal	– Kloster mit mehr als 8 Klostergeistlichen; seit 1611 hatten allein diese Klöster Sitz und Stimme im Provinzkapitel
corregidor	– für einen Distrikt (corregimiento) zuständiger königlicher Beamter
corregimiento	– s. corregidor
curato	– Pfarrei
doctrina	– Missionsbezirk
encomendero	– Inhaber einer encomienda; s. encomienda
encomienda	– das (in der Regel) einem Spanier für Verdienste um die Krone 'anvertraute' Gebiet mit seinen Bewohnern. Auf ihre Tribute verzichtete der König zugunsten des encomendero. Dafür wurden vom encomendero Bemühungen um die Christianisierung und den militärischen Schutz der Gemeinden erwartet. Das encomienda-System endete im Becken von Oaxaca bereits 1639
escribano publico	– öffentlicher Schreiber
estancia	– Flächeneinheit (= sitio); Viehzucht-Hacienda
ganado mayor	– Großvieh (Rinder)
ganado menor	– Kleinvieh (Schafe, Ziegen)
gobernador	– gewähltes Oberhaupt einer indianischen cabecera bzw. einer selbständigen indianischen Gemeinde (república de indios)
gremio (de tejedores)	– Zunft (Weberzunft)
huerta	– Garten; in Oaxaca intensive Anbauform der Kolonialzeit auf kleinen Besitzeinheiten mit hacienda-ähnlichen Arbeitsbedingungen
intendencia	– Verwaltungsbereich; die intendencias wurden 1786 durch die Krone in Neu-Spanien eingerichtet. Mit der Leitung dieser Gebiete in der Größenordnung der späteren Bundesstaaten wurden intendentes beauftragt. Ihre nachgeordneten Vertreter in den partidos (Distrikten) waren die subdelegados
juez de grana	– zur Überwachung des cochinilla-Handels eingesetzter Richter
jurisdicción	– Gerichtsbezirk

legua	= 4190 Meter
libra	= 460,25 kg
libro de las tasaciones	- Steuerbuch; hier speziell das 1950 von F.G. de COSSIO im AGN gefundene Steuerbuch Neu-Spaniens aus dem 16. Jahrhundert
licencia	- königliche oder vizekönigliche Erlaubnis zum Betrieb eines Gewerbes
macehuales	- indianische Unterschicht
marquesado	- Markgrafschaft; hier speziell der an Cortés vergebene Teil des Beckens von Oaxaca, der ihn zum Marques del Valle (de Oaxaca) machte
mercaderes	- Händler
merced - *de tierra* - - *de agua*	- königliche Verleihung ('Gnade'); - Landvergabe - Wassernutzungsrecht
municipio	- politisch selbständige Gemeinde
nobles	- indianischer Adel; im Gegensatz zu den macehuales
oficial real	- königlicher Beamter; Sammelbegriff
orden real	- königlicher Befehl, königliche Anordnung
ordenanza	- Verordnung, Anordnung
padrón	- Einwohnerverzeichnis
presidente municipal	- Bürgermeister eines municipio
principales	- indianische Adlige
pueblo	- Dorfgemeinde
quartillo	= 0,456 Liter
real	- Münze; 8 reales = 1 peso
real caja de México	- Kasse der obersten Finanzbehörde (real hacienda) in Mexiko-Stadt
real cédula	- königlicher oder vizeköniglicher Erlaß
real corona	- die 'Krone'; das heißt der spanische König
regidor	- Ratsherr
relación	- Bericht

religioso — Ordens/Klostergeistlicher

repartimiento — Institution zur Rekrutierung und Zwangsver-
pflichtung indianischer Arbeitskräfte für
haciendas, Bergwerke u.a.

repartimiento de efectos — geschlossener Markt in Verbindung mit Zwangs-
verpflichtungen zur Herstellung von Handels-
produkten. Der Indio wurde gering und zum
größten Teil in Naturalien entlohnt. Er mußte im Laden des repartimiento-Halters zu überhöhten Preisen z.T. die eigenen Produkte
kaufen

señorio — s. cacicazgo

señor natural — für Oaxaca gleich cacique

subdelegado — s. intendencia

sujeto — politisch von einer cabecera abhängige Gemeinde

suma de visitas — Zusammenfassung der regelmäßigen visitas,
der Inspektionsreisen durch königliche Be-
amte oder einen Mann der Kirche

tasación — Schätzung; hier: Festsetzung der Anzahl der
tributpflichtigen Einwohner einer Gemeinde

tributario — tributpflichtiger Bürger; Alleinstehende
oft als 1/2 tributario geführt

vecino — städtischer Bürger; in der Regel meint der
Begriff in der frühen Kolonialzeit nur Spanier und ihre Familien

visita — regelmäßige Inspektionsreisen, die königliche Beamte oder höhere Kirchenfürsten
durchführen mußten

VERZEICHNIS DER ABKÜRZUNGEN

Quellenangaben wurden in den Fußnoten soweit möglich in abgekürzter Form wiedergegeben. Dabei wird nach der Bezeichnung des Archivs die Abteilung (ramo) genannt, darauf folgt direkt die Nummer des Bandes, nach einem Doppelpunkt steht die Nummer des legajo bzw. des expediente , nach einem Komma die Seitennummer. Es bedeutet also z.B. "AGN Tierras 1764:45,456" Archivo General de la Nación (Mexiko-Stadt) Abteilung Tierras, Band 1764, expediente 45, Seite (foja oder folio) 456.

AEO	Archivo del Estado de Oaxaca
Ecclesiastico	Kirchenpapiere z.T. ungeordnet
1648	Papiere aus dem Jahre 1648
dif. leg.	diferentes legajos (ungeordnete Papiere, s. Anm.38)
leg. de alcabala	teilweise sortierte alcabala-Bücher
AGI	Archivo General de Indias in Sevilla, Spanien
AGN	Archivo General de la Nación in Mexiko-Stadt
AM	Archivo Municipal + Ortsname (in der Regel ungeordnete Dokumente)
BEOB	Biblioteca del Estado de Oaxaca, Papiere der Hacienda Buenavista
BNMSS	Biblioteca Nacional de España (Madrid), Handschriftensammlung
BSMGE	Biblioteca de la Sociedad Mexicana de Geografía y Estadística, Handschriftensammlung
CCG	ungebundene Papiere der Privatsammlung des Notars Luis Castañeda Guzmán, Oaxaca
CCGD	CCG Libro de Despachos
ENE	Francisco del Paso y Troncoso (Hrsg.), Epistolario de Nueva España, 1505-1818
FMINAH	Fondo de Microfotografías del Instituto Nacional de Antropología e Historia (Mexiko-Stadt), serie Oaxaca, Colección de Prof. Pompa y Pompa
LT	Legislación del trabajo en los siglo XVI,XVII y XVIII, Historia del movimiento obrero en México, México 1938
PNE	Francisco del Paso y Troncoso (Hrsg.), Papeles de Nueva España, Madrid 1905-1948
RAHM	Real Academia de la Historia, Madrid, Colección Muñoz

ANMERKUNGEN

1) HARD 1973:157 f

2) s. die Vorträge veröffentlicht in Erdkunde 36. 1982, S. 65-134
da besonders FEHN, SPERLING, DENECKE und JÄGER

3) WAGNER 1972:95

4) BLOTEVOGEL 1975:229

5) WAGNER a.a.O., S. 46

6) WIRTH 1979

7) Ibid. S. 90

8) WIRTH a.a.O.

9) Ausführliche Angaben zur Begriffsgeschichte finden sich bei WIRTH
1979:91

10) s. z. B. Die Anweisungen der Krone zur Aufnahme der ersten Serie von
'relaciones geográficas'. PNE 2^a serie, IV

11) s. Karte 6 im Anhang

12) BLOTEVOGEL, a.a.O., S. 233

13) s. dazu die wesentlich ausführlicheren Angaben von HEINRITZ 1979:13ff

14) s. zu den diversen Definitionsmöglichkeiten HEINRITZ 1979

15 BLOTEVOGEL 1975:4

16) s. TICHY ab 1974
ZANTWIJK 1978

17) GORMSEN 1971:109

18) TRAUTMANN 1981:148
Puebla hatte bereits ab dem 19. Oktober 1785 einen kommissarischen
Intendanten (Manuel de Flohn), s. AGN Intendencias,16 und PIETSCH-
MANN 1971:214

19) FLANNERY et al. 1967:6

20) s. FLANNERY et al. 1967 u. FLANNERY (Hrsg.) 1976

21) s. FLANNERY et al. 1967:6

22) Es war angenommen worden, daß sich im Becken ein See befunden hatte.
S. z. B. PADDOCK 1966:95 oder BERNAL 1973:794

23) s. FLANNERY a.a.O.

24) s. FLANNERY (Hrsg.) 1976:82 ff

25) Ibid.

26) Dieses Datum ist umstritten und schlecht belegt. BERNAL 1973:799 nimmt
eine wesentlich frühere Entstehung an, bezieht sich aber auf veraltete Radiocarbondaten von 1954, s. Anm. 33.

27) frdl. mdl. Mitt. von R. SPORES im Frühjahr 1982, s. z.B. BLANTON et
al. 1979

28) s. STORCK 1980

29) MARCUS 1973:915

30) BLANTON et al. 1979:379 ff

31) John PADDOCK besitzt in seiner Sammlung bisher unveröffentlichter Forschungsunterlagen eine Reihe von "surveys", die er und BERNAL in den 50er Jahren bereits aufgenommen haben. Nach seiner Aussage seien "alle Kultstätten" des Beckens erforscht. Da bisher jedoch keine Gesamtkartierung aller Pyramidenanlagen des Beckens existiert, habe ich die Ergebnisse eigener Luftbildanalysen in Karte 1 eingebracht

32) FLANNERY et al. a.a.O.

33) BERNAL 1973:794 ff

34) FLANNERY 1968:105 ff

35) BERNAL 1973:799

36) Ibid. S. 800

37) Die relaciones geográficas sind z.T. veröffentlicht in PNE 2[a] serie, IV

38) s. GERHARD 1972:30

39) COSSIO 1952:IX

40) In allen Kirch- und Munizipalarchiven des Beckens (soweit sie heute bekannt sind) gibt es nur 3 Quellen aus dem 16. Jahrhundert, Justizprotokolle die hier nicht interessieren. Der Zustand der Archive ist höchst bedauernswert. Frances Chassen und Ronald Spores haben sich sehr viel Mühe gegeben, wenigstens die Archive in Teotitlan del Valle und Tlacolula zu ordnen. Die unermüdliche Arbeit der jetzigen Directora des Archivo del Estado de Oaxaca) Lic. Maria de la Luz Topete, die mich während meines Aufenthaltes in Oaxaca sehr unterstützte, ist angesichts dessen, was sie vorfand, bewundernswert. Der größere Teil der Archive des Beckens jedoch besteht immer noch (wie ein großer Teil des Staatsarchives von Oaxaca) aus riesigen unsortierten Haufen alten Papiers, ungeordnet in Schreibtischen, Holzkisten oder Kellern von Munizipios. Da ein Zitat wie "AEO (Archivo del Estado de Oaxaca) der große Haufen rechts in der Ecke" wissenschaftlich nicht tragbar ist, werden die Dokumente aus diesen Archiven nur dort zitiert, wo es unumgänglich notwendig ist und wo mit einiger Sicherheit angenommen werden kann, daß sie wiedergefunden werden können.

41) s. WHITECOTTON 1977:123

42) s. BORAH/COOK 1963:61

43) s. WHITECOTTON a.a.O., S. 153 ff

44) PNE 2[a] serie, IV

45) PNE 2[a] serie, IV:190,191
Teozapotlan ist die Nahua-Entsprechung zum zapotekischen Zaachila, der heutige Ort heißt Zaachila. Zur Entwicklung der Ortsnamen im Arbeitsgebiet s. BRADOMIN 1955

46) Ibid.

47) TRAUTMANN 1983:47 f

48) PNE 2[a] serie, IV:194

49) Ein Verzeichnis der Geistlichen, die eine oder mehrere Indio-Sprachen beherrschten, befindet sich z.B. (aus der Mitte des 16. Jahrhunderts) in der "relación de los obispados de ... Oaxaca y otros lugares", Colección del Sr. Icazbalceta 1904:95 f

50) PNE a.a.O., S. 195

51) s. die mercedes in AGN Tierras 1045:5,1v und AGN Tierras 2784:1, 1r. - v.

52) s. AGN Indios 14:94

53) s. die Kurven der Bevölkerungsentwicklung ab 1570 bei TAYLOR 1972:32

54) Die Zahlen stammen aus der 'suma de visitas', s. PNE 2^a serie, I, S. 287, Nr. 763 und Tab. 1 im Anhang

55) CHANCE 1978:64

56) Ibid. S. 61

57) PNE 2^a serie, IV:191

58) PNE a.a.O., S. 152, Anm. 2

59) Ibid., S. 152

60) Ibid., S. 153

61) Ibid., S. 149

62) Ibid., S. 148

63) Ibid., S. 153

64) Zum heutigen Marktsystem des Beckens s. DISKIN/COOK 1975 und BEALS 1975, zu Mitla im besonderen SCHMIEDER 1950 und PARSONS 1936

65) AGN Tierras 485, 1^a parte, 1, 104r., 1553

66) TAYLOR 1972:40

67) AGN Tierras 1016:5

68) COE 1967:147

69) s. BURGOA II, 2. T., S. 199

70) TAYLOR nennt für 1726 513 'drinking houses' in 46 Orten des Beckens. s. TAYLOR 1972:82

71) Dies geht auf Cortés' persönliche Veranlassung zurück, s. AGN Hospital de Jesús 102:6

72) PNE 2^a serie, IV:197

73) PNE a.a.O., S. 199

74) s. die Beispiele bei TAYLOR 1972:35 ff und 1973:6

75) Insbesondere handeln sie mit Holz aus den Wäldern: "... tienen montes de pinos de que cortan cantidad de vigas y morillos y los beuden en la ciudad de Antequera." PNE a.a.O., S. 202

76) s. PNE 2^a serie, I, S. 315, Nr. 846 und Auswertung im Anhang Tab. 1

77) Die Übersetzung der Quelle PNE 2ª serie, IV, S. 101/102 stammt von Maarten Jansen und ist wiedergegeben bei PADDOCK 1981:1

78) VILLASENOR Y SANCHEZ 1748:167-168, s. PADDOCK a.a.O., S. 2

79) PADDOCK a.a.O.

80) Ibid., S. 4

81) s. GERHARD 1972:49 f

82) "... tenían guerra con el Señor de Tututepec, quarenta leguas deste pueblo ..." PNE 2ª serie, IV:149

83) NITZ 1972

84) s. KUBLER 1948, Bd. 1, S. 68 u. 73

85) NEWIG 1977

86) Bei den Minenzentren wurde das Konzept des Schachbrettgrundrisses auch aufgegeben, s. Guanajuato

87) BURGOA beschreibt eine solche Verlegung im Falle Cuilapans (T. II, Bd. 2, S. 188 ff)

88) s. CORTES: "Cartas de Relación" 3. und 5. Brief, 1976:104 ff und 221 ff

89) Ibid. und CHANCE 1978:49

90) Ibid.

91) GAY 1881, Bd. 1:349

92) Ibid., S. 390

93) AGN Tierras 236:6, 8v und 67 r., s.a. CHANCE 1978:51

94) Die ebenfalls bei CHANCE 1978:52 zitierte Quelle im AGI Justicia 231, 516r. geht auf eine real ordenanza Karls V. vom 20. Dezember 1538 zurück. s. BNMSS 3017

95) AGI Justicia 231

96) Ibid.

97) CHANCE 1978:53

98) Ibid. und AGI Justicia 231, 463-463v

99) s. die Karte 9 im Anhang aus AGN Catálogo de Ilustraciones Nr. 3027

100) CHANCE nimmt an, daß San Matías Xalatlaco der Ort war, den die Spanier als Tepeaca gründeten (1978:54)

101) CHANCE a.a.O., S. 56

102) s. die Karte bei GERHARD 1972:21 und S. 89

103) AGN Historia 102, segunda atado:24 und TAYLOR 1972:113

104) Colección de documentos inéditos, Bd. 7:546-548

105) Der Aufforderung der Krone und der audiencia sind die encomenderos offensichtlich nicht nachgekommen. Immer noch (1544) muß der Bischof fordern, daß sie gezwungen würden sich in Antequera niederzulassen.

106) a.a.O., S. 550

107) s. ARROYO 1957:41

108) VOLLMER 1973

109) Es gibt nur einige Daten für den Distrikt Cuatro Villas. s. TAYLOR 1972:31-34

110) z.B. bei Teozapotlan oder Mitla

111) ALEGRÍA 1952:313

112) Ibid.

113) Ibid.

114) s. TAYLOR 1972:26 f

115) Relación de los Obispados S. 64 ff

116) Vgl. die Auswertung der suma de visitas im Anhang Tab. 1

117) a.a.O., S. 69

118) ITURRIBARRIA 1955:73

119) AGI Aud. Mex. 357; 1088 libro 3

120) "A solicitud de Cortés, se establecieron algunos dominicos en Etla, Tlacochahuaya y en Teotitlan del Valle" (BRIOSO Y CANDIANI 1943:25)

121) AGI Aud. Mex. 357

122) Insbesondere Antequera hatte im 17. Jahrhundert Klöster nahezu aller in Neu-Spanien vertretenen Orden (s. BNMSS 4532, Quelle 5 im Anhang)

123) s. GERHARD 1972:49

124) Ibid.

125) Ibid.

126) Gegen Ende des 16. Jahrhunderts gab es in Antequera außerdem Klöster der Augustiner, Carmeliter, Jesuiten, Franziskaner sowie einiger Nonnenorden, z.B. Sta Catalina del Sena, Recoletas Augustiner, La Concepción, Capuchinas Españolas und Capuchinas Indias. AEO Ecclesiastico

127) ITURRIBARRIA 1974:533

128) AEO noch ungeordnete Papiere zu Ecclesiastico

129) OLIVIERA/ROMERO 1973:236

130) Ibid.

131) ZAVALA 1935:10-15

132) CORTÉS, Cartas de Relación, 1976:165

133) s. OLIVIERA/ROMERO 1973:Fig. 1

134) BNMSS 3017 (Gesetze zum Schutze der Indios)

135) a.a.O., fol. 5 - 5v.

136) orden real unterzeichnet in Villa de Valladolid, a.a.O., fol. 23 f.- 23 v.

137) s. z.B. auch seine Klage über den Bevölkerungsverlust aufgrund der Minenarbeit, a.a.O., fol. 17f. - 18v. von 1549

138) ENE 10:39-41

139) AGN Hospital de Jesús

140) OLIVIERA/ROMERO 1973:245

141) Ibid.

142) AM von Teotitlan, Tlacolula und Mitla. Cajas de Justicia bzw. in Mitla Schreibtisch des Secretario

143) Die Informationen sind bereits bei OLIVIERA/ROMERO a.a.O., S.246 ff. aufbereitet, die dieses Problem ebenfalls erkennen.

144) s. die Beispiele bei TAYLOR 1972:35 f. aus AGN Tierras 1016:5, 10 r. und AGN Indios 10:134

145) s. TAYLOR 1973:6 ff.

146) s. a. TAYLOR 1972:18 und CHANCE 1978:97

147) s. TAYLOR 1972:30 f

148) a.a.O., Bevölkerungskurven S. 32 f.

149) TAYLOR 1972:138
Die Huerta wurde als Betriebsform auch im 18. Jahrhundert noch von den labores unterschieden, s. Karte 8 im Anhang

150) AGN Hospital de Jesús 285:98

151) s. CHANCE 1978:91

152) BORAH 1943:30 f

153) Als cochinilla im Spanischen oder Koschenille im Deutschen werden die getrockneten Weibchen einer Schildlaus (Dactylopius coccus cacti L.) bezeichnet. Sie enthalten einen intensiven roten Farbstoff (Karmin) und gedeihen nur auf einer bestimmten Opuntienart (nopal de raz). MARTINEZ 1959:461 gibt den Namen der Pflanze mit "Opuntia cochenillifera (L.) S. DYCK" an.

154) HAMNETT 1971, Politics and Trade in Southern Mexico 1750-1821

155) AGN General de Parte 3:145, 68v. - 70r.

156) HAMNETT 1971:10

157) Ibid.

158) TE PASKE et al. 1976: cuenta de la Caja de Mexico 4/1577-3/1578

159) HAMNETT a.a.O.

160) Ibid.

161) Ibid.

162) BNMSS 3047

163) HAMNETT 1971:11

164) TAYLOR 1972:158 f., bezieht sich auf: BEOB fol.1r.-v., CCGL; AGNI 3: 154 und 544; AGN Indios 6, 2^d parte:327

165) s. HAMNETT 1971:13

166) Das Folgende zitiert nach BNMSS 6743

167) Die Übersetzung der Maßeinheiten ist übernommen von CARRERA STAMPA 1949

168) BRIOSO y CANDIANI (1943:51) führt zum Verhältnis zwischen Staat und Kirche in Neu-Spanien aus:
"La constitución de la Iglesia en la Nueva España, en nada se parecía a la de la madre patria. El Sumo Pontífice era en la Península el dueño absoluto del Clero; en la colonia, ejercía sólo un poder nominal, y la iglesia mejicana obedecía al Rey como a su immediato patrón. Las prerrogativas que a los Reyes Católicos concedieron Alejandro VI y Julio II no eran menos ilimitades que las de un jefe de la iglesia nacional, como, por ejemplo, el Rey de Inglaterra. El monarea español disponía de todos los beneficios y empleos, en virtud del amplísimo patronato que se le había concedido desde tiempos muy antiguos (1508). Las apelaciones a la Santa Sede se hacían de unos obispados a otros. Ninguna bula o breve se recibía en Nueva España, sin el examen y aprobación del Consejo de Indias, ni tampoco tenían efecto, sin este re-

quisito, los concilios provinciales que debían celebrarse de doce en
doce años."

169) s. die Verordnung von 1587 AGN General de Parte 3:145, 68-70

170) AM Tlacolula Caja Just. 1

171) TAYLOR 1972:121

172) a.a.O., S. 213

173) CHANCE 1978:94

174) AGN Tierras 2782:6

175) ZAVALA y COSTELO 4:505 f

176) AEO, dif. papeles
"Litigio promovido por padres dominicos contra clerigos por asunto
de administración del pueblo de Santa Catarina Minas."

177) ZAVALA y COSTELO 4:506

178) AGN Tierras 2952:53

179) ZAVALA y COSTELO 2:214 f

180) AGN Reales Cedulas 16:319, 158 v.

181) Im AEO gibt es einige Minenhauptbücher, denen die Verschuldung zu ent-
nehmen ist.

182) AGN Indios 14, 94 f

184) TAYLOR 1972:3 nennt Antequera v.a. als Sitz von Wein- und Kakaohänd-
lern im Handel mit Guatemala. s. AGI Aud. Mex. 357; AGI Casa de Con-
tratación 197.

184) Schreibtisch des Secretario, Zimmer des presidente

185) AM Lachigolo Caja Just. 1

186) AEO dif. legajos

187) Ibid.

188) BURGOA T.II, Bd.II, S. 199 ff

189) AM Tlacolula Caja Just. 1

190) Mit dem "violent - non-violent" - Konzept, das die amerikanischen
Ethnologen zur Zeit beschäftigt, hat diese Feststellung nichts zu
tun. TAYLOR, SPORES u.a. interessieren sich dabei vor allem für die
Gewalttaten innerhalb der Siedlungen (Morde, Überfälle, Selbstmorde,
Betrugsdelikte etc.), die Ausdruck sozialer Spannungen innerhalb der
indianischen Gemeinden sein könnten. Gerade aus der angesprochenen
Zeit konnte SPORES in Tlacolula (AM Justicia) während unseres gemeinsamen Aufenthaltes im dortigen Archiv nur einen geringen Anstieg messen. Im 19. Jahrhundert nehmen die Gewalttaten dagegen drastisch zu.

191) Fray Francisco de BURGOA wurde etwa um 1600 in der Stadt Oaxaca geboren. Mit 18 Jahren trat er in das Kloster von Santo Domingo als No-
vize ein und wurde 1625 zum Priester geweiht. Seine Mehrsprachigkeit
(unter anderem Mixteco und Zapoteco) half ihm auf mehreren Reisen
durch das Land nicht nur sehr viele Historien aus den einzelnen Dörfern zu sammeln, sondern sich auch hervorragend über die aktuellen
Probleme der einheimischen Bevölkerung seiner Zeit informieren zu
können. Als junger Priester muß er in Cuilapan, Tlacochahuaya, Mitla
und Zaachila gearbeitet haben, wo er auch 1681 starb.
(s. BERNAL 1973 und BURGOA 1674)

192) Der Rest ist aber valente Information und, weil flächendeckend, für die historische Geographie interessanter als GERHARD (1972:52) mit seinem abwertenden Urteil vermuten läßt.

193) Hauptort eines Kirchspiels mit Sitz mindestens eines Priesters der Kloster- oder der Weltgeistlichkeit, dem die Seelsorge auch für andere Orte der näheren Umgebung obliegt, die nur sogenannte Filialkirchen (visitas) oder Kapellen haben. Da auch heute die Kirche keine offizielle Unterstützung vom Staat mehr bekommt und damit die Gemeinden einen erheblichen Teil der Kosten für Priester und Kirche selbst tragen muß , existiert dieses System heute wieder, das heißt, nicht jeder Ort mit einer größeren Kirche hat auch einen am Ort ansässigen Priester. Die Größe und Ausstattung des Kirchenbaus selbst sind also noch kein Indikator für Zentralität.

194) Zimatlan taucht als Name nur einmal in der Ortsliste des Beckens von 1532 (AGI Padronato 16:doc.2:ramo 32) auf. Handelt es sich also (wie auch TAYLOR 1972:26 annimmt) um eine congregación, dann lag sie sehr früh (innerhalb der 1. Dekade nach der Konquista).

195) BURGOA T.II, Bd.2, S. 212v.

196) Ibid., S. 216v.

197) KIRKBY 1973:106

198) BURGOA a.a.O., S. 216 v. und Maßeinheit nach CARRERA STAMPA 1949

199) SEELE 1974 (Ms.)

200) BURGOA a.a.O., S. 217

201) GERHARD 1972:21

202) BURGOA a.a.O., S. 186v.

203) Ibid., S. 189v.

204) Ibid., S. 191v. und Karte 5 im Anhang

205) Ibid., S. 200

206) Ibid., S. 202

207) Ibid., S. 200

208) Ibid., S. 202

209) Ibid., S. 202v.

210) Ibid., S. 200

211) Ibid., S: 202

212) Ibid., S. 202v.

213) TAYLOR 1972:51 f

214) BURGOA a.a.O., S. 205-205v.

215) Ibid., S. 206v.

216) Ibid., S. 207v.

217) GERHARD 1972:21

218) BURGOA a.a.O., S. 218v.

219) Ibid., S. 219

220) Ibid., S. 220

221) Ibid., S. 221

222) Ibid., S. 248-248v.

223) Ibid., S. 249

224) Ibid., S. 248v.

225) Ibid., S. 248v.-249

226) Ibid., S. 249

227) Die Klosterhierarchie gibt GERHARD (1972:19,22) in aufsteigender Reihenfolge der Bedeutung mit: convento oder monasterio, vicaría, guardianía, priorato und schließlich presidencia an.

228) BURGOA a.a.0., S. 257v.

229) Ibid., S. 257v.

230) s. zum heutigen System ländlicher Wochenmärkte im Becken die Arbeiten von COOK/DISKIN 1975 und BEALS 1975

231) BURGOA a.a.0., S. 257

232) Ibid., S. 257v.

233) Ibid., S. 257v.

234) Ibid., S. 257v.

235) Ibid., S. 256

236) GERHARD 1972:50 u. 191

237) BURGOA a.a.0., S. 256v.

238) "Noticias sacras i Reales de los dos imperios de las Indias occidentales de la Nueva España. Por Juan Díez de la Calle secretario del Rey nuestro Senor y oficial mayor de la secretaría de la Nueva España." (BNMSS 3023 + 3047)

239) AEO 1648

240) CHANCE 1978:135

241) dif. AM Tesoreria/Justicia dif. legajos

242) TAYLOR 1972:121-128

243) Von der Ausnahme abgesehen, die bereits CHANCE 1978:136 herausstellt: "Seis familias poseían grandes haciendas de mayorazgo, las cuales florecieron en el siglo XVII: los Ramírez de Aguilar, los Jáuregui Pinelo, los Maldonado, los Bohórquez, los Lazo de la Vega y los Guenduláin. Las haciendas del Mayorazgo eran las que más se parecían a las grandes haciendas del norte del México y su perpetuación dentro de los linajes familiares, principalmente por medio de la primogenitura, era asegurada por las leyes de mayorazgo".
Diese Familien, die die eigentliche Oberschicht repräsentieren, waren nicht nur in den bedeutenderen Positionen des Cabildo von Antequera vertreten, sondern auch in der Hierarchie der kirchlichen Verwaltung in gehobener Position. s.a. TAYLOR 1972:133, 152-63

244) AGN General de Parte 7:114,77

245) AGN Civil 1539:2,f.13

246) AGN Indios 41:159,190 und AGN Civil 822:269

247) CHANCE 1978:142

248) s. Karte 10 im Anhang, zur Rekonstruktion auch Karten 10a-d

249) s. Karte 5 im Anhang und BURGOA T.II, Bd.I, 245v.

250) CHANCE a.a.O., S. 143

251) CCGD f. 225-232

252) TAYLOR 1972:16

253) CHANCE a.a.O., S. 141

254) Ibid., S. 142

255) AM Matalan, Justicia 3, f. 30

256) BURGOA T.II, Bd. II, S. 199 ff und AM Teotitlan, Mitla, Coyotepec und FMINAH rollo 5

257) CHANCE a.a.O., S. 155

258) ALANIS BOYSO 1977:12 f.

259) Die wirtschaftlichen Reformen beginnen unter der Herrschaft Karls III. (1759-1788), die Verwaltungsreformen gehen auf die beiden Reales Ordenanzas vom 28.1.1782 und 4.12.1786 zurück. In Form von 226 Artikeln liegen sie als Ordenanza General de Intendentes de Indias formada de orden de su Magestad als BNMSS 7967 kodifiziert und erweitert aus dem Jahre 1802 vor.
(s.Artikel 1 und 2 im Anhang, Quelle 3)

260) DAHLGREN de JORDAN 1963:10

261) BRADING 1971:14

262) TAYLOR 1971:18

263) HAMNETT 1971:169 ff.

264) Die Preise beziehen sich auf den Wert in Oaxaca.

265) s. z.B. die Fälle gegen die mayordomos der Haciendas Tanive und Güendulain im AM de Tlacolula, caja justicia 1, FMINAH rollo 9

266) AGI Aud. Mex. 1872

267) AGN Padrones 13

268) AGN Historia 74:10,122

269) AEO Juzgado, FMINAH rollo 36

270) LT S. 151-155, s.a. HAMNETT 1971:187

271) s. Tabelle Appendix 2, S. 171 bei HAMNETT 1971, der für diesen Vorgang insgesamt vier Gründe verantwortlich macht:
1. Die Erhöhung des Kirchenzehnts auf Cochinilla für Weiße von 4% auf 10%.
2. Die Zurücknahme der Produktion aufgrund einer Erhöhung der Handelssteuer (alcabala), die den Transport erheblich verteuerte.
3. Der Preisverfall in Neu-Spanien in den Jahren 1785-1787
4. Die Einführung des Intendantensystems und das Verbot des 'repartimiento de efectos'.

272) BSMGE, Murguía Estadística II, f.58; s. a. HAMNETT 1971:187

273) In den Padrones von 1777 nur in S. Andres Zautla, Huitzo und Xalatlaco. Nur in Zautla wohnt eine alte Kazikin im Hauptort des Curato.

274) Die Wahl der macehuales in den Cabildo wurde vom Vizekönig für Zimatlan 1628, für Coyotepec 1640 und für Ocotlan 1699 lizenziert. (AGN Indios dif. leg.). Nur in Coyotepec gab es noch nach 1725 einen Kazi-

ken, der gleichzeitig Gobernador war (AGN Indios 51:26)

275) s. Tabelle 2 im Anhang

276) Der Intendente wurde für einen wesentlich größeren Raum verantwortlich als ein Alcalde mayor. Die Verwaltungsinstitutionen einer Intendencia hatten also von vornherein einen größeren Einzugsbereich.

277) PIETSCHMANN 1971:138 f

278) Über die wechselvolle Geschichte dieser Berufung s. PIETSCHMANN a.a.O., S. 143

279) Ibid., S. 145

280) AGI Indif. gen. 1714 und PIETSCHMANN a.a.O., S. 162

281) Zur Diskussion in Spanien siehe PIETSCHMANN a.a.O., S. 176 ff

282) So zeigt auch die Karte der Intendencia von Oaxaca (AGN Catâlogo de Ilustraciones Nr. 84) keine der vier Städte des Marquesado. (s. Karte 11 im Anhang)

283) AEO leg. de alcabala

284) BNMSS 4532, Kap.5, f. 11 ff.

285) Die Vertreibung der Jesuiten geht auf eine ordenanza Karls III. vom 25. Juni 1767 zurück. Siehe zur Frage der Stellung der Jesuiten in Oaxaca auch BRIOSO y CANDIANI 1943:21

286) s. Padrôn von Antequera 1777 in AGI Aud. Mex. 2591

287) BNMSS 18742[4] und Quelle 2 im Anhang, sowie Quelle 7

288) TAYLOR 1972:33

289) Zahlen nach Ibid., S. 30

290) BRIOSO y CANDIANI 1943:22

291) AM Tlacolula caja justicia 2:38, FMINAH rollo 34

292) AGI Aud. Mex. 881, 151 ff

293) GERHARD 1972:21

294) s. z.B. PFEIFER 1935:138 ff

ANHANG

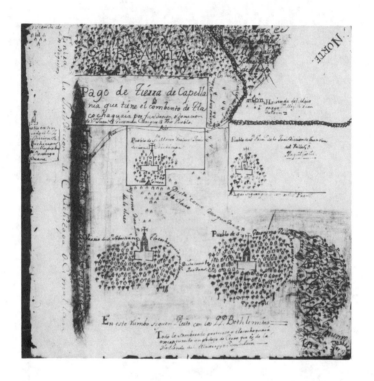

Karte 7: Der Ort Tlacochahuaya (S. Gerónimo) lag im 17.
Jahrhundert in Grenzlage zwischen den 'jurisdicciones' von Chichicapa und Teotitlan. Außerdem zeigt die Karte ein Gebiet, das dem Kloster
von Tlacochahuaya vom Kaziken des Ortes gestif-
tet wurde (capellanía).
(AGN Catálogo de Ilustraciones Nr. 864)

Karte 8: Die Karte zeigt den Unterschied der beiden landwirtschaftlichen Betriebsformen 'Labor' und
'Huerta'. Der Labor des D. Matheo Delgado (l.u.)
wurde, obwohl von der Betriebsgröße dem 'Rancho'
ähnlich, mit lohnabhängigen Arbeitern bewirtschaftet.
Die Karte zeigt außerdem noch die Wasserversor-
gung zur Stadt Antequera im 18. Jahrhundert,
eine Leitung, die von einer Mühle nördlich
S. Phelipe abzweigt.
(AGN Catálogo de Ilustraciones Nr. 564)

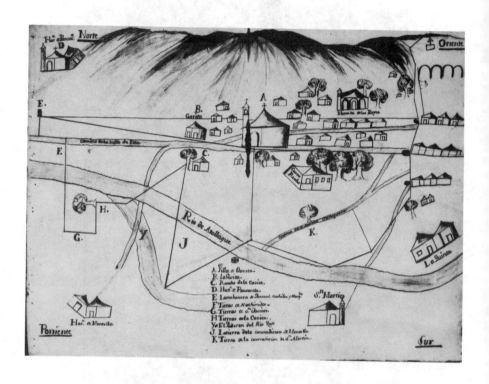

Karte 9: Noch am Beginn des 17. Jahrhunderts reichten die
Ländereien der Kazika von Cuilapan bis nahe an
die Stadt Oaxaca (C.u.H.). Derartige Ländereien
der indianischen Oberschicht behinderten die
Ausbreitung des spanischen Großgrundbesitzes.
(AGN Catálogo de Ilustraciones Nr. 3027).

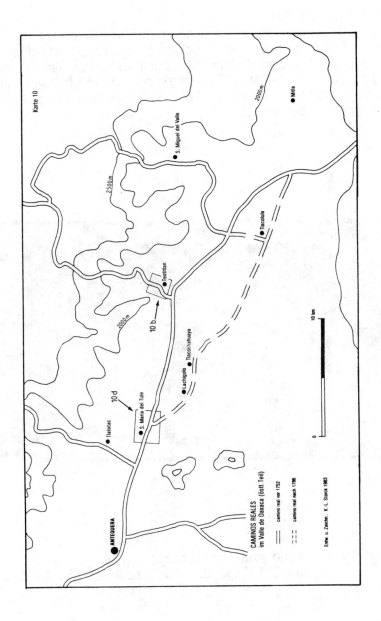

Karte 10

CAMINOS REALES
im Valle de Oaxaca (östl. Teil)

═══ camino real vor 1752

- - - camino real nach 1786

Entw. u. Zeichn.: K.-L. Starck 1983

Karte 10 + 10a-d:
Karte 10 ist die Rekonstruktion der Verlagerung des
Camino Real im östlichen Beckenteil. Exemplarisch zeigen die Karten 10a-d Darstellungen aufgrund derer in
Verbindung mit Geländebegehung und Luftbildauswertung
die kolonialzeitlichen Verkehrswege im Arbeitsgebiet
kartiert werden konnten.

Karte 10a: Camino Real bei Etla.
         (AGN Catálogo de Ilustraciones Nr. 2401).

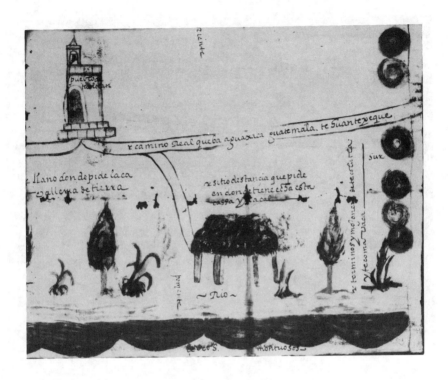

Karte 10b: Camino Real bei Teotitlan del Valle.
(AGN Catálogo de Ilustraciones Nr. 2363).

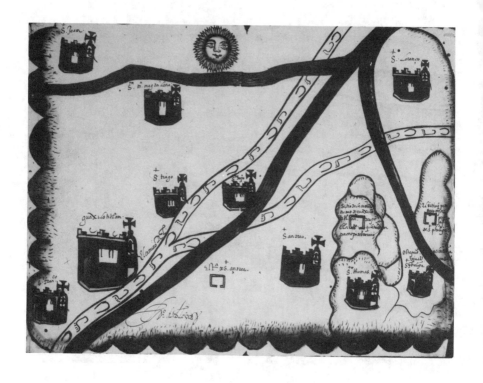

Karte 10c: Camino Real südlich Huitzo.
(AGN Catálogo de Ilustraciones Nr. 1726):

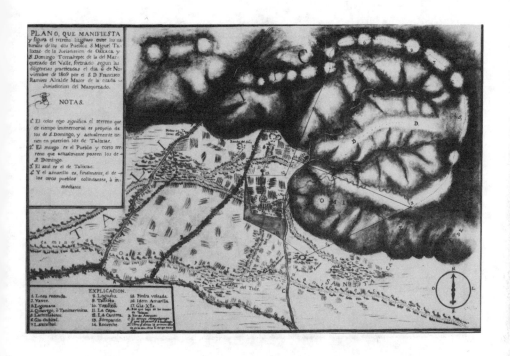

Karte 10d: Camino Real im Ostbecken.
            (AGN Catálogo de Ilustraciones Nr. 1428).

Karte 11: Die Grenzen der Intendencia de Oaxaca aus der
2. Hälfte des 18. Jahrhunderts sind beinahe
identisch mit den Grenzen des heutigen Staates Oaxaca.
(AGN Catálogo de Ilustraciones Nr. 84).

Karte 12: Landbesitz des Marqués del Valle im südlichen
Beckenteil im 18. Jahrhundert.
(AGN Catálogo de Ilustraciones Nr. 3018).

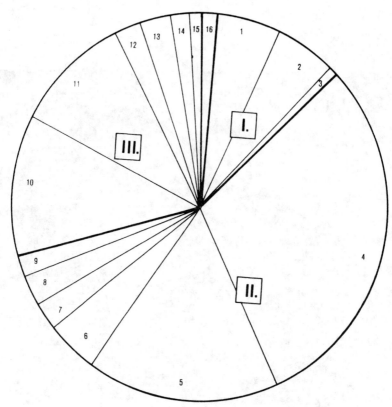

Abb.: 5 : Die Berufsstruktur der nicht-indianischen Einwohner Antequeras im Jahre 1792 - unterteilt nach primärem, sekundärem
und tertiärem Sektor.
(Quelle: CHANCE 1978:186; AGN-Padrones 13; Tributos 34,7)

		n	%
I.	1. Agricultura y ganadería	207	5,8
	2. Alimentos y bebidas	176	5,0
	3. Minería	14	0,4
II.	4. Ropa y textiles	1083	30,6
	5. Metales, madera y obras de sera, alfarería	583	16,5
	6. Pieles	87	2,5
	7. Construcción y vivienda	91	2,6
	8. Profesionistas	158	4,5
	9. Otras manufacturas	54	1,5
III.	10. Iglesia	416	11,7
	11. Comercio	366	10,3
	12. Servidumbre*	93	2,6
	13. Gobierno	91	2.6
	14. Transporte	58	1,6
	15. Bellas Artes, diversiones	30	0,8
	16. Misceláneo	34	1,0

* Hierzu können noch 300 Nicht-Indios und 120 Indios als Diener in Klöstern gezählt
werden. Über die Zahl der indianischen Hausangestellten liegen keine Daten vor.

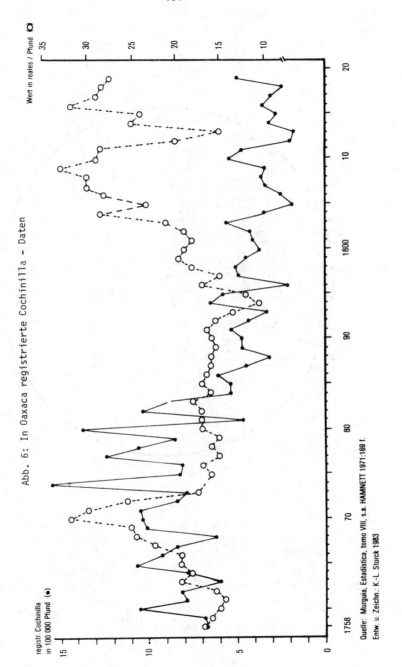

Abb. 6: In Oaxaca registrierte Cochinilla – Daten

registr. Cochinilla
in 100 000 Pfund (●)

Wert in reales / Pfund ○

Quelle: Murguia, Estadistica, tomo VIII, s.a. HAMNETT 1971:169 f.

Entw. u. Zeichn.: K.-L. Storck 1983

Abb. 7: Der Anteil indianischer Bevölkerung an der
Gesamtbevölkerung Antequeras 1792

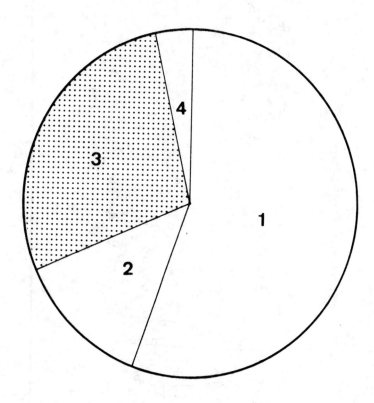

	n	%
1 Spanier und Mestizen	10 504	57,58
2 Mulatten	2 370	12,99
3 Indios	4 773	26,17
4 Kleriker (+ Dienerschaft)	594	3,26

Quelle: TAYLOR 1972:19

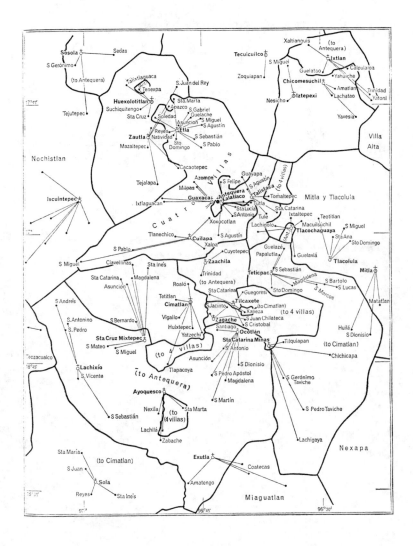

Abb. 8: Überlappung kirchlicher und weltlicher Administrations-
bereiche im Becken von Oaxaca im ausgehenden 18. Jahrhundert.
(Aus: GERHARD 1972:21)

Tab. 1: Auswerteschema der suma de visitas, PNE 2ª Serie Bd. 1

Nr.d. Suma	Ortsname	Anzahl d. Häuser	Anzahl d. Trib.	Tributleistungen	Tributinterv.	Tribut an Kazike	Tribut an Krone	Tribut an Corr.	Zahl/Typ abh.Siedl.	Trib.in abh.Siedl.	Bewertung
286	Guaxolotitlan	1066	1793 total	5 tejuelos de oro (je 12/13 pesos)	alle 80 Tage	-	-	-	9 Estancias	total s.v.	es poco para la que pueden dar
				1 Maisaussaat à 1500-2000 fanegas de maiz, 20 fardos de axi (Ballen Chili) 10 fanegas frisol 100 piezas de ropa (Camisas u.dergl.)	pro Jahr						
348	Macuilsuchil	401	407 cass. 82 solt.	keine Angabe	-	-	-	-	-	-	tierra seca y de poca agua
	Teutitlan	467	518 cass. 97 solt.			-	-	-	-	-	poca tierra y angosta
440	Ocotlan	771	594 cass. 161 solt.	y hacen una semen-tera en que se co-geran 1500 fanegas de maiz	pro Jahr	378 pesos 4 tom.	Kazike zahlt an Krone alle 3 Monate: 72 pesos 5 tom. 6 gran.		4 Barrios 3 Estancias	1074 Häuser 972 trib. 186 much.	tierra fertil pueden dar sin trabajo lo con-tenido
846	Talistaca	656 total	1021 total	4 tejuelos de oro (je 13 pesos) wird bezahlt in reales de plata	alle 90 Tage		En cabeca de S.M.		Estancia Xaltepeque	Zahl bei Hauptort eingeschl	viel trigo f. Oaxaca gran par-te destos indios son mer-caderes
763	Teucapotlan (= Zaachila) pueblo y cabecera	1097	815 trib. 298 much.	Tributleistungen d. Hauptortes s.Spalten	je Jahr	325 p. 4t. 8r.	Kazike zahlt an Krone 208 p.de oro en polvo				son ricos gente
				Die 11 Estancias geben pro Jahr 611 p. 6 t. z.T. in oro de polvo das sie durch ihr LW verdienen	pro Tag für 6 Monate im Jahr				1 Huhn 200 Tor-tillas 5 cargas de yerba 5 cargas de lena 1/2 fanega maiz 5 indios de servicio	11 Estan-cias	1311 trib. 515 much.	abundan-cia de fruta pueden dar màs tributo buena tierra
					pro Jahr				250 fanegas de maiz 3 fanegas de frijoles 10 fardos de de axi		

Tab. 2 : Landstreitigkeiten zwischen Kaziken und Macehuales

    (AGNT = AGNTierras)

1)	Años 1691 - 1710 AGNT 236:6:151	Naturales de los pueblos de S.J. Chapultepec y ·S. M. Mexicapa, con los heredores de Andres Cortés de Velasco, sobre tierras.
2)	Año 1694 AGNT 159:2:21	Melchos de S. Pedro, cacique de S. A. Zautla contra naturales del Po. de Sto. T. Mazaltepec sobre tierras.
3)	Año 1706	Dona María Michaela Cortés de Zárate, cacica, contra los naturales de Cuilapa, sobre tierras.
4)	Años 1721 - 1722 AGNT 394:4:58	Isabel Ramírez de Lara, cacíca de Lara, cacica de la Villa de Cuilapan, contra de las tierras nombrades Duatimi.
5)	Años 1721 - 1846 AGNT 1443:1:57	Francisco Ramírez de Léon, cacique de la Villa de Etla contra los naturales del po. de Cuilapa, sobre posesión de las tierras pertenecientes a su cacicazgo.
6)	Años 1723 AGNT 34:3:61	Los naturales del po. de Cuilapa contra cacique Miguel de los Angeles y Lara, sobre casa y huerta.
7)	Años 1724 - 1766 AGNT 429:3:324	Los naturales del po. de SJB Huajuapan, contra su cacique Juan Ventura de Velasco, sobre propiedad de los sitios nombrados Cuautlalpa y Zamotlan.
8)	Años 1730 - 1737 AGNT 496:3:81	Francisco Ramírez de León, cacique de la Villa de Etla contra los naturales del po. de Nstra. Señora de Guadalupe sobre propiedad de tierras.
9)	Año 1730 AGNT 512:3:95	Melchor Vázquez de Paz, cacique del po. de S.P. Huajolotitlán, contra los naturales del mismo, sobre propiedad de tierras.
10)	Años 1731 - 1760 AGNT 868:3:27	Manuel de Chávez, cacique del po. de Stgo. Jamiltepec, sobre restitución de las tierras pertenecientes a su cacicazgo.
11)	Años 1741 - 1743 AGNT 645:3:70	Manuel Muñez de Rivera, cacique del po. de Zapotitlán y Catarina de Cervantes, cacica de la Villa de Sta. Maria, contra los naturales del po. de S.P. Apostól sobre propiedad de tierras.
12)	Años 1759 - 1760 AGNT 848:3:91	Los naturales de la Villa de S.P. Etla, contra su cacique José de la Silva, sobre devolución de un molino que le tienen arrendado.

	Españoles				Mestizos				Mulatos				Indios			
	Casados	Viudos	Solteros	Niños	Casados	Viudos	Solteros	Niños	Casados	Viudos	Solteros	Niños	Casados	Viudos	Solteros	Niños
Cabecera	4	0	11	6	1	0	1	0	2	0	4	5	387	123	259	747
Cienega	2	0	0	3	13	1	13	24	3	0	1	2	1	0	1	0
Roaloo	1	1	8	2	3	1	8	14	0	0	0	0	48	21	31	86
Vigayo	0	0	0	0	0	0	0	0	0	0	0	0	20	5	19	36
Sⁿ Geronimo	0	0	0	0	0	0	0	0	0	0	0	0	28	7	17	53
Cierra	0	0	0	0	0	0	0	0	0	0	0	0	26	8	21	47
Sⁿ Diego	1	0	3	3	0	0	0	0	0	0	0	0	10	2	8	20
Sⁿ Nicolas	2	0	8	0	0	0	0	0	1	0	0	0	29	3	23	65
Terrasgueros	2	1	5	6	0	0	0	0	1	1	7	0	4	1	2	14
Raya de Cabecera	1	0	1	6	2	1	3	3	4	2	3	8	0	0	0	0
San Pablo	2	2	7	5	6	1	11	20	0	1	4	4	270	66	190	532
Forasteros	0	0	0	0	0	0	0	0	0	0	0	0	12	2	9	19
Sᵗᵃ Anna	4	2	3	13	4	2	9	9	7	3	6	16	159	54	87	309
Dⁿ Salbador	1	0	0	5	0	2	0	0	2	0	0	9	10	2	9	17
Valdeflores	2	1	2	10	2	2	2	5	27	4	24	67	52	9	23	77
Sᵗᵃ Gertrudis	5	2	14	11	9	2	11	12	18	2	15	41	43	13	31	108
Lazo	1	1	4	2	0	0	0	0	0	0	0	0	8	0	2	14
Guelatobaa	1	0	2	4	0	0	0	0	2	0	0	6	8	6	18	38
Raya de Sⁿ Pablo	0	0	0	0	0	0	0	0	2	0	3	4	4	0	4	8
Yazechi	0	0	0	0	1	0	0	1	0	0	0	0	81	16	51	150
Zaragoza	0	0	0	0	0	0	0	0	0	0	0	0	13	2	7	15

Tab. 4: Suma de los Feligres de esta Doctrina de Zimatlan

Quelle: AGI Aud.Mex. 2590, Padrón N°. 34 (1777)

QUELLE 1

Das Verhältnis zwischen Zapoteken und Mixteken
zitiert nach BURGOA " Geográfica descripción " Teil I, S: 187v.

"... pasada la guerra se volvieron no satisfechos de su trabajo y no fal-
taban encuentros en la vecindad de acà: deturbados los humores de la amistad, unos quejosos, y otros desvanecidos, con las victorias, y dilatación
de su reyno, empeçaron mas vivos los sentimientos, entrabanse los Zapotecos
en los sembrados, y frutales de los Mixtecos algando que eran tierras de su
señor, y tomaban con violencia lo que querian. Dieron los acientes aviso a
su Rey Mixteco de el estado en que se hallaban, y entravecido de la indecen-
te correspondencia, previno como para la occasion toda la fuerça de la gente mas bellicosa en un exercito, que pudiese despircarlo del agravio, hal-
labase tan pusante de gente ya el Zapoteco que embió un embajador cacique,
y valiente capitán, a notificar a los Mixtecos desamparasen las tierras que
tenían en el paíx del Valle y se subiesen a la Sierra, alegraron los Pueblos que eran terminos de su Señor, y proprios havidos en muchos años; el
embajador venìa con resolución de executar el orden de su Señor, hechando-
los con el rigor, que fuesse necessario, y llego este a encender el fuego
de fuerte que invistieron à èl los Mixtecos con tanto furor que aprician-
dolo lo colgaron de un balo matoronle mucha gente, y perdonaron à algunos
enviandole à decir al Rey Zapoteco, que à èl esperaban, à que viniesse en
persona à hecharlos, y quedarles las fronteras de su Señor, y de suerte que-
daron irritados que salieron acometiendo à los campos del Zapoteco, y le
fueron gañando los Pueblos, y tierras que llegaron hasta las Minas de Chichicapan, por el oriente, y por el sur, hasta el Pueblo de San Martín La-
chilaa, y al Pueblo de Theozapotlan lo cercaron· poniendoles los Pueblos que
hoy son de San Raymondo, a las goteras poniendole apretado cerca muy dentro
de su corte por la parte de el norte, y por la de el oriente pasado el rio
el Pueblo de San Pablo, y dentro de la Cabecera uno como castillo, sin po-
derlo resistir, antes lo obligaron à salir huyendo, à un monte muy empinado,
que està entre Santa Catarina y Santa Anna de donde envió a perdir soccorro
à un cacique vasallo suyo de los montes, que hoy son de la Magdalena, y de
suerte se requiro que los Mixtecos se estendieron, y fundaron el Pueblo de
Xoxocotlan, que està en el mejor sitio del Valle, y camino de la cuidad a
la parte que mira al sur; pasaron à fundar à Guayapa, San Francisco, San
Sebastiàn, y Santa Lucìa, que están al oriente de la Ciudad de Antequera

y desta forma se iba enseñoreando el Mixteco, quando llegò el Marquès à la
conquista, y despues della han perseverado este reconocimiento al mixteco
sin darle en cosa alguna al zapoteco, y escriviendo esto que me hallò pre-
lado en este Pueblo de Theozapotlan tengo dentro del el barrio mixteco, sujeto à la jurisdicción y doctrina de Cuilapan, y cercado de los Pueblos,
que gañaron, y como la principal asistencia en su antiguedad, fue en unas
tierras senagosas de mucha humidad para sus sembrados de donde destila el
agua de un arroyo, à las aldas de un cerro, le llamaran sa ha yucu, que
quiere decir al pie del monte, y en el contorno grandes llomerias, y muy
estendidas con algunos ojos de aguas en sus vagios, y en este lugar fundaron el pueblo, con mucho orden por barrios siendo dueño, y cabeça de cada
uno, uno de los principales, y señores que havìan venido por cabos, y capitanes de aquellas numerosas companìas, que havìa enviado el Rey Mixteco y
confirselo por patrimonio, y herencia para sus herederos, y descendientes,
sin que se pudiessen heredar, por casamientos sino que pasase al pariente
mas cercano de aquel Señor, por que no se confundiessen las posessiones
unas con otras como el tribu de Josef, ..."

ZUSAMMENFASSUNG:

BURGOA beschreibt in diesem Kapitel seiner " Geográfica descripción ", daß die kriegerischen Bergvölker der Mixteken einst von den zapotekischen Kaziken um Hilfe im Kriegs-
dienst gerufen worden seien. Als die Mixteken dafür Landbesitz fordern, kommt es zur Aus-
einandersetzung, die die Mixteken mit der Eroberung des Beckens beschlossen hätten. Sie
gründeten neue Siedlungen und seien mit diesem Durchdringungsprozeß des Beckens noch
beschäftigt gewesen, als die Spanier unter Cortés das Becken eroberten.

Der letzte Abschnitt der Quelle berichtet, offensichtlich aus BURGOAs eigener Anschauung
vom mixtektischen Barrio von Zaachila, das in sich in mehrere Viertel gegliedert gewesen
sei, denen je ein Adliger vorstand. Ihr Amt wurde ihnen vom "König" der Mixteken übertragen und war vererblich, damit sie "ihre Besitzungen nicht einer mit dem anderen verwech-
seln sollten, wie der Stamm Joseph".

QUELLE 2

BNMSS 18742[4]

Instrucción y Reglas formadas por el Dr. Don Ramón Pérez para el gobierno
económico del Hospital Real de Antequera en el Valle de Oaxaca, y buena
asistencia de sus enfermos, de orden del Illustrissimo Señor Don Joseph
Gregorio Alonso Ortigosa su digno Obispo

Abril del año 1778

Preambulo necesario

El Hospital Real de San Cosme y San Damian de Oaxaca no tiene mas fondos,
ni rentas que les siguientes. Por razón de su Noveno y medio en los diezmos; regulando

un ano con otro en un quingenio	5 000	pesos
La Boleta de maíz en cada un ano	0 500	pesos
Los censos producidos de sus Principales	1 606	pesos
Las Limosnas son casi ningunas	0 100	pesos
La cofradía del senor de la Pared da para el vino y hostias de la Iglesia en cada ano	0 024	pesos
	7 230	pesos

Son pues bien cobradas siete mil y doscientos pesos pero ordinariamente
solo se percibiran en cada un ano siete mil ...
Antes de proceder à la regulacion del numero diario de enfermos, que podran
alimentarse y asistirse con la referida cantidad es necesario hacernos cargo de que el Hospital gasta en los salarios anuales;

al mes por su orden ganan			al año
25 p	del administrador		300 pesos
25 p	en el medico		300 pesos
12 p 4r	en el cirujano		150 pesos
20 p	en el capellan		240 pesos
6 p 4r	en el sanoxador		75 pesos
6 p	en el enfermo		72 pesos
2 p 4r	en su ayudante		30 pesos
6 p	en el cocinero	72	72 pesos
1 p	en su ayudante		12 pesos
1 p 4r	en una atolera		18 pesos
4 p	en el portero		48 pesos
3 p	en el sacristan		36 pesos
4r	en el canero por el cuidado de la aqua		6 pesos
121 p 6r	total de salarios		1461 pesos
	en la Iglesia y Sacristía anualmente como		200 pesos
	en composiciona de canerías, casas, enfermerías		100 pesos
	es total de estas Partidas el de		1761 pesos

ZUSAMMENFASSUNG:

Das Manuskript des Jahres 1778 listet alle Einnahmen und Ausgaben des königlichen Hospitals San Cosme und San Damian in Oaxaca auf. Der Hauptteil der Einnahmen stammt aus dem Anteil des Hospitals am Zehnt.

Die Ausgabenseite, aufgeteilt in jährliche und monatliche Lohnzahlungen, mag ein guter Indikator des Lohnniveaus in Oaxaca am Ende des 18. Jahrhunderts sein. So verdient der Verwalter jährlich 300 pesos, während der Portier nur 48 pesos im Jahr erhält.

Quelle 3:

BNMSS 7967

Ordenanza General de Intendentes de Indias formada de orden de S. M.

Año de 1802

Articulo 1º

Siendo mi Real voluntad que el mando de cada Provincia esté a cargo de una sola Persona con el titulo de Intendente, que indistintamente ha de darseles y comprender todas las facultades que como Gobernadores ò Corregidores puedan corresponderles, se les reuniràn los Gobiernos Politicos y militares, y los Corregimientos ò Alcaldías Mayores que antes hubiese en las Capitales donde se establezcan, suprimiendose aquellos nombres y sus sueldos, por estár yá comprehendidos en los que senalaré à los Intendentes, cuyo nombramiento me reservo haver en sugetos de todas carreras, y que por su acreditado celo, honor, y conducta merezcan esta confianza, que desempenada con la integridad ya exactitud que espero, les proporcionará los premios y ascensos que dentro y fuera de ellas las dispensaré en testimonio de mi Real agrado.

Articulo 2º

Baxo de este supuesto ò fundamento transcendental à todas las Intendencias de America continuaràn en N.E. las once de Provincia, que yá estan establecidas, y son la de la Puebla de los Angeles, Nueva Veracruz, Merida de Yucatan, Antequera de Oaxaca, Valladolid de Mechoacan, Santafé de Guanaxuato, San Luis Potosi, Guadalaxara, Zacatecas, Durango y Sonora, que así se entenderà y llamarà ya que antes se tituló de Arispe: Las de la Puebla, Veracruz, Yucatan y Sonora tendran de dotacción 7 D pesos, las de Oaxaca, Valladolid, Guanaxuato, San Luis, Zacateca y Durango 6 D pesos, y la de Guadalaxara unida à su presidencia 8 D pesos.

ZUSAMMENFASSUNG:

Die Verordnung über das Intendantensystem der spanischen Kolonien in der Neuen Welt (hier eine Kodifizierung von 1802) setzt im ersten Artikel fest, daß jede Provinz nur noch von einem Verwaltungsbeamten verantwortlich zu regieren sei. Er solle in seiner Person politisches und militärisches Regiment vereinen. Der zweite Artikel stellt fest, daß in Neu-Spanien die bereits existierenden 11 Provinzen weiterhin als Intendencias zu gelten hätten. Die 11 Intendencias waren nach dieser Quelle: Puebla de los Angeles, Nueva Veracruz, Merida de Yucatan, Antequera de Oaxaca, Valladolid de Mechoacan, Santafé de Guanaxuato, San Luis Potosí, Guadalaxara, Zacatecas, Durango und Sonora.

QUELLE 4

Die Arbeitsbedingungen und den Niedergang der Minenwirtschaft beschreibt
BURGOA in seiner "Geográfica Descripción" Teil II, Kap. 45, "De la casa de
Ocotlan - Doctrina y ministerio" S. 219 v.- 220 r.

El ano de 1617 vino con la cordada, y otros negocios el Oydor Galdos de Va-
lencia, y su grande zelo, y conocida christianidad, haziendo averiguacion
destas demasias en la Ciudad de Antequera, concurrieron de todos estos valles à su juzgado, tantos Indios, que passaron de ocho mill, con demandas
tan sensibles de vidas, y salarios, que ambos cargos, si no se probaran con
las cuentas, y testimonios de viudas, y huerfanos, las unas, y con las li-
branças, firmadas de los Mineros las otras, pareciera el excesso en ambas
cantidades increible à qualquier catholico, por que la carestia de los esclavos à sido grande, y costosa en esta Provincia; lo menos que cuesta para
trabajo son trecientos pesos, y los menos barreteros de pie, para la labor
de una Mina, son cincuenta, que montan quinze mill pesos, de estos, los enfermos, y lisiados, eran menos, y para continuo, sin remuda, en la tarea
totalmente impossibles, el vestido, y sustento ordinario encarecia la costa,
y toda esta misera esclavitud, con irracionales circunstancias suplian por
libres, y menos costa los infelices Indios, cada Pueblo tenia su repartimiento, y numero, que havia de embiar el dia senalado, y havia de salir un
Alguazil con ellos à buen recaudo, y llevaban consigo las tortillas, y mayz
molido, que le daban sus mugeres, y en llegando à la mina, los criados, y
esclavos les robaban esta miseria de su sustento, por que lo havian menester, y aun una manta, ò cobertor burdo de lana, les quitaban: baxanblos,
à unos sotanos profundos de veinte, ò treinta estados obscuros, tenebrosos,
y humidissimos, y à la luz de unas malas teas, con una gruessa barreta,
cunas, y maças en las manos, y baxando, y subiendo por unas malas escale-
rillas postizas de una mesa à otra, en el centro, y en deslizandose, ò re-
bentando un escalon, caian, despenandose entre riscos, y puntas de guijarros hechos pedaços à este infierno abreviado, llevaba cada Indio tarea se-
nalada, de los quintales, ò canastos de metal, que havia de sacar entre
dia, y noche sin distincion de si se resistia mas el metal, todo guijarros,
ò las fuerças, eran mas debiles de unos, que de otros y sobre cumplir con
este afán tan molesto, tuvieran que comer, ò agua que bever fueran tolerab-
les si les senalaran horas de sueno, fuera alivio: el que tenian acabados
los dias de tan sensible penilidad, era salir desmayados de hambre, garlean-
do de sed, traspirados de sudor, deslumbrados, de la obscuridad y cargados

trepando por tan manifiestos peligros, en que eran sin numero, los que des-
fallecian, cayendo à la profundidad desvanecidos de la falta del sueno, y
del sustento, y los que escapaban con vida la llevaban à perder en su cho-
ça, y toda la paga en que la dexaba vendida, en una cedulita para la otra
vida, por que con darse por servido el Minero le daba el salario, havien-
dole robado el esclavio diziendole ... fulano de tal Pueblo, y llegò à tanto la malicia que haziendo irrision les daban cedula de confession, confes-
sòle N. y con dos dedos de papel el satisfacian trabajos, salud, y vida per-
dida; à pocos anos passò esta molesta tarea, à grangeria insolente, por que
la ley de los metales iba cada dia à menos, como la ira de Dios en los mineros, y no siendo menester tantos barreteros para la labor, transfirieron
en los mesmos Indios las vetas, ensayes, y plata acunada introduciendo que
se redimieran del trabajo, y era el horror con que havian quedado del pas-
sado que si havian de salir de un Pueblo cien Indios cada semana, se re-
dimian la mitad, ò mas à dos pesos, y para pagar su mesma vejacion, vendian
quanto tenian, y querian vivir desnudos, y descarriados, mas que morir en
una mazmorra de hambre, ò despenados.

ZUSAMMENFASSUNG:

BURGOA beschreibt in diesem Kapitel seiner " Geográfica Descripción " die Zustände in
den Minen Oaxacas im 17. Jahrhundert, hier am Beispiel der Minen von Ocotlan. Jede In-
dio-Siedlung war verpflichtet zu einem bestimmten Tag ein festgesetztes Kontingent indianischer Arbeitskräfte zu stellen. Diese Arbeiter wurden unter Aufsicht eines Alguacil zu der
jeweiligen Mine gebracht, wo sie zunächst von den dort bereits lebenden Arbeitskräften und
den Sklaven ihrer wenigen Habseligkeiten beraubt worden seien. Dann mußten sie in die
dunkle Tiefe der Mine hinabsteigen und bekamen gezeigt, welches Gestein sie zu brechen
hätten und wieviel davon pro Tag. Hunger, keinerlei Sicherheitseinrichtungen in den Minen,
Krankheiten und andere Risiken waren dafür verantwortlich, daß sehr viele der indianischen
Arbeiter umkamen. Endlich war es soweit gekommen, daß die indianischen Gemeinden versuchten ihr Minenrepartimiento mit Geld abzulösen. Um ihre Verpflichtungen zu bezahlen,
verkauften sie alles, was sie hatten und lebten lieber ohne Besitz als in einem solchen
"Hungerkerker" zu sterben.

QUELLE 5

Dokument über die Gründung des ersten Dominikanerklosters aus: J.A. GAY,
Historia de Oaxaca, Mexiko 1881, S. 304-305, auch zitiert bei BURGOA

"Yo Francisco de Herrera, Escribano de su Magestad é su nott°. publico en
la su corte y en todos los de sus reynos y señorios, Escribano publico del
consejo de esta Villa de Antequera é de sus provincias que es en esta de
Guaxaca de esta Nueva España, doy fé a todos los que la presente vieren como oy Viernes á 24 de Julio, ano del Nacimiento de N^{stro} Salvador Jesucristo
de 1529, estando ayuntados en su cabildo é ayuntamiento segun lo han de uso
y costumbre de se ayuntar los Señores Joan Pelaez de Verrio, Alcalde mayor
é Theniente de capitan general en esta dicha Villa por su Magestad, é Bartolomé de Zárate alcalde ordinario, é Alonzo de Tavera é Francisco de Za-
mora é Gonzalo de Robles Regidores de la dicha Villa, habiendola fecho y
fundado como su Magestad manda: acordaron de dar y dieron solares á los vecinos é pobladores de ella, como se suele hacer en las otras Villas de esta
Nueva Espana, entre los cuales dieron y senalaron al Monasterio del Senor
Santo Domingo de la misma dicha Villa, para que en ellos se haga el dicho
Monasterio, doce solares á la larga que comienzan desde una calle donde
está el solar de Christóval de Barrios y por la otra parte linda con la calle de Tehuantepeque é con dos calles que atraviesan por los dichos solares
y van á dar á otras dos calles principales, é porque de antes de agora el
dicho Señor Alcalde mayor habia senalado para la fundacion del dicho Monasterio no mas de ocho solares, y porque para su morada y assistencia de
dichos religiosos que en adelante fueren ay necesidad de huerta donde puedan tener alguna recreacion y socorro para su sustento, los dichos Señores
y Cabildo les dan y aniden otros cuatro solares mas, de manera que por todos son y hacen doce solares, los cuales dichos doce solares el dicho Monasterio su Mayordomo y Procurador ayan y tengan por suyos y como tales los
percivan para siempre jamas; y se les mandó dar dellos titulo é possecion
que aprehendieron ante mí.
E yo el dicho Escribano le dí tal segun ante mí pasó. De que doy fe, y esta
valga por talm que es fecho el dicho dia mes y ano de arriba, y en fe de
lo cual fue aqui este " + " un signo en testimonio de verdad

"Francisco de Herrera, Escribano publico y de su Magestad"

ZUSAMMENFASSUNG:

Das Dokument vom 24. Juli 1529 ist die Urkunde über die Zuweisung von 8 solares zum Bau des ersten Dominikanerklosters in Oaxaca und weiteren 4 solares für die Gärten zur Versorgung der Geistlichkeit.

Testiert wird das Dokument vom ersten Stadtrat Oaxacas unter Führung des ersten Alcalde Mayor Juan Pelaez de Berrio.

Unterschrieben ist es vom Amtsschreiber Francisco de Herrera.

QUELLE 6

BNMS 3023

fol. 165

Relación de Alcaidías mayores y corregimientos que proveen los señores virreyes de la Nueva España ...

Oficios de primera classe

1. La Cd. de Puebla de los Angeles ...
2. Minas de S. Luis Potozi
3. Provincia de Tlaxcala
4. Provincia de Tepeaca
5. Xicayan, Obispado de Gaxaca
6. Villa de Nexapa, Obispado de Gaxaca
7. Villa Alta de S. Ildefonso, Obispado de Gaxaca

fol. 165 v.

8. Oajaca, Cabeza de su obispado
9. La Cd. de Nueva Veracruz
10. Queretaro, Arzobispado de Mexico
11. Villa de Celaya, Obispado de Michoacan
12. Mechoacan, Cabeza de su Obispado
13. Minas de Pachuca Arzobispado de Mexico
14. Minas de Tasco, Arzobispado de Mexico
15. La Cd. de Chololan, Obispado de Puebla

Oficios entre primera y segunda classe

1. Tequacan con las Salinas
2. Tepozoluca, Obispado de Oaxaca
3. Provincia de Miaquatlan, Obispado de Oaxaca
4. Villa y Puerto de Teguantepeque, Obispado de Oaxaca

fol. 166

5. Villa de los Valles, Arzobispado de Mexico

Oficios de segunda classe

1. Villas de S. Miguel y S. Phelipe, Obispado de Mechoacan
2. Villa de Colima, Obispado de Mechoacan
3. Cd. de Goxocingo, Obispado de Puebla
4. Villa de Carrón, Valle de Atrisco
5. Provincia de Chalco, Arzobispado de Mexico
6. Tlapa, Obispado de la Puebla
7. Yzucar, Obispado de la Puebla
8. Guachinango, Arzobispado de Mexico
9. Provincia de Panuco, Arzobispado de Mexico
10. Minas de Goanaxuto, Obispado de Mechoacan
11. Chautla de la sal, Obispado de la Puebla

fol. 166 v.

12. Teutila, Obispado de Oaxaca
13. Xalapa, Obispado de la Puebla
14. Provinicia de Abalos, Obispado de Gudalaxara
15. Provinicia de Coautitlan, Arzobispado de Mexico
16. San Juan de los Llanos, Obispado de Puebla
17. Cd. de Tescuco, Arzobispado de Mexico

Oficios entre segunda y tercera classe

1. Xochimilco, Arzobispado de Mexico
2. Mestitlan, Arzobispado de Mexico
3. Minas de Chichicapa, Obispado de Oaxaca
4. Provinicia de Ignalapa Ialapacintla, Obispado de Oaxaca
5. Veracruz Vieja, Obispado de Puebla
6. Xalatzingo, Obispado de Puebla

fol. 167

7. Provinicia de Xilotepeque
8. Ixmiquilpa, Arzobispado de Mexico
9. Jancitaro, Obispado de Mechoacan
10. Xacona, Villa de Camora, Obispado de Mechoacan
11. Puerto de Goatulco, Obispado de Goajaca
12. Minas de Tonala Cilacayapa, Obispado de Guadalaxara
13. Tulancingo singuiluca, Arzobispado de Mexico
14. Goatzaqualco, Obispado de Oaxaca
15. Minas de Sultepeque, Arzobispado de Mexico

16. Minas de Halpuxagua, Obispado de Mechoacan
17. Cacatla y Gueitlapa, Obispado de la Puebla
18. Chilapa, Obispado de Puebla
19. Guaspaltepeque, Obispado de Oaxaca

fol. 167 v.

20. Tistla Zumpango, Obispado de Puebla
21. Yanguitlan, Obispado de Goaxaca
22. Motines, Obispado de Mechoacan
23. Chinautla y Usilla, Obispado de Oaxaca
24. Justlabaca, Obispado de Oaxaca

Oficios de tercera classe

1. Ixcatenpa, Arzobispado de Mexico
2. Teutitlan del Camino, Obispado de Oaxaca
3. Guaxuapa, Obispado de Oaxaca
4. Minas de Temascaltepec, Arzobispado de Mexico
5. Papautla tonatico y Tzococolco, Obispado de Puebla
6. Gueipuxtla Yeytecomatla, Arzobispado de Mexico
7. Minas de Tetela, Arzobispado de Mexico

fol. 168

8. Villa de Leon, Obispado de Mechoacan
9. Provinicia de Amula
10. Autlan, Puerto de la Navidad, Obispado de Goadalajara
11. Zacatula, Puerto de la Navidad, Obispado de Goadalajara
12. Goayacocotla, Arzobispado de Mexico
13. Chietla, Obispado de Puebla
14. Minas de Sichu, Obispado de Mechoacan
15. Malinalco, Arzobispado de Mexico
16. Zumpango Tzitlaltepeque, Arcobispado de Mexico
17. Octupa, Arzobispado de Mexico
18. Goatusco Villa de Cordova, Obispado de Puebla
19. Totolapa, Arzobispado de Mexico
20. Marabatio Taximaroa, Obispado de Mechoacan
21. Minas de Cimapan, Arzobispado de Mexico

fol. 168

22. Tula, Arzobispado de Mexico
23. Tepexe de la seda, Obispado de la Puebla

24. Mictla y Tlacolula, Obispado de Oaxaca
25. Ixtepex, Obispado de Oaxaca
26. Cuycatla y Guistepec, Obispado de Oaxaca
27. Cuyseo de la Laguna, Obispado de Mechoacan
28. Orizava, Obispado de Puebla
29. Goaimeo y tzirandaro, Obispado de Mechoacan
30. Teotzaqualco, Obispado de Oaxaca
31. Iztapalapa Mexicaltzingo, Arzobispado de Mexico
32. Chiconautla S. Christoval Ecatepec, Arzobispado de Mexico
33. Minas de Zagualpa, Arzobispado de Mexico

Oficios entre tercera y quarta classe

1. Xiquilpa, Obispado de Mechoacan

fol. 169

2. Otumba, Arzobispado de Mexico
3. Cutzatlan, Obispado de la Puebla
4. Izatlan, Obispado de Goadalaxara
5. Acatlan y Piastla, Obispado de Puebla
6. Atlatlauca, Obispado de Oaxaca
7. Zinagua minas de Goacaua
8. La Villa del nombre de Dios, Obispado de Godiana
   (dista de Mexico 120 leguas)
9. Xoxonotla y Tetila, Obispado de Puebla
10. Guexolotitlan, Obispado de Oaxaca
11. Yagualicia, Arzobispado de Mexico
12. Iguala, Arzobispado de Mexico
13. Tinquindin, Obispado de Mechoacan

Oficios de quatra classe

1. S. Juan de Teotiguacan, Arzobispado de Mexico
2. Hazazalca, Obispado de Mexico
3. Yagoalulcos, Obispado de Oaxaca
4. Halasco, Arzobispado de Mexico
5. Guastepeque, Arzobispado de Mexico
6. Zempoala Haquilpa, Arzobispado de Mexico

7. Chilchota, Obispado de Mechoacan
8. Guexutla, Arzobispado de Mexico
9. Minas de escanela, Arzobispado de Mexico
10. Minas de Guadalcazar, Obispado de Mechoacan
11. Teutenango del Valle, Arzobispado de Mexico
12. Guatlatlauca, Obispado de Puebla
13. Tepeapulco y Alpa, Arzobispado de Mexico
14. Teutitlan y Macuilxuchil, Obispado de Oaxaca
15. Atitlalaquia, Arzobispado de Mexico
16. Aguatlan y Tzoyatitlanapatz, Obispado de Puebla
17. Zimatlan, Obispado de Oaxaca
18. Yzcuntepeque Penoles, Obispado de Oaxaca
19. Papalotipac, Obispado de Oaxaca
20. Teutlalco minas de Hautzingo, Obispado de Oaxaca
21. Hetzuitlan Yatempa, Obispado de Puebla
22. Tiozpa y Zapotlan, Obispado de Mechoacan
23. Tilautongo, Obispado de Oaxaca

fol. 170 v.

24. Tecocuilco, Obispado de Oaxaca
25. Nochitlan, Obispado de Oaxaca
26. Tetela del Bolcan, Obispado de Puebla
27. Quinistlan y Justepec, Obispado de Puebla
28. Texupa en Oaxaca
29. Juchicoautlan, Arzobispado de Mexico
30. Jasso y Terremendo, Obispado de Mechoacan
31. Atengo y Mizquiaguala, Arzobispado de Mexico
32. Cd. de Lerma, Arzobispado de Mexico
33. Tuchimilco, Obispado de la Puebla

ZUSAMMENFASSUNG:

Das MS 3023 enthält die zusammenfassende Beschreibung der Verhältnisse Neu-Spaniens wahrscheinlich zur Mitte des 17. Jahrhunderts durch Juan Diez de la Calle, secretario del Rey. Es enthält neben ausführlichen Beschreibungen aller Provinzen Neu-Spaniens die Liste in Quelle 6, die alle Alcaldías Mayores Neu-Spaniens nennt und diese nach ihrer Bedeutung in vier Klassen einteilt.

QUELLE 7

AGI Indif. gen. Leg. 108

enthält unter anderem: Band 5 der "Noticias de las Americas", darin fol. 1.5:

"Fr. Jaime Manalich Lector de Sagrada Escriptura y Secretario de Provincia obedesciendo el mandado de N.M.R.V. Mro. Fr. Juan de Laguinaeche Prior Provinicial de esta Provinicia de San Hipólito Martyr de Oaxaca, Orden de Predicadores certifico en la mejòr forma que puedo, y debo que esta sobredicha Provincia en un tiempo parte de la de Stgo. Apostol de Mexico, dividida de ella, y erigida en Provincia formal, y como tal independiente de qualquiera otra, con la mira, fin, y destino de la mexor administración de los sacramentos a los naturales y con Provincial absoluto para que assi los Religiosos puedessen mas commodamente ser visitados en sus Prelados superiores, y consiguientemente dicha administración fuesse mas atendida. Cuya divissión y crecion formal se hizo en el ano de 1592 con todas las licencias necesarias del Rey N. Sr. Breves de la Santa Sede Apostolica y letras patentes de Nstro. Reverendissimo Padre Mro. Gent. de toda la Religión lo qual todo subsiste en el archivo de mi officio y cargo y que me refiero. Consta solo de siete conventos formales, que la Religión llama Prioratos a uno de Religiosas y son los que se siguen. En esta Ciudad de Antequera está el Convento grande que es Cabeza de Provincia, en que este el Noviciad y los Estudios de Philosophía, y Theología, ciencias que ensenan seis lectores, con sus Regente de Estudios y en el se mantienen regularmente de ochenta, a noventa, y algunas vezes cien Religiosos en que no ay ningun Pueblo de Doctrina.

En este misma ciudad esta el Convento y Priorato de Sn. Pablo en que esta el Curato de algunos indios mexicanos comarcanos a dicha ciudad y en el se mantienen 11 Religiosos y entre ellos el Cura colado con un Coadjutor.

En la Villa de Cuilapan del Marquesado del Valle esta el Priorato intitulado Stgo. Apostol en que se mantienen 8 Religiosos y entre ellos el Cura y sus Coadjutores.

En la Villa de Etla, tambien del Marquesado del Valle esta el Convento intitulado Sn. Pedro Apostol en que se mantienen 8 Religiosos, y entre ellos el Cura y sus Coadjutores.

En la Provincia de la Mixteca esta el Priorato, y Convento de Sto. Domingo
de Yanhuitlan en que se mantienen 12 Religiosos y entre ellos el Cura con
sus Coadjutores.

En la misma Provincia de la Mixteca esta el Convento de Sta. Maria de la
Asumpción de Tlaxiaco en que se mantienen 8 Religiosos y entre ellos el
Cura y sus Coadjutores.

En la Villa de Guadalcazar, Provincia de Teguantepec esta el Priorato de
Sn. Pedro Apostol, en que se mantienen 9 Religiosos y entre ellos el Cura
con sus Coadjutores.

En estos Conventos se elígen canonicamente Prelados, que llaman, los quales
tienen voto en capitulo Provinicial por mantener siempre a lo menos, el
numero de ocho Religiosos, obedeciendo en esto la Real Cedula de Su Magestad de 7 de Nov. de 1693 y otras que hablan de esta materia y el Breve de
la Santidad de Paulo V. del 23. de. Diz. de 1611, en que se manda que en
todos los conventos formales buniesse de haver a lo menos ocho Religiosos
de continua y presisa assistencia para que gosassen los previlegios de
conventualidad, que son poder elegir canonicamente Priores, y que estos ju-
viessen voto en los Capitulos Provinciales.

Fuera de estos conventos esta dentro de la Ciudad el de Senores Religiosos
intitulado la Madre de Dios del Rossario y Sta. Catarina del Sena, fundación de Illustrissimo y Reverendissimo Senor Don Fr. Bernardo de Albuquer-
que Dominicano en que regularmente se mantienen al pie de sesenta Religiosos, es uno de los Conventos más observantes y exemplares de todo el Reyno,
y por esso las delicias de toda la Ciudad, y de su nobleza.

Fuera de estos Conventos el Resto de la Provincia se compone de varias casas de Doctrina y son las que se siguen.

Valle de Oaxaca

El Valle de Oaxaca (de donde ha tomado la denominación la Ciudad que es pro-
priamente Antequera) se devide en tres brazos, ò ramos à los que dividen
algunos Zerros, aunque entre sí tienen comunicación, y paso del uno al otro,
el uno esta situado assi al oriente de la Ciudad el otro a su occidente y
el tercero corre para el sur y por el norte esta cercada de una Zerrania
de tantos leguas que se dice, va a finalizar muy dentro del Reyno del Peru.
En el que cae hazia el oriente, estan situadas quatro casas o vicarías.

La primera San Miguel Archangel de Talistaca en que se mantienen de continua assistencia quatro Reliogiosos el uno es Cura colado y los tres son sus
Coadjutores.

La segunda Sn. Geronimo de Tlacochahuaya, en que se mantienen tres Religiosos, de los cuales el uno es Cura y los dos Coadjutores.

La tercera es Sta. Maria Natividad de Teutitlan en que se mantienen tres
Religiosos el uno Cura y los dos Coadjutores.

La quarta es Sn. Juan Baptista de Tectipaque en que se mantienen quatro
Religiosos, conviene a haver el Cura y tres Coadjutores.

En el Valle que cae al occidente esta el Convento de Sn. Pedro Apostol de
Etla, de que arriba se hizo mensión.

La casa de Sn. Pablo Apostol de Huaxolotitlan ó Huitzo en que se mantienen,
el Cura y dos Coadjutores.

Sn. Andres Apostol de Zautla en que mantienen el Cura y tres Coadjutores.

Y en el Pueblo de Sta. Maria Azompa en que se mantienen un Religioso, esta
la ayuda de Parrochia, de los Conventos de Sn. Pablo y Cuilapa, por tener
allí cuatro Pueblitos.

El tercer Valle que corre hazia el Sur, y es el Mayor lo divide el río, que
llaman de Atoyaque, que antes circumvala a la Ciudad, yendo á man derecha
de la vanda de dicho río, esta situado el Convento de Cuilapa, de que ya
se hizo mensión, y esta convento tiene una ayuda de Parrochia, llamada San
Miguel de las Peras, cita en un pedazo de Zerranía, en que continuamente
se mantienen un Religioso Ministro.

La Casa de Zaachijlla ó Thesapotlan, en que se mantienen tres Religiosos,
el Cura y sus dos Coadjutores.

La casa de S. Lorenzo de Zimatlan en que se mantiene el Cura y tres Religiosos Coadjutores suyos.

La casa de Sta. Cruz de la Sierra en que se mantienen el Cura y dos Religiosos Coadjutores suyos.

Inmediato a esta casa esta una Zierra chica, llamada Lachijxio, en que esta
la casa de Sta. Maria, en que se mantienen un Cura colado y un Coadjutor
suyo: y a tres leguas de distancia tiene una ayuda de Parrochia con un Religioso de continua assistencia en el Pueblo llamado Sn. Pedro del Alto.

Dando vuelta para la Ciudad y corriendo del otro lado del dicho Río de Atoyaque esta la casa de Sta. Maria de Ayoquesco en que se mantienen el Cura y
dos Coadjutores.

La casa de Sto. Domingo de Ocotlan en que se mantienen el Cura y tres Coadjutores; y a legua y media de distancia tiene una ayuda de Parrochia en el
Pueblo llamado Sn. Pedro Apostol en que vive de continua assistencia un Religioso.

La casa de Sta. Catarina Martyr de las Minas en que se mantienen el Cura
y dos Coadjutores.

La casa de Sta. Ana Zegache en que se mantienen el Cura y un Religioso
Coadjutor.

La casa de Sn. Martín Tilcaxete en que se mantienen el Cura y dos Religiosos Coadjutores.

El pueblo de Sn. Bartolome Coyotepeque, que es ayuda de Parrochia, de la
doctrina de Zaachijlla en que se mantienen continuamente un Religioso y en
otros tiempos dos.

(in gleicher Weise werden die Verhältnisse in der Mixteca, der Tierra Caliente und der Provincia de Chontales beschrieben.)

Convento de Sto. Domingo de Oaxaca

8 de abril de 1774

Sr. Fr. Jayme Manalich

ZUSAMMENFASSUNG:

Der Sekretär des Priors der Provinz San Hipólito Mártyr des Dominikanerordens (Hauptkloster
der Provinz war in Oaxaca) beschreibt in seinem Bericht von 1774 alle Einrichtungen des
Ordens, sowohl in der Stadt Oaxaca als auch im Becken von Oaxaca. In Form einer Liste
stellt er dar, welches Kloster in welchem Ort existiert und mit wievielen Klostergeistlichen
es jeweils besetzt ist.

QUELLE 8

AGI Indif. gen. 95

Mapa del importe del medio Real de Ministros comprendido de las siete jurisdicciones que pertenecen a el estado de el Señor Marques del Valle de
quarenta años desde el de 1703 hasta el de 1742 que corrio en esta Real
contaduría por haverse arrendado desde el de 1743.

Quatro Villas

anos	Tasaciones	su importe
1703	21.8.1701	231 p 4.9
1704	3 709 tr.	231 p 4.9
1705		231 p 4.9
1706		231 p 4.9
1707	14.5.1707	231 p 4.9
1708	3 887 tr.	249 p 1.9
1709		249 p 1.9
1710		249 p 1.9
1711		249 p 1.9
1712		249 p 1.9
1713		249 p 1.9
1714		249 p 1.9
1715		249 p 1.9
1716	14.5.1716	249 p 1.9
1717	4 181 tr.	261 p 2.6
1718		261 p 2.6
1719		261 p 2.6
1720		261 p 2.6
1721		261 p 2.6
1722	13.4.1722	261 p 2.6
1723	4 098 tr.	256 p 1.0
1724		256 p 1.0
1725		256 p 1.0
1726		256 p 1.0
1727		256 p 1.0
1728		256 p 1.0

1729	13.1.1729	263 p 4.3
1730	4 216 tr.	263 p 4.3
1731		263 p 4.3
1732		263 p 4.3
1733		263 p 4.3
1734	19.11.1734	263 p 4.3
1735	4 590 tr.	286 p 7.3
1736		286 p 7.3
1737	Relación Jurea	286 p 7.3
1738	Idem	38 p 0.9
1739	Idem	67 p 7.9
1740	7.5.1740	203 p 7.3
1741	3 262 tr.	203 p 7.3
1742		203 p 7.3
		9669 p 2.0

ZUSAMMENFASSUNG:

Eine Steuerliste (Medio Real de Ministros) der Jahre 1703 - 1742 zeigt neben der Entwicklung der Abgaben in dieser Zeit auch Zahlen der Bevölkerungsentwicklung im Marquesado del Valle, Distrikt Cuatro Villas (die Zahlen in der mittleren Spalte sind jeweils Zahlen der steuerpflichtigen Einwohner = tributarios).

AGI Indif. gen. 107

Tabla de las Congregaciones de que se compone la Jurisdicción de la Cd. de Antequera Valle de Oaxaca, Frontera del mar del sur Reino de la España distribuida en las quatro siguientes Columnas

1^A Cabecera de Doctrinas, sus distancias, rumbos y tributarios	Trib^s.	2^A Pueblos subalternos y sus tributarios	Trib^s.	3^A Sus distancias y rumbos	4^A sus Curas por su Mayestad
1^A Xalatlaco Contigua a la Cd. del Norte	146 1/2	Yxcotel	25	1/4 legua NE	Un Cura y un Vicario Clerigos
		Sta. Cruz de las Milpas	51 1/2	3/4 legua ESE	
		S. Agustin Yatarene	5	1 legua ENE	
		La Trinidad de las huertas	151 1/2	1/4 legua S	
2^A San Miguel Talixtaca una Legua a el Este	322	Sta. Maria del Tule	86 1/2	1/2 legua S	Es Vicaría de Religiosos Dominicos, se mantiene quatro el Vicario, un Cura y dos Ministros
		Sta. Catarina de Sena	18	1/4 legua E	
3^A S. Geronimo Tlacochagualla 3 leguas a el Este	367	San Phelipe del Molino	63	3 1/4 legua NNE	Es Vicaría de Religiosos Dominicos se mantienen quatro el Vicario, un Cura y dos Ministros
4^A Sto. Thomás Ixtlan, 12 leguas a el Norte	341	La Trinidad	21 1/2	1 legua E	Un Cura y dos Vicarios Clerigos
		S. Pablo Guelatao	83	1 legua NNE	
		Sn. Andres Yatoni		1 1/2 legua NNE	
		Xaltianguis	20	1 legua N	
5^A S. Juan Sosola 12 leguas al NE	18 1/2	Sta. Maria Sosola	11	2 legua W	Un Cura clerigo
		S.Matheo Sosola	11	1/4 legua NW	
		S. Geronimo "	8	1/4 legua E	
		Santiago Sosola	7	1/4 legua NE	
		San Sebast.Sosola	11	1 legua NE	
6^A Theozapotlan o Zaachila 2 Leg. a el Sur	389 1/2	La Trinidad de Zaachila	71 1/2	1/2 legua S	Mantienen cinco Religiosos Dominicos quando menos Presidente, Cura y Ministros
7^A S. Bartholome Coyotepeque 2 leg. a el SSE	333 1/2	No tiene subalternos	-	-	Un Religioso Dominico sujeto a la casa antesente
8^A San Martin Tilcajete 4 leg. a el SSE	235	Sta. Catharina Yanee	118	1 legua W	Un Cura y Ministro Dominicos
		Sta. Zecilia	14	1 1/2 legua NW	
9^A Sto. Domingo Ocotlan 6 leg. a el SE	107	San Lucas	28 1/2	1/2 legua W	es Vicaría de Religiosos Dominicos y en ella se mantienen a lo menos cinco el Vicario Cura y tres Ministros
		Stgo. Apostol	158	1/2 legua W	
		S. Antonio	180 1/2	1/2 legua W	
		S. Jacinto	46	1/2 legua SW	
		La Asumpcion	115	1 legua SW	
10^A San Pedro Apostol 7 leg. a el SSE	196 1/2	Sta. Lucia	63 1/2	1 legua NE	Un Cura Religioso Dominico
		S. Pedro Martir	88	1/2 legua N	
		S. Deonicio	25	1 legua NE	
		La Madaglena	91	3/4 legua S	
		San Martin de los Consecos	48	1 1/2 legua SSW	
11^A Sta. Maria Ejutla 12 leg. a SSW	135	S. Agustin Atoytengo	206 1/2	3 legua SSW	Un Cura, un Vicario clerigos
		S. Miguel de Ejutla	103	1/2 legua NW	
12^A Sta. Maria Ayoquesco 9 leg. al SW	332	Sta. Cruz Nexila	39	1 legua S	Un Cura y dos Ministros Religiosos Dominicos
		San Andres Zabache	74 1/2	2 legua S	
		San Juan Logolaba	74 1/2	1/2 legua E	
13^A Sta. Cruz Mixtepeque 9 leguas al SW	63	San Matheo	68	3 legua SW	Vicaría de Religiosos Dom. se mantienen 4 el Vicario el Cura y dos Ministros
		San Miguel	44 1/2	4 legua SW	
14^A Sta. Maria Lachixio 96 1/2 18 leg. al SW		S. Pedro el Alto	167 1/2	3 legua N	Un Cura y un Ministro Religioso Dominicos
		S. Antonio el Alto	86 1/2	5 legua NE	
		S. Andres el Alto	18 1/2	5 legua N	
		S. Vicente Lachixio	42 1/2	1 legua S	
		S. Seb. de los Suizes		4 legua SE	
Cabeceras de Doctrina 14		Pueblos subalternos 44			Curatos 13

QUELLE 9

ZUSAMMENFASSUNG:

Die Tabelle des Jahres 1743 zeigt neben den Hauptpfarreien (Cabecera de Doctrina) des
Gerichts- und Amtsbezirks der Stadt Antequera und der Zahl ihrer steuerpflichtigen Einwohner (= Trib [S.] = tributarios) in der zweiten Spalte die jeweils zugehörigen Siedlungen
(pueblos subalternos) ebenfalls mit ihren Steuerpflichtigen.

Neben der Lagebeschreibung der Orte in Spalte drei finden sich die Zahlen und Ränge der
Geistlichen, die die Pfarrbezirke betreuen, bzw. die Zahl der Klostergeistlichen (Religiosos
Dominicos).

QUELLE 10

Ortsliste von 1742

AGI Indif. gen. 107

fol. 369 v. ff.

1 Esta dicha villa en donde habitan y an abitado los alcaldes maiores
dista de la Ciudad de Mexico 84 leguas esta situado a los sudvabios
de la de Antequera de una Cathedral al Rumbo de SW en NW dista como
media milla en la latitud de 17 grados 8 minutos N de el equinocial,
y en los sitio de 275 grados, 30 minutos en el Meridiano de tenerife.

Los habitadores de que se compone dicha villa son ciento y siete y nº
(1/2) tributarios y cinco Vecinos Espanoles, tiene seis pueblos sujetos, su temperamento es templado pasa a su hude un rio anó nombre
es Atoyaque. Los frutos que les iben de comercio en unos es la labren-
za de el maiz, trigo y frutas y de otro el oficio de sombreros; su
idioma el mexicano y la administración de Doctrina Religiosos Dominicos como lo en todo de los demás pueblos de estas Jurisdicción de que
se dara Razón.

2 San Martin Mexicapa sujeto a esta villa demora de ella al Rumbo de oeste
quatra al sudoeste sinco grados oeste, su contrario leste zinco grados
norte a distancia de una milla y se halla en latitud diez y siete grados, ocho minutos y en longitud de doscientos setenta y zinco grados,
veinte y nueve minutos, sus habitadores son treinta tributarios, su
comercio es de maiz, su idioma el mexicano, su administración la que
ba referida.

3 Sⁿ Juan Chapultepeque demora de estas casas Reales. Al Rumbo de el os-
sidente su atrabería el es nordoeste distancia de una milla y se halla en latitud de diez y siete grados, siete minutos y en longitud de
doscientos setenta y zinco grados, veinte y nueve minutos, sus habitadores son veinte y zinco tributarios, su comercio, Idioma, administración y temperamento como el antecedente.

4   Santo Thomas Xuchimilco, sujeto desta villa, demora de ella al Rumbo de el leste quarta al Sueste, su trabena deste quarta al Norueste, distancia de milla y media y se halla en la latitud de diez y siete grados, siete minutos y en longitud de doscientos setenta y zinco grados, veinte y nueve minutos, sus havitadores son zinquenta y nueve tributarios sino tro Jenexo defente, sus frutos temperamento comercio idioma y administración lo mismo que esta dicha villa.

5   Sn Jacinto, sujeto a esta villa, demora de ella al Rumbo de el nornorueste, dos grados norueste, su trabería sursueste dos grados sueste distancia de tres millas y se halla en latitud de diez y siete grados, diez minutos y en longitud de doscientos setenta y zinco grados, treinta y tres minutos; sus habitadores son zinquenta y ocho tributarios, sus frutos que le sirben de comercio es todo fenero de la branza, y alguna gram que cosen su temperamente es templado, su idioma es la mexicana y misteca. La administración es la misma que en los demás.

6   Sn Pedro Apostol, sujeto a esta Villa, demora de ella al Rumbo de el Oeste quarta al Norueste, tres grados mas a el oeste, su traveria leste quarta al sueste, tres grados leste distancia de seis millas y se halla en la latitud de diez y siete grados, treze minutos y en longitud de doszientos setenta y cinco grados, veinte y quatro minutos, sus avitadores son ochenta y uno y medio tributarios con varios ranchos que tienen algunos Vecinos de Antequera, sus frutos que le sirven de comercio son las siembras de maiz y corte de lena, en montes que arriendan su temperamento es frio, su idioma el mismo y la misma administración que los antecedentes pueblos.

7   Sn Antonio de la Cal, sujeto de esta Villa, demora de ella al Rumbo de el Sueste norueste, su contrario distancia de tres millas y se halla en la latitud de diez y siete grados, seis minutos y en longitud de doscientos setenta y cinco grados, treinta y tres minutos, sus habitadores son zinquenta tributarios, su comercio el acarreo de Cal y lena a Antequera, el temperamento es frio, su idioma y administración es como el antecedente.

8   Villa de Cuilapa, demora de estas cassa R^S al Rumbo del Sudueste
quarta al Sur, su trabería nordeste quarta al Norte distancia de seis
millas y se halla en la latitud de diez y siete grados, tres minutos
y en longitud de doscientos setenta y zinco grados, veinte y quatro
minutos, sus avitadores son doscientos setenta y quatro tributarios
y distintos hacenderos en su Vecinto que son Vecinos de Antequera.
Los frutos que les sirven de comercio son maiz, frijoles y lena que
sacan de su montes, su temperamento es algo frio por estar situada
debajo de zerros tiene diez y ocho pueblos, sujetos de ella, su administración es de Religiosos Dominicos y es Priorato. Su idioma es
mixteco.

9   Sta Cruz Xojeocotlan, demora de estas Cassas R^S al Rumbo del Sursudueste, su trabería Nornordeste distancia de milla y media y se halla
en la latitud de diez y seite grados y siete minutos y en longitud de
doscientos setenta y zinco grados, veinte y ocho minutos y dos ternos,
sus avitadores son ciento noventa y quatro tributarios y tres espanoles que viven en el. Los frutos que le sirben de comercio son el maiz,
frijoles, zandias, melones y cuacamotte y las Indias abartezen la
Ciudad de Oaxaca con tortillas, su temperamente es templado y seco,
su idioma y administración come el antecedente.

10   S^n Lucas Tlanechico demora de esta Villa al Rumbo del Sursudueste zinco grados mas a el Oeste, su trabería al nornordeste zinco grados
leste distancia de siete millas y media y se halla en la altura de
diez y siete grados, dos minutos y en longitud de doscientos setenta
y zinco grados, veinte y dos minutos y medio, sus abitadores son treinta y siete tributarios, los frutos que les sirben de comercio son maiz,
frijol, lena y carbon, su temperamente es caliente y seco, su administración y idioma como el antecedente.

11   S^n Reymondo Xalpa demora de estas Cassas R^S al Rumbo de el Sur quarta
al Sudueste zinco grados oeste, su trabería norte quarta al nordeste
zinco grados leste distancia de seis millas y se halla en la altura
de diez y siete grados, tres minutos y en longitud de doscientos setenta y zinco grados y veinte y quatro minutos, sus avitadores son
ciento diez y seis tributarios, los frutos que les sirben de comercio
son maiz, chilles y frutas, el temperamento es caliente y medio, su
idioma y administración como los antecedentes.

12   Sn Augustin de la Cal demora de estas Cassas Rs al Rumbo del Sursudeste quatro grados sur, su trabería nornorueste quatro grados norte
distancia de cinco millas y se halla en la latitud de diez y siete
grados, quartorze minutos y en longitud 275° 25', sus abitadores son
treinta y ocho tributarios, los frutos que le sirben de comercio son
cal y lena, este pueblo es divisorio de la Jurisdicción con la de Antequera y se hallan en sus terminos dos haciendas, el temperamento es
templado, su idioma y administración como los antecedentes.

13   S. Andres Goayapa demora de estas Cassas Rs, al Rumbo del les nordeste
tres grados leste, su trabería de sudueste tres grados oeste distancia
de 5 millas y se hallan en la latitud de 17° 4' y en longitud 275° 25'
sus avitadores son 103 tributarios su comercio el acarreo de Lena y
todo fenero de Bitoallas y alguna fruta a dicha Ziudad, su temperamento es fro Umedo su administración como los antecedentes y su Idioma
el Zapoteca entre esta Pº y el que se sique se halla una hazienda.

14   Sta Luzia demora de estas Cassas Rs al Rumbo a el Leste quarto al s
sueste su trabería oeste quarta al nurueste distancia de milla y media
y se halla en la latitud 17° 8' y en longitud 275° 31 1/2' sus abitadores son 24 tributarios su comercio es la grana es dibissorio de Jurisdicción con la de dicha Ziudad el temperamento es templado su Idioma y administración como el antecedente.

15   San Sevastian Tutla demora de estas Cassas Rs al Rumbo de el Leste
quarta al Sueste su trabería Oeste quarta al Norueste distancia de
quatro millos y se halla en la latitud de 17° 8' y en longitud de 275°
34', sus abitadores son 75 tributarios su temperamento, Idiomas administración y comercio como el antecedente.

16   Sto Domingo Tomaltepec demora de dichas Cassas Rs al Rumbo de el Leste
su trabería deste distancia de seis millas y se halla en la latitud
17° 8' y en longitud 275° 36' sus habitadores son 74 tributarios su
comercio administración Idioma y temperamento como el antecedente.

17 Sta Ana Zagache demora de estas Cassas R^S al Rumbo de el Sursudueste
4° Sur su trabería nornordeste 4° norte distancia de doze millos y se
halla en la altura 17° 57' y en longitud 275° 26' sus habitadores son
448 tributarios sin otro genero de gente su comercio es en algodones
y otro generos de la tierra y semillas su temperamente es seco y templado su administración la misma que los antecedentes y el Idioma Zapoteco.

18 S^n Juan Chilateca demora de estas Cassas R^S al Rumbo de el sueste quarta al Sur su traveria norueste quarta al norte distancia de 15 millas
y se halla en la latitud 16° 57' y en longitud 275° 40' sus habitadores son 51 1/2 tributarios sin otro genero de gente su temperamente
es caliente los frutos que le sirben el comercio es el maiz, frijol
y alguna Pulque blanco su Idioma y administración como el antecedente.

19 S^n Pedro Guegorexe de mora de estas Cassas R^S al Rumbo del Sueste, 5°
Sur su trabería norueste 5° norte distancia de 16 millas y se halla
en la altura 16° 56' y en longitud 275° 42' sus avitadores son 31 tributarios los frutos que le sirben de comercio es el carbon lena y Pulque blanco su Idioma y administracion como el antecedente el temperamento es caliente y seco.

20 Sta Catarina Minas demora de dichos Cassas R^S al Rumbo del Sueste su
traveria norueste distancia de 19 millas y se halla en la latitud
16°55' y en longitud 275°45' sus abitadores son setenta y dos tributarios y dos familias de mestizos, el nombre de minas lo adquirio por
la inmediacion que ay de el a la Jurisdicción de Zimatlan que llaman
Minas de Chichicapa los frutos que le siven de comercio es el frijol
y maiz su temperamento Idioma y administración como los antecedentes.

21 Sta Maria demora de dichas Cassas R^S al Rumbo de el sursueste 5° sur
su travería nornorueste 5° Norte distancia de 30 millas y se halla en
la latitud de 16°40' y en longitud de 275°40' su abitadores son 60 tributarios esta situada entre varios zerros por lo qhe hazen su temperamente algo frio, los frutos que le sirben de comercio es el maiz y la
cria de ganado menor su idioma y administración como los antecedentes.

22   S^n Martin Lachisa demora de estas Cassas R^s al Rumbo de el Sur 5° Sur-
este su trabería norte 5° norueste a distancia de 33 millas y se halla
en la latitud 16°36' y en longitud 275°33' sus abitadores 78 tributarios y ocho familias de mulatos libres su comercio es en la costa con
grana y algodon el temperamento es caliente su Idioma y administracción es como los antecedentes.

23   S^n Miguel de las Peras demora de estas Cassas R^s al Rumbo del Sur sudueste su travería nornordeste distancia de 22 millas y se halla en la
latitud 16°49' y en longitud 275°21', los avitadores que lo componen
son 72 tributarios, los frutos que le sirben de comercio es el Corte
de lena y frutas, su temperamento es frio por estar situado en una sierra su idioma es el mixteco y la administracción la misma que los otros.

24   S^n Pablo Peras demora de estas Cassas R^s al Rumbo del Sursudueste 3°
Sur su travería nornordeste 3° Norte distancia de 21 millas y se halla
en la latitud 16°49' y en longitud 275°27' sus avitadores son 21 tributarios, los frutos que le sirben de comercio temperamento Idioma y
administracción el mismo que el antecedente.

25   Sta Maria Asompa demora de estas Cassas R^s al Rumbo de el Norueste quarta al Oeste su travería su este quarta al Leste distancia de 4 millas
y se halla en la latitud 17°11' y en longitud 275° 27'. Los avitadores
de que se compone son 143 tributarios. Su comercio el de la Josa, Maiz
y frijol su temperamento templado su idioma la mixteca y mexicana y
la administracción que los demas.

26   S^n Pablo de Etla demora de dichas Cassas R^s al Rumbo de el nornorueste
su travería sursueste distancia de quatro millas y se halla en la altura 17°12' y en longitud 275°32' los avitadores que lo componen son
84 Tributarios los frutos que le sirben de comercio es la siembras de
trigo, maiz y corte de maderas su temperamento es frio el Idioma Zapoteco y la administracción la misma.

27   Villa de Tlapacoya demora de estas Cassas R^s al Sur su travería norte
distancia de 21 millas y se halla en la latitud 17°47' y en longitud
275°30' sus avitadores son 179 tributarios su comercio el maiz, frijol
y chilares, su temperamento es caliente el Idioma y administracción
es como el antecedente.

28   S^n Agustin de Etla demora de dichas cassas R^s al Rumbo de el Norte
3° Norueste su travería Sur 3° Sueste distancia de 12 millas y se
halla en la latitud 17°20' y en longitud 275°30' y seis octabos. Sus
abitadores son 35 tributarios, su comercio es el trigo y maiz el temperamento frio su Idioma el Zapoteco y la misma administracción que
los demas.

29   S^n Gabriel de Etla demora de dichas Cassas R^s al Rumbo de el Norte 3°
norueste su travería sur 3° sueste distancia de 6 millas y se halla
en la latitud 17°14' y en longitud 275°30' y siete octabos. Sus abitadores son 21 tributarios su comercio Idioma temperamento y administracción es como el antecedente.

30   S^n Miguel de Etla demora de dichas Cassas R^s al Rumbo de el Norte quarta al Norueste su travería SUr quarta al Sueste distancia de diez millas y se halla en la latitud 17°7' y en longitud 275°28'. Sus avitadores son 28 tributarios el Idioma temperamento administracción y comercio el mismo que el antecedente.

31   La Asumpsion demora de dichas Cassas R^s, al Rumbo de el Norte 2° Nordeste su travería sur 2° Sudueste distancia de 6 millas y se halla en
la latitud 17°14' y en longitud 275°30' y 2 octavos, sus avitadores
son treze tributarios su comercio temperamento administracción e Idioma el mismo que los antecedentes.

32   Sta Marta demora de dichas Cassas R^s al Rumbo de el Norueste 4° Oeste
su trabería Sueste 4° Leste distancia de 12 millas y se halla en la
latitud 17°19' y en longitud 275°22'. Sus avitadores son 13 tributarios su temperamento es templado los frutos que le sirben de comercio
Idioma y administracción de mismo que los antecedentes.

33   S^n Juan Guelache demora de estas Cassas R^s al Rumbo de el Norte 5° Norueste su travería sur 5° Sueste distancia de 11 millas y se halla en
la latitud 17°19' y en longitud 275°28'. Sus avitadores son 124 tributarios el temperamento es frio, los frutos que le sirben de comercio
es el trigo y legumbres, su Idioma y administracción como el antec-
dente.

34 Sta Maria Nativitas demora de estas Cassas R^{S} al Rumbo de el Nornorueste su traveriá Sursudeste distancia de seis millas, digo nueve, y
se halla en la latitud 17º13' y en longitud 275º27'. Sus avitadores son
66 tributarios, su temperamento templado su comercio administracción
e Idioma como el antecedente.

35 Pueblo de Reyes demora de estas Cassas R^{S} al Rumbo de el Nornorueste
7º Norueste su traveria sur sueste 6º Sueste distancia de 6 millas y
se halla en la latitud 17º13' y en longitud 275º27', sus avitadores son
123 tributarios, los frutos que le sirben de comercio Idioma y administracción como los antecedentes su temperamento es templado.

36 S^{n} Sevastian de Etla demora de dichas Cassas R^{S} al Rumbo de el Norte
quarta al Norueste su traveria sur quarta al Sueste distancia de 6 millas y se halla en la latitud 17º13' y en longitud 275º27', sus avitadores son 14 tributarios. los frutos que le sirben de comercio administracción Idioma y temperamento el mismo que el antecedente.

37 Santhiago de Etla demora de estas Cassas R^{S} al Rumbo del Norueste su
traveria sueste distancia de 7 millas y se halla en la latitud 17º12'
y en longitud de 275º28'. Sus avitadores son 42 tributarios los frutos
que le sirben de comercio es el mismo que los que antecedentes como
tambien en el idioma administracción y temperamento.

38 Guadalupe de Etla demora de estas Cassas R^{S} al Rumbo de el Norueste
quarta al Norte su traveria sueste quarta al Sur distancia de seis
millas y se halla en la latitud 17º13' y en logitud 275º27' sus abitadores son 35 tributarios su idioma administracción y frutos que les
sirben de comercio lo mismo que los antecedentes su temperamento es
frio y Umedo.

39 Nazareno demora de estas Cassas R^{S} al Rumbo de Nornorueste 2º Norueste
su traveria sur sueste 2º Sueste distancia de 9 millas y se halla en
la latitud 17º16' y en longitud de 275º25' y un tercio sus avitadores
son veinte y seis tributarios los frutos que le sirben de comercio es
la siembra de trigo el temperamento es frio, su Idioma y administracción es como los antecedentes.

40   Soledad demora de estas Cassas R^S al Rumbo de el Norueste quarta de el
     Oeste su traveria Sueste quarta al Leste distancia de nueve millas y
     se halla en la latitud 17°15' y en longitud 275°24'. Sus avitadores son
     48 tributarios, los frutos que le sirven de comercio temperamento Idio-
     ma y administracción es como es antecedente y estan quasi juntos.

41   S^{to} Domingo (?) demora de estas Cassas R^S al Rumbo del Norueste 2° Nor-
     te su traveria sueste 2° Sur y se halla en la latitud de 17°13' y en
     longitud 275°25'. Sus avitadores son 101 tributarios los frutos que les
     sirben de comercio es el trigo el temperamento es frio, su administrac-
     ción e Idioma el mismo que los otros.

Y para completar lo demas que contiene la Carta instruetiba se apenta que
en el ambito que comprehende de la Villa de Etla quese compone de los 15
Pueblos ultimos estan situadas 12 haciendas y Ranchos, Cortos de pan sembrar todas las mas arrendadas por los herederos de D^n Francisco Ramirez de
León Casique que fue de dicha Villa que es Priorato de Religiosos Dominicos;
tambien en ella se hallan seis molinos de moler trigo y por lo que hace asi
ha habido ono decadencia en los Pueblos de estas Jurisdicción Marquesana es
evidente haver la Causado en Crendo numero de Individuos, la pasada General
epidemía a quien se le dio por nombre matlasahual; y en quanto a las Yma-
genes Milagrosas solo se halla en el Pueblo de San Andres Guayapa una soberana ejipe (oder elipe) de christos Grucificado, mediana colocada en capilla que tiene en la Iglesia Parrochial a la que todo el ano concurren a
muchas perzonas de ambos sexcos de dicha Ziudad como en Romería a el socorro de sus necesidades espirituales por haver experimentado muchos milagros
que se han esculptado en bienzos sin que se pueda aber descubierto el ori-
gen que tubo esta soberana Ymagen por no haver quien de razon y no hallan
de cosa experical que poder informarse haze para la maior claridad de la
situación de toda ests dicha Jurisdicción y distancias por medio de el adjunto mapa que se formo con todo el es mero posible por persona Peritta e
Inteligente que concurrio a su inspección y conocimiento con lo que parece
quedar feneridas y evaquiadas las prevenidos y ordenados chiligencias que
firme con los testigos de mi assistencia con quienes antico como Juez Rezep-
tor afalta de escrivano y ba en este papel comun por no haver lo sellado
en el estanco de la Ziudad de Antequera su perjuicio de el R'haver ...

    Martin de Chartena   Francisco de la Ruia

              Miguel Sanchez de Ortigosa

QUELLE 11

Díez de la Calle 1653 über Oaxaca

BNMS 3023

fol. 236 fr.

Capitulo

Ciudad de Antequera Caveza

del Valle de Guseaca

Armas

Illustrola la Magestad Catholica de el señor emperador Carlos, V°, (que
es en gloria) con titulo de Ciudad en 22 de Abril de 1532.

fol. 236 v.

Juan Nuñez de Mercado fue el primero que entro a pacificarle con commis-
sion del gran Don Fernando Cortes, Marques del Valle en el año de 1522
y deste Valle es el titulo de Marques que tan justamente se el dio por
la Magestad Catholica del senor emperador Carlos V° con 20 bassallos
tributarios, y Jurisdiccion cibil y criminal en 6 de Jullio de 1529 y
titulo de Governador de la Nueva Espana en lo politico y militar:

Esta ciudad esta 80 leguas de la de Mexico en el camino real de Chiapa
y Guatemala con 600 vecinos espanoles y conbentos de las sagradas ordenes Sancto Domingo y San Francisco descalcos y de San Augustin, y la merced, con buen numero de religiosis y curso de Artes:

Collegio de la Compania de Jesus, y Hospital de San Juan de Dios; y la
orden de Sancto Domingo tiene 40 Doctrinas a su cargo en este obispado,
como se refiere en cedula de 10 de Diziembre 1650. Y en esta ciudad hay
tambien Iglesia Parroquial, Cura y Vicario, y dos Parroquias de Indios,
San Pablo y Sancta Catalina. Dos Conbentos de Monjas de la adbocación
de la purissima Concepcion de nuestra senora con 80 Religiosas, y Sancta
Catalina de Sena con cien Religiosas y en el ano de 1610 se les dío li-
mosna de vino y azeite por su Magestad:

Poblose primero en el ano de 1528 por Juan Nunez Sedeno y Hernando de
Vadasoz Y despues por orden de la audiencia de Mexico:

fol. 237

El combento de Sancto Domingo de esta Ciudad es de los mejores que tiene
esta Religion en toda la Nueva Espana y Caveza de Provincia con la adbo-

cacion de San Ypolito Martir. Tiene de ordinario 120 Religiosos y sus estudios en esta Cassa, y en la Provincia otros 200 Religiosos repartidos en 40 Doctrinas en que administran diez leguas diferentes que son la Mexicana: Zapoteca: Misteca de las sierras de San Ilefonso: Mixe: Chontal: Guabi: Chimanteca; Coque de Xanatepeque: Ciucateca: Y han Doctrina donde ed forcosso administrar dos y tres leguas: Las Doctrinas son:

Yanquitlan: Tlaxiaco: Justlabaca: Tecomostlabaca: Achiutla: Tilantongo: Nochistlan: Almoloyas: Cuilapa: Guanxolotitlan: Etla: Xaltepeque: Simatlan: Sancta Cruz Quixaloo: Lachilla: Opotlan: Capache: Sancta Catalina quelaya: Xaliessa: Talistaca: Tlacuchaguaya: Tetipace: Xaguia: Nexapa: quiegolani: Quiechagra: Xalapa: Teguantepeque: La Villa Alta de San Ilefonso: Chuapa: San Francisco de los Caxonos: San Francisco de la mar: Canatepeque: San Pablo de los Mexicanos: Chinaltla: Tlapalcatepeque: Tequissistla: Tonontepeque: Jaqquila: Quecaltepeque:

Assi mismo hay en este obispado 64 beneficios acrados que sirben clerigos:
Consta por las pressentaciones que el Virrey Conde de Salba

fol. 237 v.

tierra / hizo los anos de 646 y 48 para estas doctrinas y por la fianza que recivieron los officiales de Mexico el mismo ano de que pagarian la messada que deviessen dentro de quatro messes de como tomasen possession los criollos y Vicarios del estipendio de dinero y mayz, provechos y emolumentos, y obenciones que en qualquier manera tuviessen en los dichos Prioratos y Vicarios en que administra la Doctrina y sanctos sacramentos a los naturales de los dichos Pueblos con más las costas que tuviesse hasta llegar a estos Reynos de Nueva Espana en conformided que lo que dispuso en Sanctidad por su Breve y su Magestad por sus Reales Cedulas:

Las cassas de cavildo desta Ciudad son muy illustres de cantervas ladrillos, y los Portales de arquería y mármoles y de la misma fabrina es la Alondiga, carcel y canecerías.

ZUSAMMENFASSUNG:

Die ebenfalls bei DIEZ DE LA CALLE (s. Quelle 6) enthaltene Beschreibung der Stadt Antequera enthält vor allem in ihrem vierten und den folgenden Abschnitten die kirchlichen und kirchlich-sozialen Einrichtungen der Stadt im 17. Jahrhundert. Desweiteren werden die Missionsbezirke der Provinz (Doctrinas) genannt und die Zahl der noch dazukommenden Pfarreien wird auf 64 beziffert. Im letzten Abschnitt der Quelle erfährt man außerdem, daß Antequera in der Mitte des 17. Jahrhunderts einen festen Markt (Alóndiga) und ein Gefängnis (cárcel) hatte.

QUELLE 12

Zur Tributbelastung im Marquesado

AGI Indif. gen. 95

" Donde hay diferencia es en la jurisdicción de Toluca, por pagar cada tributario cinco tomines en dinero y una fanega de maiz, commutada en nueve
tomines; una Gallina de Castilla commutada en dos tomines y 6 granos. El
medio Real del ministro y el del Hospital Real que hazen 17 tomines y medio, y agregada a esta candidad los quattro reales de Cervicio Real Importa
lo que cada tributario paga cada ano veinte y un real y medio en que hay de
exeso quatro reales.

La jurisdicción de las quattro villas de Oaxaca paga los diez y siete reales y medio a exepción de la villa de St^a Anna Tlapacoya que satisface cada
tributario nuebe tomines en dinero y los dos medios reales de ministros y
hospital y con los quattro reales de Cervicio Real solo contribuye cada tributario a el ano 14 reales. Pero en esta jurisdicción está la villa de Etla
en que senotta un considerable exeso, por que cada tributario paga seis tomines en dinero.

Dos pesos de media fanega de trigo, commutada la fanega entera en 4 pesos,
los 2 medios reales de ministro y Hospital y con las 4 reales de Cervicio
Real, contribuye cada tributario en cada un ano tres pesos y tres reales.
Esto es conforme alo que contiene la Certificación dada por el Contador del
Estado en nueve del pasado Enero con que da principio el testimonio separado adjunto y a lo que se expera en la instrucción de esta jurisdicción
quese dá por el Jusgado pribatibo del Estado a los Alcaldes maiores; y cot-
tegado uno y otro con la Declaracción de D^n Martír de Chartena, Alcalde
mayor que fue de dicha Jurisdicción de las 4 villas de Oaxaca ... "

Real acuerdo de la
Aud^a de México

13 de Marzo de 1756

ZUSAMMENFASSUNG:

Über die Tributbelastung der Einwohner des Marquesado berichtet die Quelle, daß sie in Toluca den Verhältnissen des Landes ebenso entspreche wie allgemein im Amtsbezirk Cuatro
Villas. Einzig die Einwohner der Stadt Etla würden, da ihre gesamte Abgabe in Geld entrich-
tet werden würde, zuviel bezahlen. Diese überhöhte Abgabe wird berichtigt. Wichtig ist die
Quelle vor allem deswegen, weil sie für einige Produkte (z.B. Weizen) den Gegenwert in
Geld nennt (1 fanega Weizen in Oaxaca = 4 pesos, 1 fanega Mais in Toluca = 9 tomines,
eine gallina de Castilla in Toluca = 2 tomines 6 granos) und damit zur Rekonstruktion der
Tributbelastung der Gemeinden am Ende des 18. Jahrhunderts herangezogen werden kann.

Beschreibung des Computerprogramms "HISTSORT"

1. Aufgabenstellung

In der historischen Regionalforschung kommt es häufig vor, daß Texte, historische Quellen, allgemeine Informationen und Daten in Karteiform abgelegt werden und nach den Kriterien 'Ortsname' oder 'Region' und 'Jahreszahl' oder 'Jahrhundert' sortiert werden müssen. Da diese Sortierung oft mehrfach geschehen muß - nach unterschiedlichen Kriterienkombinationen und insbesondere bei umfangreichen Informationen und damit einer großen Kartei dieser mehrfache Sortiervorgang sehr zeitaufwendig ist, hat der Verfasser im Rahmen seiner Arbeiten zum Oaxaca-Projekt der Deutschen Forschungsgemeinschaft ein Computerprogramm erstellt und getestet. Dabei wurde darauf geachtet, daß das Programm einfach zu handhaben ist, also auch von Nicht-Computerfachleuten problemlos angewendet werden kann. Alle Funktionen des Programms werden durch kommentierende Texte während des Programmablaufs ausführlich erläutert, das heißt, das Programm ist menuegesteuert und stellt dem Benutzer, ausgehend von einem Hauptmenue, mehrere Menues zum Beispiel zur Dateneingabe, zum Sortieren nach Jahreszahl, Jahrhundert, Ortsnamen oder Kombinationen dieser Kriterien zur Verfügung.

2. Problemformulierung

Die Hauptaufgabe des Programms soll darin bestehen, eine Textdatei zu erstellen, die unterschiedlich lange Texte (z.B. Quellentexte) enthalten kann. Diesen Texten muß jeweils eine Nummer zugeordnet werden können. Unter dieser Nummer werden sich in einer zweiten, wesentlich kürzeren Datei die Sortierkriterien Jahreszahl und Ortsname finden. Damit sollen nicht nur Sortiervorgänge nach diesen Kriterien möglich sein, sondern es könnten auch Querverweise durchgeführt werden, in der Art, daß einem Text mit einer bestimmten Nummer mehrere Orte und/oder mehrere Jahreszahlen in der Merkmalsdatei zugeordnet werden. Neben diesen Funktionen muß die Möglichkeit bestehen, alle Daten, die abgespeichert wurden, unsortiert ausgeben zu lassen (z.B. zur Kontrolle!). Das Programm wurde in C-BASIC geschrieben, das unter dem Betriebssystem CP/M 2.2 auf den Kleinrechnern des Rechenzentrums Erlangen (RRZE) derzeit implementiert ist (C-BASIC der Firma Kontron, München VER 2.2).

Die Programmiersprache BASIC ist zu Recht nicht unumstritten. Sie ist meist nicht kompatibel zu anderen Rechnern und verleitet zum unstrukturierten Programmieren. Diesen berechtigten Argumenten contra BASIC stehen die äußerst leichte Erlernbarkeit des begrenzten Befehlssatzes und die weite Verbreitung gerade auf Kleincomputern der mittleren und unteren Preisklasse gegenüber. Wesentlich schneller und zuverlässiger laufende Programmversionen, z.B. in PASCAL und ausführliche Programmbeschreibungen oder BASIC-Versionen können beim Verfasser nachgefragt werden.

RESUMEN

Ya en la época precolombina encontramos, a diferencia de América del Norte, en la zona de altas culturas mesoamericanas una complicada y diferenciada red de lugares con funciones centrales.

Come centros principales llaman especialmente la atención las cabeceras de cacicazgo más poderosas. Sólo son superadas en importancia por los centros de poder estatal y superregional ("imperios"?). El valle de Oaxaca está situado en la periferia tanto de los reinos zapotecas de las regiones costeras de Oaxaca (Tehuantepec - Tututepec), como del reino de los Mexica en la alta meseta central de México. Su centro principal en tiempo prehispánico, la cabecera Zaachila, es por eso relativamente independiente, y las obligaciones tributarias de los diferentes cacicazgos son discutidas y en ningún modo fijas, pese a que la región se considere como conquistada por los aztecas. Sus establecimientos en el valle no forman centros especiales. Huitzo no pertenecía administrativa ni económicamente al sistema de la cuenca, y la guarnición militar azteca en Cerro Fortín, al norte de la ciudad actual, tampoco cumplía funciones centrales (excepción hecha de la colección de tributos trimestrales). Las funciones principales demostrables de importancia superregional, administración y culto, estaban repartidas al menos entre dos centros. En el nivel de centralidad inmediatamente inferior se sitúan las demás cabeceras de cacicazgo, que debido a algunas funciones especiales (lugar de peregrinación, mercado, región circundante extensa o mayor número de habitantes) podrían diferenciarse aún más.

El cambio más importante que produce la conquista en el valle de Oaxaca es la división político-administrativa en una parte sometida como encomienda al Marqués del Valle (cuencas norte y sur), y otra bajo dominio directo de la Corona u otros encomenderos menos importantes.

Con el surgimiento de la ciudad española recién fundada en situación central dentro del valle empieza a borrarse, ya desde la primera mitad del siglo XVI, la diferenciación de los otros centros. En casi todas las antiguas cabeceras de cacicazgo se establecen conventos de misioneros como primeras instituciones de administración eclesiástica, o se convierten en corregimientos o alcaldías mayores, que en los primeros tiempos se corresponden casi con exactitud. Sobre todo en el nivel más alto de centralidad pierden los centros principales, Zaachila y Mitla, sus funciones como centros de poder y de culto. Mitla ni siquiera detenta la función sustitutiva de la época española (convento o corregimiento).

El sistema bien diferenciado de lugares con funciones centrales se convierte en la primera mitad del siglo XVI en uno con sólo dos niveles de centralidad, el de la fundación urbana española y el de los demás centros.

A pesar de que la población española tuvo que luchar por su existencia a principios de siglo, se desarrolló hasta mediados del XVI como centro principal de la región bajo el nuevo sistema administrativo. En la ciudad no sólo surgió el convento matriz de los misioneros dominicanos, sino también la sede episcopal y las instituciones de la administración estatal, especialmente las alcaldías mayores de la Corona y del Marquesado. En tanto que los antiguos centros fuera del Marquesado pudieron mantener su posición como lugares con funciones centrales, la administración del Marquesado estaba dirigida a la concentración de todos los altos órganos administrativos en el centro principales (Villa de Oaxaca).

El segundo corte temporal, situado a finales del siglo XVI, muestra ya una diferenciación ostensible de funciones centrales de administración eclesiástica y estatal, y también de actividades económicas.

Todas las instituciones superregionales estaban situadas en Antequera o en Villa de Oaxaca, y las rutas comerciales fueron desviadas hacia estos centros y la población española asentada allí. El sistema de encomiendas perdió importancia hasta principios del nuevo siglo, sin que ello tuviera consecuencias sobre el sistema de lugares con funciones centrales. Sólo la iglesia operaba en ambas partes del valle con uniformidad, que pudo establecer sus centros misioneros hasta fines del siglo XVI. Parece haber surgido solamente un centro en la cuenca después de la conquista: Zimatlan, la congregación de indios de la sierra colindante al oeste, sobre todo de la comarca alrededor de San Bernardo Mixtepec. En cambio, el vertiginoso desarrollo de los centros principales, Antequera y Villa de Oaxaca, se detiene durante el siglo XVII y la primera mitad del XVIII. En las zonas dependientes de la Corona empiezan a consolidarse Zaachila, Zimatlan, Ocotlan, Teotitlan del Valle y Tlacolula como centros de importancia. Huitzo pierde su anterior significado, y en el Marquesado sólo cabe señalar Cuilapan, por su crecido número de habitantes y un convento importante (congregación y centro misionero del grupo étnoco mixteca), y Etla, con un mercado de alcance superregional. Tras la primera ola de inmigración e institucionalización de funciones centrales en las ciudades españolas, empieza aquí un proceso de

consolidación y una revitalización de los centros prehispánicos que habían detentado durante algún tiempo funciones administrativas y eclesiásticas.
Mientras que las funciones eclesiásticas se distribuyen en forma más dispersa y jerárquica durante el siglo XVII y principios del XVIII, las instituciones administrativas permanecen concentradas en los pocos centros del valle y en las ciudades españoles. La minería no prodice sino pequeños centros de importancia pasagera, pero es responsable de la pérdida demográfica masiva en otros centros de la región en el siglo XVII (cf. el ejemplo de Ocotlán).

A pesar de ser claramente policéntrico, el sistema de lugares con funciones centrales puede considerarse en el siglo XVII y principios del XVIII como un sistema lineal jerárquico, cuyo más alto nivel de centralidad es ocupado por las ciudades españoles, debido a sus funciones como centro comercial (vg. en el comercio con Guatemala), sus institutiones administrativas (alcalde mayor, caja real etc.) y funciones principales en la administración eclesiástica.

El segundo nivel de centralidad lo ocupaban lugares como Tlacolula, Teotitlan del Valle, Etla, Zaachila, Zimatlan, Chichicapan (centro minero), y Ocotlan, por tener un territorio de reabastecimiento de radio mayor que la comarca más inmediata, ser sede de un alcalde mayor o centro de colección del impuesto comercial, la alcabala. Antiguos centros, como Tlapocoya, Macuilxochitl, Tlalistac o Tlacochahuaya, tenían rango de centros parroquiales (a veces tenían también un convento, pero no un "convento formal"), o como Cuilapan alto número de habitantes y un convento importante, pero no tenían por lo demás ninguna función central. Estas lugares ocupan el último nivel en la escala de centralidad o se convierten en comunidades periféricas de las ciudades españolas (Tlalixtac, Cuilapan).

La fase de consolidación del siglo XVII y principios del XVIII prácticamente no había tocado las ciudades españolas, pero había contribuído a diferenciar los demás centros del valle.El incremento demográfico, las reformas económicas y especialmente administrativas en la segunda mitad del siglo XVIII produjeron la ruptura dela jerarquización anterior. Todas las actividades económicas se concentraron en Antequera. Los centros del valle seguían teniendo importancia regional, pero ya no comparable con la de la ciudad española. Antequera se convirtió, sobre todo tras la adopción del sistema de intendencias, no sólo en centro principal del valle, sino de toda una región, correspondiente en superficie aproximadamente al actual

Estado de Oaxaca (Intendencia). Con ello, Antequera tenía definitivamente funciones de capital, situadas en un nivel de centralidad mucho más alto que el de los centros regionales del valle. En tanto que las funciones económicas de estos centros permanecían dirigidas al sistema de asentamientos dentro del valle (a excepción de Tlacolula), Antequera estaba unida al sistema económico superregional y colonial. Así pues, es en la segunda mitad del siglo XVIII que se produce el hiato entre el sistema tradicional de intercambio en mercados semanales, sitios en pequeños centros, y el comercio interregional moderno de las grandes ciudades incorporado al mercado mundial, hiato que caracteriza aún hoy día el país. Durante todo el período colonial, las relaciones con la capitel, México, prácticamente no variaron. En la época colonial tardía, Antequera era sede episcopal, centro comercial en el camino real, también de una región agricola fecunda y de poplación densa, y asentamiento de manufacturas textiles y de producción y comercio de cochinilla; estaba, pues, situada en el mismo nivel de centralidad que las demás capitulos provinciales del virreino. Es la industrialización durante el siglo XIX y principios del XX, unida a la ampliación de comunicaciones por vía férrea y carretera, la que tiene por consecuencia la merma de importancia de Antequera con respecto a las capitales de los estados mexicanos en la alta meseta central. Como el incremento del tráfico marítimo, ya en el siglo XVIII, le había hecho perder importancia en el comercio interregional con Guatemala, Antequera mantuvo hasta hace pocos años su carácter colonial no sólo en su arquitectura, sino también en la falta de industria, y con ello de puestos de trabajo.

Como en la mayoría de las investigaciones históricas sobre centralidad, se han observado en este trabajo sobre todo funciones administrativas impuestas, debido a las posibilidades ofrecidas por las fuentes; con todo, la importancia de funciones económicas diferenciadores dentro del sistema de centralidad es de tener muy en cuenta. El sistema comercial mercantilista y la introducción de manufacturas influyen decisivamente en favor de las ciudades coloniales españolas y contribuyen a establecer una distancia jeráquica tan acusada con los centros regionales circundantes, que se puede hablar de una independización de la economía tradicional respecto al sistema económico colonial.

Sólo la falta de industrialización, que hubiese tenido como consecuencia un mayor distanciamiento jerárquico entre centros regionales y capital, establece diferencias entre Oaxaca y el desarrollo de otras capitales de estados mexicanas.

La Oficina de Planificación Regional, establecida en Oaxaca en 1976, intenta reducir esta diferencia respecto a la región central de México con el asentamiento de industrias, instituciones administrativas, mercados fijos y construcción de carreteras modernas. El resultado de un laudable proceso de aprendizaje es que las medidas conciernen no sólo a la ciudad de Oaxaca, sino también a otros centros del estado, como Tehuantepec, Salina Cruz, Puerto Escondido y otros.

De todos modos, la decentralización va a ser un camino largo y dificultoso de recorrer, en vista de instrumentos insuficientes de planificación, falta de dinero y de la división de competencias poco clara dentro de la administración mexicana.

La investigación de los éxitos y fracasos de estos esfuerzos puede ser un interesante campo de trabajo, especialmente en lo que concierne a las regiones mexicanas "de provinicas" en el marco de su desarrollo histórico, así como la continuación de las cuestiones planteadas en este trabajo para el siglo XIX hasta el presente.

LITERATURVERZEICHNIS

Advertimientos generales que los Virreyes dejaron a sus sucesores para el Gobierno de Nueva España, 1590-1604. - In: France W. Scholes und Elenor B. Adams (Hrsg.): Documentos para la Historia del Mexico colonial 2. - México 1956.

Alanis Boyso , J.L.: Introducción al estudio de los corregidores y alcaldes mayores del Marquesado del Valle. - México 1977.

Alegría, R.E.: Origin and Diffusion of the Term 'Cacique'. - In: Acculturation in the Americas - Proceedings and selected Papers of the 29th International Congress of Americanists. 1952, S. 313-315.

Arroyo, E.: Los dominicos, forjadores de la civilización oajaqueña. - Oaxaca 1957.

Barlow, R.H.: The Periods of Tribute Collection in Moctezumas Empire. - Notes on Middle American Archaeology and Ethnology 23. 1943, S. 152-154.

Barlow, R.H.: Descripción de la ciudad de Antequera. - Tlalocan 2. 1946, S. 134-137.

Barlow, R.H.: The Extent of the Empire of the Culhua Mexica. - Ibero-Americana 28. 1949.

Barrett, W.: The Sugar Hacienda of the Marqueses del Valle. - Minneapolis 1970.

Beals, R.L.: The Structure of the Oaxaca Market System. - Revista Mexicana de Estudios Antropológicos 21. 1967, S. 333-342.

Beals, R.L.: The Peasant Marketing System of Oaxaca, Mexico. - University of California Press. - Berkeley and Los Angeles 1975.

Beer, R.: Handschriftenschätze Spaniens. - Neudruck 1970 der Ausgabe Wien 1894

Berdan, F.F.: Aztec Merchants and Markets: Local - Level Economic Activity in a Non-Industrial Empire. - mexicon 2. 1980, S. 37-41.

Bernal, I.: Distribución geográfica de las culturas de Monte Albán. - El México antiguo 7. 1949, S. 210-216.

Bernal, I.: Excavaciones en Dainzú. - Boletín del INAH 27. 1967, S. 7-13.

Bernal, I.: The Ball Players of Dainzú. - Archaeology 21. 1968, S. 246-251 [= 1968a] .

Bernal, I.: The Olmec Presence in Oaxaca. - Mexico Quarterly Rev. 3. 1968, S. 6-22 [= 1968b] .

Bernal, I.: El juego de pelota más antiguo de México. - Artes de México, Número extraordinario de 15° aniversario. - México 1969.

Bernal, I.: Archaeological Synthesis of Oaxaca. - In: Handbook of Middle American Indians 3, Teil 2, University of Texas Press. - Austin, Tex. 1973, S. 788-813.

Bernal, I. and A. Seuffert: Esculturas asociadas del Valle de Oaxaca. - Corpus Antiquitatum Americanensium 6. - México 1973.

246

Bernal, I. and A. Seuffert: The Ballplayers of Dainzú. - Graz 1979.

Bertalanffy, L. von: General Systems Theory. - General Systems 1. 1956, S. 1-10.

Bienes y Tributos del Estado y Marquesado del Valle de Oajaca. - Memorias de la Academia Mexicana de la Historia 2. 1943, S. 321-345.

Blanton, R.E. et al: Regional Evolution in the Valley of Oaxaca, Mexico. - Journal of Field Archaeology 6. 1979, S. 369-390.

Blotevogel, H.H.: Zentrale Orte und Raumbeziehungen in Westfalen vor der Industrialisierung. - Bochumer Geogr. Arb. 18. 1975.

Bobek, H.: Die Theorie der zentralen Orte im Industriezeitalter. - In: Deutscher Geographentag Bad Godesberg 1967. Tagungsber. und wiss. Abhdl. - Wiesbaden 1969, S. 199-213.

Borah, W.: The Collection of Tithes in the Bishopric of Oaxaca During the Sixteenth Century. - Hisp. Am. Hist. Rev. 21. 1941, S. 386-409.

Borah, W.: Silk Raising in Colonial Mexico. - Ibero-Americana 20. 1943.

Borah, W.: The Cathedral Archive of Oaxaca. - Hisp. Am. Hist. Rev. 28. 1948, S. 640-645.

Borah, W.: Notes on Civil Archives in the City of Oaxaca. - Hisp. Am. Hist. Rev. 31. 1951, S. 723-749.

Borah, W. und S.F. Cook: Price Trends of Some Basic Commodities in Central Mexico 1531-1570. - University of California Press . - Berkeley, Cal. 1958.

Borah, W. und S.F. Cook: The Population of Central Mexico in 1548 - an analysis of the 'Suma de visitas de pueblos'. - Ibero-Americana 43. 1960.

Borah, W. und S.F. Cook: The Aboriginal Population of Central Mexico on the Eve of the Spanish Conquest. - Ibero-Americana 45. 1963.

Brading, D.A.: Miners and Merchants in Bourbon Mexico 1763-1810. - London 1971.

Brading, D.A.: Government and Elite in Late Colonial Mexico. - Hisp. Am. Hist. Rev. 54. 1973, S. 389-414.

Bradomin, J.M.: Toponimia de Oaxaca. Crítica etimológica. - México 1955.

Brand, D.D.: The Development of Pacific coast ports during the Spanish colonial period in Mexico. - In: Estudios antropológicos publicados en homenaje al doctor Manuel Gamio. - México 1956, S. 577-591.

Brioso y Candiani, M.: La evolución del pueblo oaxaqueño de la conquista hasta la consumación de la Independencia. - Tacubaya, D.F. ²1943.

Broda, J.: Continuidad y cambio en la sociedad indígena de México después de la conquista: estructuras prehispánicas coloniales. - In: Cahier 1, Fascicule 12 du programme: L'integration des formations sociales Latinoaméricaines au procesus capitaliste. - Nanterre 1976.

Burgoa, Fray F. de: Geográfica descripción de la parte septentrional de polo árctico de la América y nueva iglesia de los indias occidentales, y sitio astronómico de esta provincia de predicadores de Antequera, Valle de Oaxaca. - Oaxaca 1674.

Butterworth, D. (Hrsg.): Relaciones of Oaxaca of the 16th and 18th Centuries. - Boletín de Estudios Oaxaqueños 23. 1962, S. 35-55.

Carrasco, P.: The Civil Religious Hierarchy in Mesoamerican Comunities: Prespanish Background and Colonial Development. - American Anthropologist 63. 1961, S. 483-497.

Carrera Stampa, M.: The Evolution of Weights and Measures in New Spain. - Hisp. Am. Hist. Rev. 29. 1949, S. 2-24.

Carriedo, J.B.: Estudios históricos y estadísticos del Estado libre de Oaxaca. - Oaxaca 1949.

Caso, A.: Los señores de Yanhuitlan. - In: Actas del 35. Congreso Internacional de Americanistas I. 1962. - México 1964, S. 437-448.

Caso, A.: The lords of Yanhuitlan. - In: J. Paddock (Hrsg.): Ancient Oaxaca. - Stanford University Press 15. 1966, S. 313-335.

Caso, A.: Reyes y Reinos de la Mixteca. - Fondo de Cultura Económica 2. - México 1979.

Caso, A. und I. Bernal: Urnas de Oaxaca. - México 1952.

Chance, J.K.: Razas y Clasas de la Oaxaca colonial. - México 1978.

Christaller, W.: Die Zentralen Orte in Süddeutschland. Eine ökonomisch-geographische Untersuchung über die Gesetzmäßigkeiten der Verbreitung und Entwicklung der Siedlungen mit städtischen Funktionen. - Jena 1933. - Neudruck Darmstadt 1968.

Cline, H.F.: Civil Congregations of the Indians of New Spain 1598-1606. - Hisp. Am. Hist. Rev. 29. 1949, S. 349-369.

Coe, M.D.: Mexico. - New York 1967.

Colección de documentos inéditos relativos al descubrimiento, conquista y colonización de las posesiones españoles en América y Oceanía, sacados en su mayor parte, del Real Archivo de Indias. - Madrid 1864-1884.

Cortés, H.: Cartas de Relación. - Editorial Porrúa 7. - México 1976.

Cossío, F.G. de (Hrsg.): El Libro de las Tasaciones de Pueblos de la Nueva España. - México 1952.

Dahlgren de Jordán, B.: La grana cochinilla. - México 1963.

Denecke, D.: Prozesse der Entstehung und Standortverschiebung zentraler Orte in Gebieten hoher Instabilität des räumlich-funktionalen Gefüges. - Marburger Geogr. Schr. 66. 1976, S. 175-200.

Denecke, D.: Historische Geographie und räumliche Planung. - Erdkunde 36. 1982, S. 84-90.

Díaz del Castillo, B.: Historia verdadera de la Conquista de la Nueva España. - México 1950.

Díez de la Calle, J.: Memorial y noticias sacras y reales de las Indias occidentales. - México ²1932.

Diskin, M. und S. Cook: Mercados de Oaxaca. - México 1975.

Ewald, U.: Estudios sobre la hacienda colonial en México. Las propiedades rurales del Colegio Espíritu Santo en Puebla. - Das Mexiko-Projekt der Deutschen Forschungsgemeinschaft IX. - Wiesbaden 1976.

Fehn, K: Die Historische Geographie in Deutschland nach 1945. - Erdkunde 36. 1982, S. 65-70.

Flannery, K.V. et al.: Farming Systems and Political Growth in Ancient Oaxaca. - Science 158. 1967, S. 445-454.

Flannery, K.V.: The Olmec and the Valley of Oaxaca: A Model for Inter-Regional Interaction in Formative Times. - In: E.P. Benson (Hrsg.): Dumbarton Oaks Conference on the Olmec. - Washington, D.C. 1968, S. 79-110.

Flannery, K.V. (Hrsg.): The Early Mesoamerican Village. - Academic Press. - New York 1976.

Gage, Th.: The English American: A New Survey of the West Indies, 1648. - Neudruck London 1928.

García Martínez, B.: El Marquesado del Valle. 3 siglos del régimen señorial en Nueva Espana. - El Colegio de México 14. - México 1969.

Gay, J.A.: Historia de Oaxaca. - Oaxaca 1881.

Gerhard, P.: A Guide to the Historical Geography of New Spain. - Cambridge University Press. - Cambridge 1972.

Gonzales Navarro, M.: Indio y propiedad en Oaxaca. - Historia Mexicana 8. 1958, S. 175-191.

Gormsen, E.: Zur Ausbildung zentralörtlicher Systeme beim Übergang von der semiautarken zur arbeitsteiligen Gesellschaft. - Erdkunde 25. 1971, S. 108-118.

Gormsen, E.: Die Städte im spanischen Amerika. - Erdkunde 35. 1981, S. 290-303.

Gustaffson, K.: Grundlagen der Zentralitätsbestimmung dargestellt am Beispiel der Region Westküste Schleswig-Holstein. - Abh. der Akad. f. Raumforsch. u. Landespl. 66. 1973.

Hahn, H., W. Kuls, W. Lauer und H. Mensching (Hrsg.): Die historische Dimension in der Geographie. - Erdkunde 36, H. 2. 1982, S. 65-134.

Hamnett, B.R.: Politics and Trade in Southern Mexico 1750-1821. - Cambridge University Press. - Cambridge 1971.

Hamnett, B.R.: Dye Production, Food Supply and the Laboring Population of Oaxaca, 1750-1820. - Hisp. Am. Hist. Rev. 51. 1974, S. 51-78.

Hard, G.: Die Geographie. Eine wissenschaftstheoretische Einführung. - Berlin, New York 1973.

Heinritz, G.: Zentralität und zentrale Orte. - Stuttgart 1979.

Iturribarría, J.F.: Oaxaca en la Historia. - México 1955.

Iturribarría, J.F.: Alonso García Bravo, trazador y alarife de la villa de Antequera. - Historia Mexicana 7. 1957, S. 80-91.

Iturribarría, J.F.: Oaxaca antes, en y después de la Independencia. - Humanitas 15. 1974, S. 529-543.

Jäger, H.: Revolution oder Evolution der Historischen Geographie ? - Erdkunde 36. 1982, S. 119-134.

Kirkby, A.V.T.: The Use of Land and Water Resources in the Past and Present Valley of Oaxaca, Mexico. - Ann Arbor, Mich. 1973. (= Mem. Mus. Anthropology 5)

249

Konetzke, R.: Colección de Documentos para la formación social de Hispanoamérica 1493-1810. - Madrid 1953.

Kubler, G.: Mexican Architecture of the Sixteenth Century. - New Haven, Conn. 1948.

Lees, S.H.: Sociopolitical Aspects of Canal Irrigation in the Valley of Oaxaca. - Ann Arbor, Mich. 1973.

Liehr, R.: Stadtrat und städtische Oberschicht von Puebla am Ende der Kolonialzeit (1787-1810). - Das Mexiko-Projekt der Deutschen Forschungsgemeinschaft III. - Wiesbaden 1971.

Luz Topete, M. de la und R. Spores: Indice de documentos. - Estudios de Antropología e Historia 31. 1982.

Martínez, M.: Las plantas medicinales de México. - México [4]1959.

Marcus, J.: Territorial Organization of the Lowland Classic Maya. - Science 180. 1973, S. 911-916.

Menouville, Th. de: Traité de la culture de nopal, et de l'éducation de la cochinille dans les colonies françaises de l'Amérique. - o.O. 1787.

Miranda, J.: El tributo indígena en la Nueva España durante el siglo XVI. - México 1952.

Miranda, J.: Evolución cuantitativa y desplazamiento de la población indígena de Oaxaca en la época colonial. - Estudios de Historia Novohispana 2. 1968, S. 129-147

Monjaras-Ruiz, J.: La Nobleza Mexica. - México 1980.

Newig, J.: Der Schachbrettgrundriß der Stadt Mexiko - antikes Vorbild oder indianische Tradition ? - Petermanns Geogr. Mitt. 121. 1977, S. 253-263.

Nickel, H.J.: Soziale Morphologie der mexikanischen Hacienda. - Das Mexiko-Projekt der Deutschen Forschungsgemeinschaft XIV. - Wiesbaden 1977.

Nitz, H.-J.: Zur Entstehung und Ausbreitung schachbrettartiger Grundrißformen ländlicher Siedlungen und Fluren. - Göttinger Geogr. Abh. 60. 1972, S. 375-401.

Olivera, M. und M. de los Angeles Romero: La estructura política de Oaxaca en el siglo XVI. - Revista Mexicana de Sociología 35. 1973, S. 227-287.

Paddock, J. (Hrsg.): Ancient Oaxaca. Discoveries in Mexican Arqueology and History. - Stanford University Press 15. - Stanford, Cal. 1966.

Paddock, J.: The 1580 Mapa de Macuilxochitl. - Oaxaca 1981 (Ms.).

Parsons, E.C.: Mitla, Town of the Souls and other Zapotec-speaking Pueblos of Oaxaca, Mex. - The University of Chicago Press. - Chicago 1936.

Parsons, J.R.: Prehistoric Settlement Patterns in the Texcoco Region, México. - Memoirs of the Museum of Anthropology of the University of Michigan 3. - Ann Arbor, Mich. 1971.

Paso y Troncoso, F. del (Hrsg.): Papeles de Nueva España. - Segunda serie geografía y estadística. - México 1944.

Paso y Troncoso, F. del (Hrsg.): Epistolario de Nueva España 1509-1818. - México 1939-1942.

250

Pfeifer, G.: Die Bedeutung der "Frontier" für die Ausbreitung der Vereinigten Staaten bis zum Mississipi. - Geogr. Zeitschr. 41. 1935, S. 138-158.

Pietschmann, H.: Die Reorganisation des Verwaltungssystems im Vizekönigreich Neu-Spanien im Zusammenhang mit der Einführung des Intendantensystems in Amerika (1763-1786). - Jahrb. f. Gesch. u. Staat, Wirtsch. u. Ges. Lateinamerikas 8. 1971, S. 126-220.

Pires Ferreira, J.W.: Formative Mesoamerican Exchange Networks. - Ann Arbor, Mich. 1975.

Popp, H.: Kleinstädte als zentrale Orte im ländlichen Raum. - Münchener Geogr. Hefte 39. 1977, S. 163-189

Portillo, A.: Oaxaca en el centenario de la independencia nacional. - Oaxaca 1910.

Relación de los Obispados de Tlaxcala, Michoacan, Oaxaca y otros Lugares en el siglo XVI. - Mss. de la Colección de Sr. D. J. G. Icazbalceta. - México 1904.

Romero, M.: El estado de Oaxaca. - Barcelona 1886.

Ruppert, K.: Die gruppentypische Reaktionsweite. - Münchner Stud. z. Soz. u. Wirtschaftsgeogr. 4. 1968, S. 171-176.

Sanders, W.T.: The Central Mexican Symbiotic Region. A Study in Prehistoric Settlement Patterns. - Viking Fund Publications in Anthropology 23. o.J., S. 115-127.

Schmieder, O.: The Settlements of the Tzapotec and Mije Indians, State of Oaxaca, México. - Univ. of Calif. Publ. in Geogr., Vol. 4. - Berkeley, Cal. 1930.

Schöller, P. (Hrsg.): Zentralitätsforschung. - Wege der Forschung 301. - Darmstadt 1972.

Schöller, P.: Die Bedeutung historisch-geographischer Zentralitätsforschung für eine gegenwartsbezogene Raumwissenschaft. - Raumordnungsbericht 1974. - Bonn 1975.

Sedlacek, P.: Zum Problem intraurbaner Zentralorte. Dargestellt am Beispiel der Stadt Münster. - Westfälische Geogr. Stud. 28. 1973.

Seele, E.: Studien über Wassergewinnungsmethoden zur Feldbewässerung im Hochland von Mexiko. Wandlungen im Laufe der Kulturlandschaftsentwicklung. - Habil.-Schr. Erlangen 1974 (Ms.).

Simpson,L.B.: Studies in the Administration of the Indians in New Spain. I. The Laws of Burgos of 1512. II. The Civil Congregation. - Ibero Americana 7. 1934.

Simpson, L.B.: Studies in the Administration of the Indians in New Spain. III. Repartimiento System of Native Labor in New Spain and Guatemala. - Ibero-Americana 13. 1938.

Simpson, L.B.: Studies in the Administration of the Indians in New Spain. IV. The Emancipation of the Indian Slaves and the Resettlement of the Freedom 1548-1553. - Ibero-Americana 16. 1940.

Sperling, W.: Die Stellung der Historischen Geographie in einem modernen geographischen Curriculum. - Erdkunde 36. 1982, S. 79-83.

Spores, R.: The Zapotec and Mixtec at Spanish Contact. - In: Handbook of Middle American Indians 3, Teil 2, University of Texas Press. - Austin, Tex. 1973, S. 962-986.

Spores, R.: The Mixtec Kings and Their People. - University of Oklahoma Press. - Norman, Okla. 1967.

Stanislawski, D.: The Origin and Spread of the Grid-Pattern Town. - Geogr. Rev. 36. 1946, S. 105-120.

Storck, K.-L.: Die Orientierung von Orts- und Flurgrundrissen im Becken von Oaxaca. - Lateinamerika-Studien 6. 1980, S. 139-163.

Suma de visitas. - Original als Manuskript in der Bibl. Nac. in Madrid (BNMSS 288). Publiziert in: Paso y Troncoso, F. del (Hrsg.): Papeles de Nueva Espana 2ª serie Bd. 1.

Taylor, W.B.: Landlord and Peasant in Colonial Oaxaca. - Stanford University Press. - Stanford, Cal. 1972.

Taylor, W.B.: Cacicazgos coloniales en el Valle de Oaxaca. - Historia Mexicana 23. 1973, S. 1-41.

Taylor, W.B.: Haciendas coloniales en el Valle de Oaxaca. - Historia Mexicana 23. 1973, S. 284-329 = 1973a .

Te Paske, J.J. et al.: La Real Hacienda de Nueva España: La Real Caja de México (1576-1816). - Historia Econômica de México 41. - México 1976.

Thünen, J.H. v.: Der isolierte Staat in Beziehung auf Landwirtschaft und Nationalökonomie. - Berlin ³1875 - Neudruck Darmstadt 1966.

Tichy, F.: Deutung von Orts- und Flurnetzen im Hochland von Mexiko als kultreligiöse Reliktformen altindianischer Besiedlung. - Erdkunde 28. 1974, S. 194-207.

Tichy, F.: Altamerikanische Orientierungssysteme im Siedlungsbild der Gegenwart. - Lateinamerika-Studien 1. 1976, S. 135-168 [= 1976a] .

Tichy, F.: Order and Relationship of Space and Time in Mesoamerica: Myth or Reality ? - In: Dumberton Oaks Conference on Mesoamerican Sites and World-Views. - Washington, D.C. 1976, S. 217-245 [= 1976b] .

Toussaint, A.: Los conventos dominicanos del siglo 16 en el estado de Oaxaca. - Artes de México 2. 1966, S. 11-13.

Trabulse, E. (Hrsg.): Fluctuaciones econômicas en Oaxaca durante el siglo 18. - México 1979.

Trautmann, W.: Untersuchungen zur indianischen Siedlungs- und Territorialgeschichte im Becken von Mexiko bis zur frühen Kolonialzeit. - Beitr. z. mittelamerikan. Völkerkde. 7. - Hamburg 1968.

Trautmann, W.: Der Wandel des zentralörtlichen Systems in Tlaxcala nach der Conquista. - Ibero-Amerikanisches Archiv N.F. 7. 1981, S. 137-150.

Trautmann, W.: Der kolonialzeitliche Wandel der Kulturlandschaft in Tlaxcala. - Essener Geogr. Arb. 5. - Paderborn 1983.

Tyrakowski, K.: Sozioökonomische Aspekte des Tauschhandels im mexikanischen Hochland von Puebla-Tlaxcala. - mexicon 2. 1980, S. 41-44.

Uhlig, H.: Organisationsplan und System der Geographie. - Geoforum 1. 1970, S. 19-52.

Velde, P. van de: The Black Pottery of Coyotepec, Oaxaca, Mexico. - Southwest Museum Paper 13. - Los Angeles 1939.

Villaseñor y Sanchez, J.A. de: Theatro Americano, descripción general de los reynos y provincias de la Nueva España, y sus jurisdicciones. - México 1746-1748.

Vollmer, G.: La evolución cuantitativa de la población indígena en la región de Puebla (1570-1810). - Historia Mexicana 23. 1973, S. 43-51.

Wagner, H.G.: Der Kontaktbereich Sozialgeographie - Historische Geographie als Erkenntnisfeld für eine theoretische Kulturgeographie. - Würzburger Geogr. Arb. 37. 1972, S. 29-72.

Whitecotton, J.W.: The Valley of Oaxaca at Spanish Contact: An Ethnohistorical Study. - University of Illinois 1968 (Ph. D. diss. Ms.)

Whitecotton, J.W.: The Zapotecs: Princes, Priests and Peasants. - University of Oklahoma Press. - Norman, Okla. 1977.

Willey, G.R.: Problems Concerning Prehistoric Settlement Patterns in the Maya Lowlands. - Viking Fund Publ. in Antrop. 23. o.J., S. 107-114.

Wirth, E.: Zum Problem einer allgemeinen Kulturgeographie. - Die Erde 100. 1969, S. 155-193.

Wirth, E.: Zur Theorie periodischer Märkte aus der Sicht von Wirtschaftswissenschaften und Geographie. - Erdkunde 30. 1976, S. 10-13.

Wirth, E.: Theoretische Geographie. Grundzüge einer Theoretischen Kulturgeographie. - Stuttgart 1979.

Wöhlke, W.: Die Kulturlandschaft als Funktion von Veränderlichem. - Geogr. Rdsch. 21. 1969, S. 298-307.

Zantwijk, R. van: La ordenación espacial de Tenochtitlan. - o.O. 1978 (Ms.).

Zavala, S.: La encomienda indiana. - Madrid 1935.

Zavala, S. und M. Costelo (Hrsg.): Fuentes para la Historia del trabajo en Nueva Espana. - México 1939-1946.

ORTS- UND PERSONENREGISTER

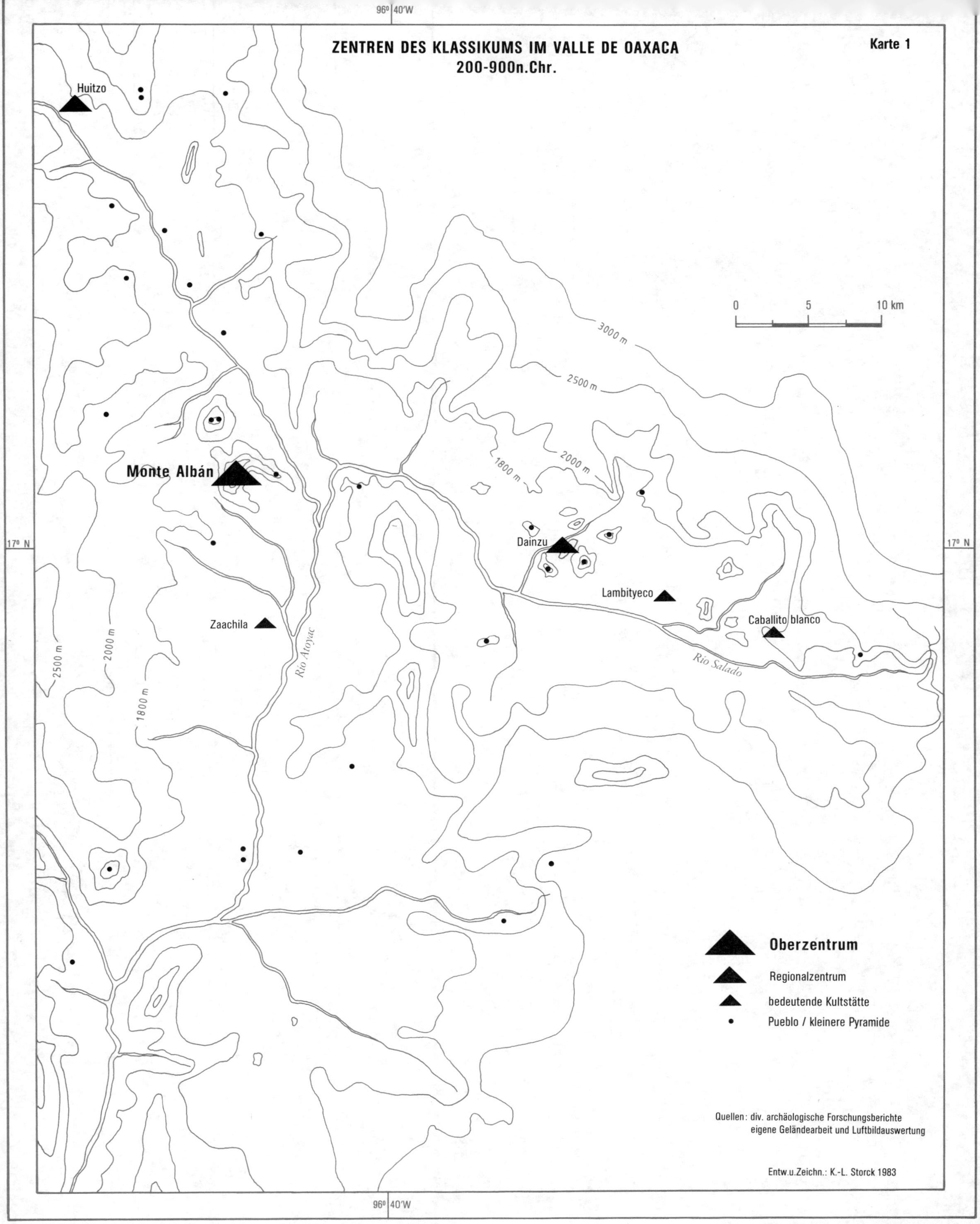

ZENTREN DES KLASSIKUMS IM VALLE DE OAXACA
200-900n.Chr.

Karte 1

2500 m

2000 m

1800 m

Huitzo

Monte Albán

Zaachila

Rio Atoyac

1800 m

2000 m

Dainzu

Lambityeco

2500 m

3000 m

Rio Salado

Caballito blanco

17° N

96° 40'W

Oberzentrum

Regionalzentrum

bedeutende Kultstätte

Pueblo / Kleinere Pyramide

0   5   10 km

Quellen: div. archäologische Forschungsberichte
eigene Geländearbeit und Luftbildauswertung

Entw.u.Zeichn.: K.-L. Storck 1983

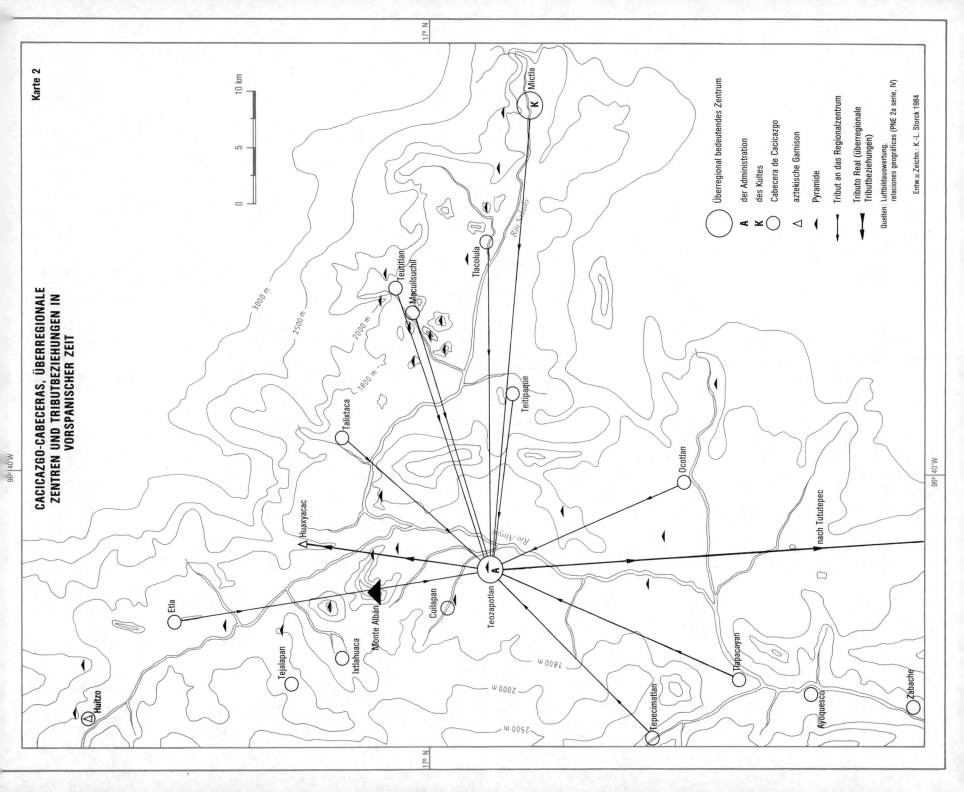

Karte 2

CACICAZGO-CABECERAS, ÜBERREGIONALE
ZENTREN UND TRIBUTBEZIEHUNGEN IN
VORSPANISCHER ZEIT

96° 40' W

17° N

Huitzo

Etla

Tejalapan

Ixtlahuaca

Monte Albán

Cuilapan

Teozapotlan

Huaxyacac

Talixtaca

Teitipaque

Tlacolula

Maculisuchil

Teutitlan

Mictla

Río Salado

Río Atoyac

Ocotlan

Tlapaceyan

Tepecimatlan

Ayoquesco

Zabache

nach Tututepec

1800 m

2000 m

2500 m

3000 m

2500 m

2000 m

1800 m

K

A

0   5   10 km

	überregional bedeutendes Zentrum
A	der Administration
K	des Kultes
	Cabecera de Cacicazgo
△	aztekische Garnison
▲	Pyramide
→	Tribut an das Regionalzentrum
⟶	Tributo Real (überregionale Tributbeziehungen)

Quellen: Luftbildauswertung,
relaciones geográficas (PNE 2a serie, IV)

Entw.u.Zeichn.: K.-L. Storck 1984

17° N

96° 40' W

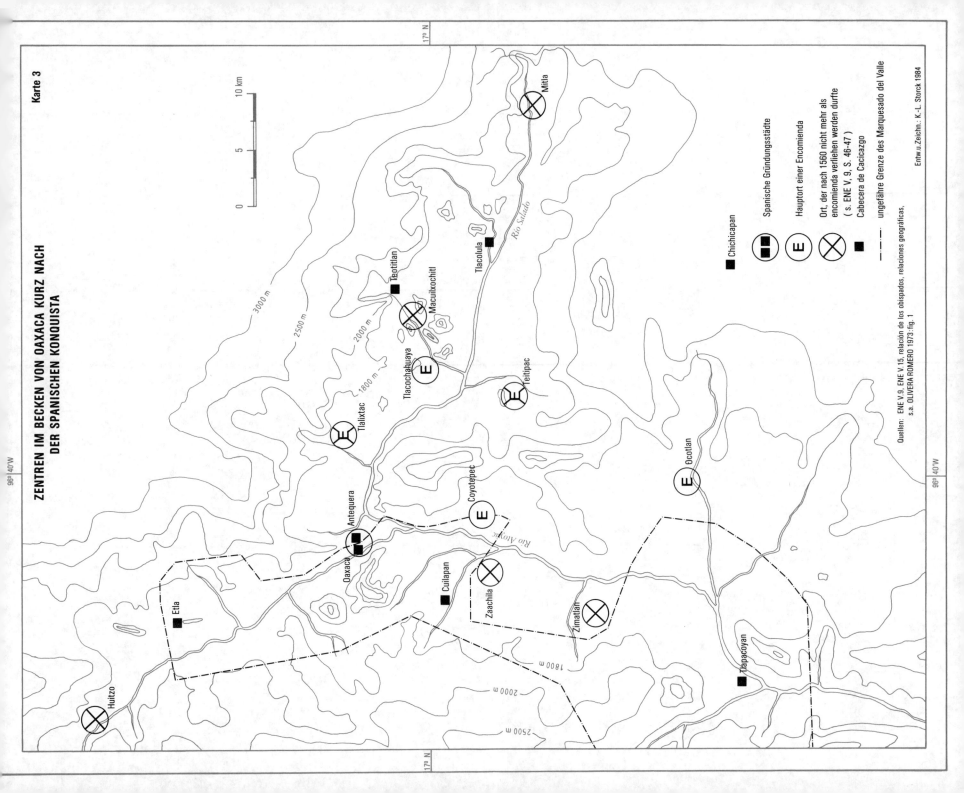

Karte 3

ZENTREN IM BECKEN VON OAXACA KURZ NACH
DER SPANISCHEN KONQUISTA

96° 40'W

17° N

0   5   10 km

3000 m
2500 m
2000 m
1800 m

Huitzo

Etla

Oaxaca
Antequera

Cuilapan

Zaachila

Zimatlan

Tlapacoyan

Coyotepec

Rio Atoyac

Ocotlan

1800 m
2000 m
2500 m

Tlalixtac

Tlacochahuaya

Macuilxochitl

Teotitlan

Teitipac

Tlacolula

Rio Salado

Mitla

Chichicapan

17° N

96° 40'W

Spanische Gründungsstädte

Hauptort einer Encomienda

Ort, der nach 1560 nicht mehr als
encomienda verliehen werden durfte
(s. ENE V, 9, S. 46-47)

Cabecera de Cacicazgo

ungefähre Grenze des Marquesado del Valle

Quellen: ENE V 9, ENE V 15, relación de los obispados, relaciones geográficas,
s.a. OLIVERA ROMERO 1973 : fig. 1

Entw.u.Zeichn.: K.-L. Storck 1984

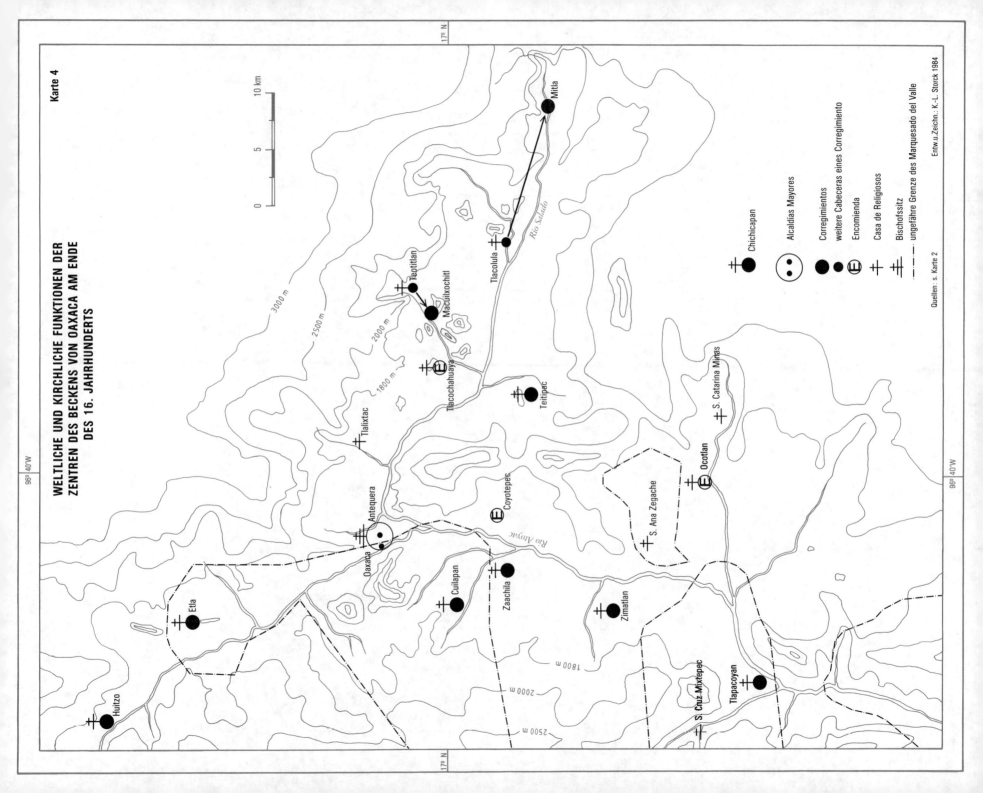

Karte 4

WELTLICHE UND KIRCHLICHE FUNKTIONEN DER
ZENTREN DES BECKENS VON OAXACA AM ENDE
DES 16. JAHRHUNDERTS

Chichicapan — Alcaldías Mayores

Corregimientos

weitere Cabeceras eines Corregimiento

Encomienda

Casa de Religiosos

Bischofssitz

ungefähre Grenze des Marquesado del Valle

Quellen: s. Karte 2

Entw.u.Zeichn.: K.-L. Storck 1984

Mitla

Tlacolula

Río Salado

Teotitlan

Macuilxochitl

Tlacochahuaya

Teitipac

S. Catarina Minas

Tlalixtac

Ocotlan

S. Ana Zegache

Coyotepec

Antequera

Oaxaca

Río Atoyac

Etla

Cuilapan

Zaachila

Zimatlan

Huitzo

S. Cruz Mixtepec

Tlapacoyan

3000 m

2500 m

2000 m

1800 m

1800 m

2000 m

2500 m

17° N

96° 40'W

10 km

DIE ZENTREN DES BECKENS VON OAXACA IM AUSGEHENDEN 18. JAHRHUNDERT

Karte 5

Ortsgrößenklassen:

100
200
500
< 1000
< 2000
> 2000

10 km
0   5   10

Anteil Nicht-Indios

Anteil Indios

Funktionen:
- I Intendencia
- A Alcalde Mayor
- M Markt
- Hauptkirche
- Convento formal
- Bistum
- Camino Real
- Cabecera ohne Bevölkerungsdaten
- Sujeto ohne Bevölkerungsdaten

Entw.u.Zeichn.: K.-L. Storck 1984

Ortsnamen: Mitla, Matatlan, Teotitlan, Tlacolula, Chichicapan, Teitipac, S. Catarina Minas, Ocotlan, Coyotepec, Zegache, Yatzeche, Antequera (18 000 E), Tlalixtac, Tlalixtac, Xoxocotlan, Cuilapan, Zaachila, Huixtepec, Zimatlan, Tepecimatlan, Trapacoyan, Ayoquezco, Huitzo, Etla, Zautla

Rio Salado, Rio Atoyac

3000 m, 2500 m, 2000 m, 1800 m, 2000 m, 1800 m, 2500 m

96°40'W, 96°40'W, 17° N, 17° N

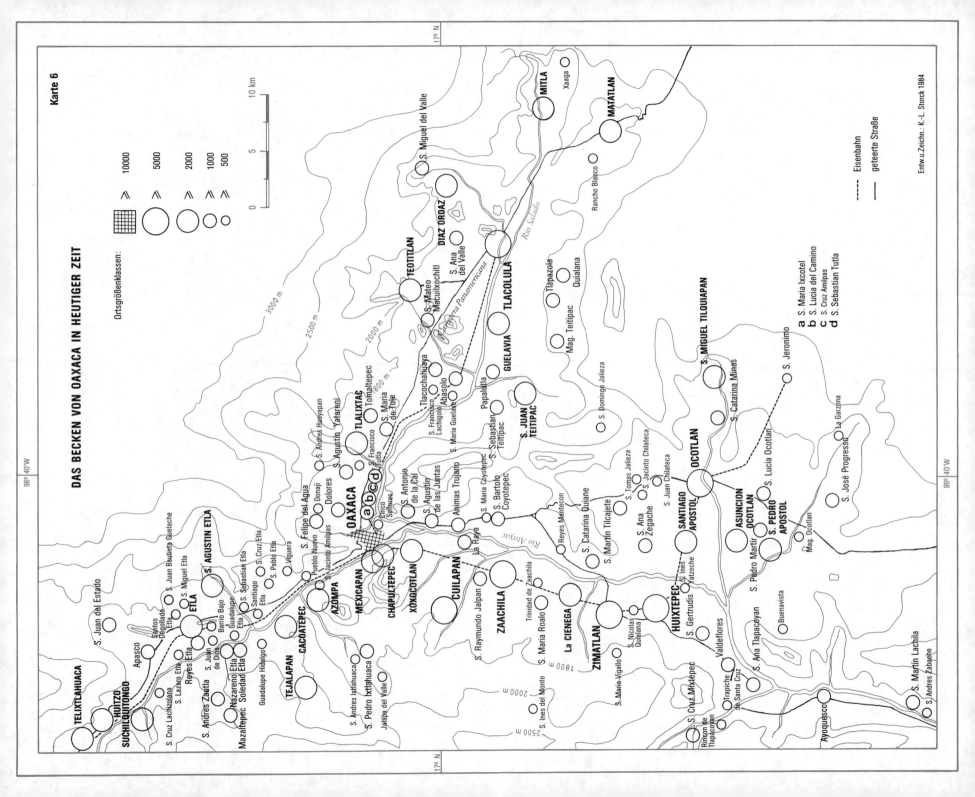

DAS BECKEN VON OAXACA IN HEUTIGER ZEIT

Karte 6

Ortsgrößenklassen:

10000
5000
2000
1000
500

0   5   10 km

Eisenbahn
geteerte Straße

Entw.u.Zeichn.: K.-L. Storck 1984

a S. María Ixcotel
b S. Lucía del Camino
c S. Cruz Amilpas
d S. Sebastián Tutla

17° N

96° 40'W

Carretera Panamericana

Río Salado
Río Atoyac

3000 m
2500 m
2000 m
1800 m

TELIXTLAHUACA
HUITZO
SUCHILQUITONGO
S. Juan del Estado
Apasco
Santos Degollado
Santos Degollado Etla
S. Juan Bautista Guelache
S. Miguel Etla
ETLA
S. Agustín Etla
S. Cruz Lachixolana
S. Andrés Zautla
Reyes Etla
S. Lázaro Etla
S. Juan de Dios
Nazareno Etla
Soledad Etla
Mazaltepec
Guadalupe Hidalgo
Barrio Bajo
Guadalupe Etla
S. Sebastián Etla
Santiago Etla
S. Pablo Etla
S. Cruz Etla
Viguera
Pueblo Nuevo
S. Jacinto Amilpas
S. Felipe del Agua
S. Andrés Huayapan
S. Agustín Yatareni
Donaji
Dolores
Cinco Señores
OAXACA
a b c d
S. Antonio de la Cal
S. Agustín de las Juntas
Ánimas Trujano
TLALIXTAC
Tomaltepec
S. Francisco Tutla
S. María de Tule
Tlacochahuaya
S. Francisco Lachigoló
Abasolo
S. María Guelaxe
Papalutla
S. Sebastián Teitipac
S. JUAN TEITIPAC
S. Mateo Macuilxochitl
TEOTITLAN
S. Miguel del Valle
MITLA
Xaaga
MATATLAN
Rancho Blanco
DIAZ ORDAZ
S. Ana del Valle
GUELAVIA
TLACOLULA
Tlapazola
Quialana
Mag. Teitipac
Quialane
S. Domingo Jalieza
S. Tomás Jalieza
S. Jacinto Chilateca
S. Juan Chilateca
S. Ana Zegache
S. María Coyotepec
S. Bartolo Coyotepec
La Raya
Reyes Mantecon
S. Catarina Quiane
S. Martín Tilcajete
S. Raymundo Jalpan
S. María Roalo
Trinidad de Zaachila
MEXICAPAN
AZOMPA
CHAPULTEPEC
XOXOCOTLAN
CUILAPAN
ZAACHILA
La Raya
ZIMATLAN
La CIENEGA
S. Nicolas Quialana
S. Ines Yatzeche
HUIXTEPEC
S. Gertrudis
S. Ines del Monte
Valdeflores
S. Ana Tlapacoyan
Buenavista
S. José Progresso
La Garzona
S. MIGUEL TILOUIAPAN
S. Catarina Minas
OCOTLAN
SANTIAGO APOSTOL
ASUNCION OCOTLAN
S. Lucía Ocotlán
S. PEDRO APOSTOL
S. Pedro Mártir
Mag. Ocotlán
S. Jerónimo
Tejalapan
CACOATEPEC
Jalapa del Valle
S. Andrés Ixtlahuaca
S. Pedro Ixtlahuaca
S. María Vigallo
S. Cruz Mixtepec
S. Ines del Monte
Trapiche de Santa Cruz
Rincón de Tlapacoyan
S. Martín Lachila
S. Andrés Zabache
Ayoquesco

Lateinamerika-Studien

Herausgegeben von
Titus Heydenreich, Hermann Kellenbenz, Gustav Siebenmann,
Hanns-Albert Steger, Franz Tichy

Band 1   Inhalt: Hermann Kellenbenz, Neue und Alte Welt. Rückwirkungen der
          Entdeckung und Eroberung Amerikas auf Europa im 16. Jahrhundert;
          Gustav Siebenmann, Lateinamerikas Identität. Ein Kontinent auf der
          Suche nach seinem Selbstverständnis; Hanns-Albert Steger, Hochschul-
          planung im Metropolitanbereich von Mexico; Franz Tichy, Altamerikani-
          sche Orientierungssysteme im Siedlungsbild der Gegenwart.
          1977, 167 S., Kart., ISBN 3-7705-1473-4

Band 2   Manfred Illi
          Die deutsche Auswanderung nach Lateinamerika. Eine Literaturübersicht.
          1977, 176 S., Kart. ISBN 3-7705-1474-2

Band 3   Inhalt: Alejandro Losada, La literatura urbana como praxis social en
          América latina; El destino de la literatura latinoamericana en Europa.
          Entrevista con Gustav Siebenmann, St. Gallen, por Jesús Urzagasti;
          Ernildo J. Stein, Sobre o problema de intercâmbio cultural – Überlegungen
          zum Problem des kulturellen Transfers; Walter Käßmann, Innere Reform
          des kolumbianischen Primarschulwesens; Barbara Freitag, Bildungsre-
          form und Bildungsrealität in Brasilien; Hanns J. Prem, Was hielt Teotihua-
          can am Leben?; Hanns-Albert Steger, Religiöse Traditionen und der Indu-
          strialisierungsprozeß in Mexico; Klaus Rother, Der agrarstrukturelle
          Wandel in Chile zwischen 1965 und 1975; Mario Bonetti, El estado domini-
          cano, 1844-1974; Jürgen Schneider, Les relations commerciales de la
          France avec le Brésil et les capitaux français au Brésil 1815-1865.
          1977, 202 S., Kart., ISBN 3-7705-1508-0

Band 4   Aktuelle Perspektiven Brasiliens. Referate des 1. interdisziplinären Kollo-
          quiums der Sektion Lateinamerika des Zentralinstituts 06. Im Auftrag
          herausgegeben von Hanns-Albert Steger und Jürgen Schneider.

          Inhalt: Jürgen Schneider, Le Brésil: Du cycle de l'or au cycle du café (1500-
          1850). Une vue d'ensemble; Dietrich von Delhaes-Guenther, Einwande-
          rung, Akkulturation und ethnische Rivalität zu Beginn des 20. Jahrhun-
          derts in Brasilien; Hermann Kellenbenz, Deutsche Unternehmer in Brasi-
          lien im 19. und 20. Jahrhundert; Dieter Tuchnitz, Engagement eines Indu-

strieunternehmens in Brasilien: z. B. Siemens; Rüdiger Zoller, Direktinvestitionen und wirtschaftliche Entwicklung. Zur Rolle der Auslandsinvestitionen in Brasilien; Glaucia Villas Bôas, Cultura Brasileira-Subcultura Europeia e/ou Mera Noção Ideológica; Manfred Wöhlcke, Brasilien 1976; Manfred Nitsch, Liegt die ordnungspolitische Zukunft Brasiliens im Staatskapitalismus?; Volker Lühr, Der politische Prozeß in Brasilien (1974-1979); Wolf Grabendorff, Brasiliens Außenpolitik zwischen Erster und Dritter Welt; Lúcio Castelo Branco, Das brasilianische Militär und die Widersprüche des abhängigen Modells. Beitrag zur theoretisch-interdisziplinären Überwindung ideologiebeladener Erklärungsmodelle des militärischen Phänomens; Gerd Kohlhepp, „Operation Amazonien". Zur Analyse der Planungskonzeption und Raumordnung der staatlichen und privaten Entwicklungsvorhaben in Nordbrasilien; Achim Schrader, Modelle der Sozialstruktur Brasiliens; Angela Dulle, Umbanda do Brasil. Soziokultureller Hintergrund einer Religion; Sigurd Schmid. Erico Verissimos 'Incidente em Antares' - eine satirische Variante des modernen sozialkritischen Romans in Brasilien.
1979, 327 S., Kart. ISBN 3-7705-1509-9

Band 5   Hans Schneider
Die Landwirtschaft im Valsequillo. Eine Untersuchung des agraren Wandels im Hochland von Mexiko im XX. Jahrhundert, dargestellt am Beispiel des Raumes Tecali-Tecamachalco.
1979, 214 S., Kart., ISBN 3-7705-1510-2

Band 6   Wirtschaft und gesellschaftliches Bewußtsein in Mexiko seit der Kolonialzeit. Referate des 2. interdisziplinären Kolloquiums der Sektion Lateinamerika des Zentralinstituts 06. Im Auftrag herausgegeben von Hanns-Albert Steger und Jürgen Schneider.

Inhalt: Leopoldo Zea, Latinoamérica y el Tercer Mundo; Rudolf van Zantwijk, La ordenación de Tenochtitlan. La interrelación de dioses, templos, fechas calendáricas, direcciones y sitios con grupos sociales en la convivencia capitaleña azteca; Michel Graulich, La structure du calendrier agricole des anciens Mexicains; Franz Tichy, Der Festkalender Sahagun's. Ein echter Sonnenkalender?; Karl-Ludwig Storck, Die Orientierung von Orts- und Flurgrundrissen im Becken von Oaxaca/Mexiko; Johanna Broda, La sociedad indígena de México después de la conquista: continuidad y cambio de estructuras socio-culturales; Klaus J. Jaecklein, Aspects of Spanish and Mexican Indian Policies; Ferdinand Anders, Mexikanische Zauberfiguren. Zur Sonderausstellung anläßlich des Kolloquiums über Mexiko in Erlangen im Dezember 1977; Hermann Kellenbenz, Der mexikanische Silberbergbau (16. und 1. Hälfte des 17. Jahrhunderts). Zum Stand der Forschung; Jürgen Schneider, Minería, acuñaciones y comercio exterior de México en la época de la emancipación (1821-1850); Hans Pohl, Edelmetallproduktion und Preisentwicklung in Mexiko (ca. 1820-1850); Charles Minguet, L'Etude du 19e siècle mexicain en France (Thèses, mémoires et travaux récents); Wolfgang Müller, Probleme der mexikanischen Industrialisierung während des Porfiriats; Hans Werner Tobler, Agrarfrage, Bauernaufstände und politisch-gesellschaftliche Stabilisierung Mexikos während der Revolution 1910/1940: einige kritische Anmerkungen; Luis J. Molina Piñeiro, Maduración ideológica de la institucionalización revolucionaria en México y algunas reglas del juego de su sistema político; Hanns-Albert Steger, Participación política y resistencia cultural en México. 10 tesis sobre el trasfondo económico-cultural de la problemática social en México; Yoram Shapira, University Crisis and national Politics. The Case of Mexico 1968-1973; Volker G. Lehr, Mexikos „reforma política": Zur Erneuerung des mexikanischen Parteien- und Wahlsystems; Volker G. Lehr, La problemática de la estadística electoral mexicana. Participación y legitimidad; Manfred Mols, Faktoren der politischen Stabilität Mexikos; Wolf Grabendorff, Die innenpolitische Funktion der mexikanischen Außenpolitik.

1980, 654 S., Abb./Kart., ISBN 3-7705-1896-9

Band 7   Venezuela – Kolumbien – Ekuador. Wirtschaft, Gesellschaft und Geschichte. Referate des 3. interdisziplinären Kolloquiums der Sektion Lateinamerika des Zentralinstituts 06. Im Auftrag herausgegeben von Hanns-Albert Steger und Jürgen Schneider.

Inhalt: Mario Laserna P., The Interface between Culture and Technology; Udo Oberem, Über den Indianischen Adel im kolonialzeitlichen Ecuador; Ferdinand Anders, Die „Historia del Mondo Nuovo" des Girolamo Benzoni und ihr Weiterwirken bis heute; Rolf Walter, Die wirtschaftliche Entwicklung Venezuelas und die venezolanisch-deutschen Handelsbeziehungen in der ersten Hälfte des 19. Jahrhunderts; Walter Th. Kammann Willson, Deutsche Forscher in Venezuela; Tomas Amadeo Vasconi, Graciela Hernández, Ligia Castés, Venezuela: Del Estado mediador-distribuidor al Estado organizador-de-la-producción (1974-1978); Christoph Borchert, Probleme der Industrialisierung Venezuelas; Klaus Kulinat, Die industriegeographische Struktur der wirtschaftlichen Kernregion Venezuelas; Rafael Carías, Consecuencias sociales del boom petrolero en Venezuela; Günter Mertins, Typen inner- und randstädtischer Elendsviertel in Großstädten des andinen Südamerika; Konrad Stenzel, Provinz in Venezuela. Zur politischen und ökonomischen Situation des venezolanischen Interior; Heinrich Pachner, Ländliche Siedlungen Venezuelas im Spannungsfeld zwischen Stadt und Land; Hans-Otto Waldt, Innovationsprozesse in der Landwirtschaft – dargestellt am Beispiel der Ausbreitung des Gemüsebaus in den venezolanischen Anden; Klaus Meyer-Minnemann, La representación de la „Violencia" en El coronel no tiene quien le escriba y La mala hora de Gabriel García Márquez; Elena Hochman-Klusemann, Der Fall des Negro Antonio: Zur Frage der präpolitischen Widerstandsform in der Peripherie; Elena Hernández - Casas de Benenati, Los factores socio-culturales del desarrollo en el Ecuador. Estudio teórico y estudio sobre el terreno; Elena Ostleitner, „La música popular venezolana" soziologisch gesehen. Dargestellt am Beispiel der Protestlieder Ali Primeras;

Hans-Joachim König, Die Funktion des Geschichtsunterrichts in Kolumbien. Ein Überblick; Gerhard Drekonja, Kolumbien: Notizen zur Constituyente-Diskussion; Horacio Cerutti-Guldberg, Situación de los estudios filosóficos y sociales en el Ecuador en la actualidad.
1980, 514 S., Abb./Kart., ISBN 3-7705-1897-7

Band 8   Volker G. Lehr
Der mexikanische Autoritarismus. Parteien, Wahlen, Herrschaftssicherung und Krisenpotential.
1981, 375 S., Kart., ISBN 3-7705-1898-5

Band 9   Inhalt: Hermann Kellenbenz, Relações econômicas Brasil-Alemanha; Rolf Walter, Die deutsche Kolonisation in Venezuela im 19. Jahrhundert. Einige Bemerkungen zu Tovar und Alexander Benitz; Klaus Geissler, Deutsche Forscher im Amazonasgebiet; Jürgen Schneider, Los términos de intercambio ("Terms of Trade") entre Francia y América Latina 1827-1856. ?Causa de las crecientes desigualdades económicas?; Carlos Maldonado Prieto, Sobre los movimientos de masas democráticas y las „Reformas Liberales" de mediados del siglo XIX en Chile. Breve análisis histórico del decenio Montt-Varas (1851-1861); Cecilia Braslavsky, La motivación económica y la motivación política en el desarrollo de la escuela primaria en América Latina; Daniel Jorge Cano, Ideas en torno a la evolución histórica de la universidad argentina; Luís Scherz García, Reforma y contrarreforma universitarias en América Latina: Un caso significativo; Yoram Shapira, Mexico: The impact of the 1968 student protest on Echeverría's reformism; Hanns-Albert Steger, Industrialización y lucha de religiones en América Latina - Una advertencia y 10 tésis; Ulrich Fischer, Umbanda – Religion ohne Wenn und Aber – Das Amtsverständnis in der synkretistischen Neureligion Brasiliens; H.C.F. Mansilla, Lateinamerikanische Entwicklungsvorstellungen und die Dritte Welt; Elmar Römpczyk, El Convenio Perú – FMI de Septiembre de 1978; Gerhard Drekonja Kornat, Aproximaciones a la política exterior latinoamericana; Barbara Freitag, Agrarstruktur und Urbanisierung in Brasilien; Konrad Tyrakowski, Strukturen ländlicher Wochenmärkte im Hochland von Puebla–Tlaxcala (Mexiko). Probleme und Strategien ihrer Untersuchung; Peter-Eckard Knabe, Das Bild des haitianischen Königs Christophe in der lateinamerikanischen und der französischen Literatur; Titus Heydenreich, Salome in Übersee. Lateinamerikas Modernisten und die Tradition des Bildgedichts; Harald Wentzlaff-Eggebert, Expressionismus in Spanien und Lateinamerika?; Hans-Joachim Müller, Mythos, „soledad" und „violencia" in der lateinamerikanischen „nueva novela"; Gustav Siebenmann, Zum 12. Oktober, dem Kolumbustag (Bei Anlaß von Alejo Carpentier, El arpa y la sombra).
1982, 596 S., Kart., ISBN 3-7705-1899-3

Kurt Grötsch, Das Transkulturationsbestreben Kubas – Eine Betrachtung über Anspruch und Wirklichkeit; Theo Eberhard, Kuba – Insel unter dem Zorn. Beobachtungen zur kulturellen Identität am Rande eines pan-amerikanischen Festivals; Gustav Siebenmann, Auf der Suche nach der Perle der Karibik. Ein Reisebericht; Thomas Bremer, Haiti als Paradigma. Karibische Sklavenemanzipation und europäische Literatur; Titus Heydenreich, „Ni tu lengua es tu lengua". Sprache und Identität in der modernen Negerdichtung der Karibik; Wolfgang Binder, René Marqués und Antonio S. Pedreira – Anmerkungen zum puertorikanisch-karibischen Selbstverständnis; Mario Bonetti, Zur Bedeutung und Wirkung des Machismo in verschiedenen Lebensbereichen Lateinamerikas. Anhand des dominikanischen Beispiels; Wolfgang König, Entwicklungsstand und wirtschaftliche Perspektiven Karibischer Staaten; Harry Hoetink, Las Antillas Holandesas. Sus Relaciones internas y externas; H. Michael Erisman, Kubas Realpolitik und der sino-sowjetische Konflikt; Elena Ostleitner, Musikalische Ausdrucksformen im Karibischen Raum. Soziale Hintergründe. 1982, 502 S., Kart., ISBN 3-7705-2087-4

video. Zur Soziologie der erzählten Stadt am Río de la Plata bis zur Entstehung des städtischen Sozialromans; Hans-Joachim Müller, Die Verarbeitung der Geschichte Argentiniens in 'Sobre héroes y tumbas' von Ernesto Sábato; Gustav Siebenmann, Ernesto Sábato y la situación cultural argentina; Elena Ostleitner, Der Tango – ein kulturelles Phänomen.
1983, 346 S., Kart., ISBN 3-7705-2088-2

Band 13   Iberoamérica. Homenaje a G. Siebenmann. Editores José Manuel Lopez de Abiada – Titus Heydenreich.
Tomo I:
Mit Beiträgen von Helena Araújo, Wolfgang Bader, Gisela Beutler, Heinrich Bihler, Wolfgang Binder, Jean-Paul Borel, Thomas Bremer, Dietrich Briesemeister, Rolf Eberenz, Wolfgang Eitel, Américo Ferrari, Frauke Gewecke, Norberto Gimelfarb, Günther Haensch, Rainer Hess, Titus Heydenreich, Jochen Heymann, Sabine Horl, Hinrich Hudde, Dieter Janik, Joseph Jurt, Hermann Kellenbenz, Peter-Eckard Knabe, Karl-Hermann Körner, Martín Lienhard, Georg Rudolf Lind, Hans-Joachim Lope.
Tomo II:
Mit Beiträgen von José Manuel López de Abiada, Erika Lorenz, Georges Lüdi, Curt Meyer-Clason, Klaus Meyer-Minnemann, Hans-Joachim Müller, Sebastian Neumeister, Ingeborg Nickel, Walter Pabst, Erwin Walter Palm, Julio Peñate Rivero, Leo Pollmann, Klaus Pörtl, Pedro Ramírez Molas, Dieter Reichardt, Maya Schärer, Jürgen Schneider, Ludwig Schrader, Günther Schütz, Ulrich Schulz-Buschhaus, Jürgen von Stackelberg, Arnulf Stefenelli, Hanns-Albert Steger, Michi Strausfeld, Ramón Sugranyes de Franch, Franz Tichy, Manfred Tietz, Luis Vélez Serrano, Joaquín Verdú de Gregorio, Harald Wentzlaff-Eggebert, Reinhold Werner.
1983, 1097 S., Kart., ISBN 3-7705-2154-4

Band 14   Paraguay. Referate des 6. interdisziplinären Kolloquiums der Sektion Lateinamerika des Zentralinstituts 06. Im Auftrag herausgegeben von Titus Heydenreich und Jürgen Schneider.
1984, ca. 450 S., Kart., ISBN 3-7705-2217-6

Band 15   Maria da Guia Santos
Außenhandel und industrielle Entwicklung Brasiliens unter besonderer Berücksichtigung der Beziehungen zu Deutschland (1889-1914).
1984, 363 S., Kart., ISBN 3-7705-2218-4

Band 16   Karl-Ludwig Storck
Die Zentralen Orte im Becken von Oaxaca (Mexiko) während der Kolonialzeit.
1984, ca. 250 S., Kart., ISBN 3-7705-2203-6

Band 17   Esther Contreras de Lehr
Zum Altenbild in Mexiko und Deutschland.
1984, 174 S., Kart., ISBN 3-7705-2269-9

Frühjahr 1985
Wilhelm Fink Verlag, München

Beiträge zur Soziologie und Sozialkunde Lateinamerikas

Herausgegeben von
Hanns-Albert Steger

Band 8   Manfredo Berger
              Bildungswesen und Dependenzsituation. Eine empirische Darstellung der
              Beziehungen zwischen Bildungswesen und Gesellschaft in Brasilien.
              Wilhelm Fink Verlag, München
              1977, 264 S., mit zahlreichen Tabellen, Kart., ISBN 3-7705-1352-5

              Erschienen auch in portugiesischer Sprache:
              Educação e dependência. DIFEL co-edições urgs. Universidade Federal do
              Rio Grande do Sul, Porto Alegre
              1976

Band 9   Barbara Freitag
              Die brasilianische Bildungspolitik. Resultante oder Agens gesellschaftliche
              Wandlungsprozesse? Wilhelm Fink Verlag, München
              1975, 275 S., Kart. ISBN 3-7705-1302-9

Band 10   Celso Furtado (Hrsg.)
              Brasilien heute. Beiträge zur politischen, wirtschaftlichen und soziokul-
              turellen Situation Brasiliens. Athenäum Verlag, Frankfurt/Main
              1971, 158 S., Kart.

Band 11   Achim Schrader, Manfredo Berger, Birgit Schrader
              Landschule in Brasilien. Athenäum Verlag, Frankfurt/Main
              1972, 236 S., Kart.

Band 12   Heinrich Pohl
              Strategien regionaler Bildungs- und Entwicklungsplanung in Lateinameri-
              ka. Empirische Konkretisierung am Beispiel der Hochschulplanung für
              Brasilien. Wilhelm Fink Verlag, München
              1975, 213 S., Querformat, Kart., ISBN 3-7705-1303-7

              Erschienen auch in der Schriftenreihe:
              Institut für regionale Bildungsplanung-AG, Standortforschung-GmbH,
              Band 21, Hannover
              1974

              Ab Band 13: Fink Verlag, München

Band 13   Celso Furtado
              Die wirtschaftliche Entwicklung Brasiliens (Einführung und Übersetzung:
              Manfred Wöhlcke)
              1975, 198 S., Kart., ISBN 3-7705-1318-5

Band 14   Hanns-Albert Steger
           Weltzivilisation und Regionalkultur. Zum Verhältnis von zivilisatorischer
           Eingliederung und kulturellem Widerstand in Lateinamerika.
           1983, ca. 420 S., Kart., ISBN 3-7705-2128-5

Band 15   Wolf Grabendorff, Manfred Nitsch
           Brasilien: Entwicklungsmodell und Außenpolitik.
           1977, 303 S., Kart., ISBN 3-7705-1538-2

Band 16   Manfred Wöhlcke
           Abhängige Industrialisierung und sozialer Wandel: Der Fall Brasilien.
           1981, 263 S., Kart., ISBN 3-7705-1958-2

Band 17   Dieter W. Benecke, Michael Domitra, Manfred Mols (Hrsg.)
           Integration in Lateinamerika.
           1980, 419 S., Kart., ISBN 3-7705-1994-9

Band 18   Pedro Morandé
           Synkretismus und offizielles Christentum in Lateinamerika. Ein Beitrag
           zur Analyse der Beziehung zwischen „Wort" und „Ritus" in der nach-
           kolonialen Zeit.
           1982, 221 S., Kart., ISBN 3-7705-2118-8

Band 19   Peter Voigt
           Tourismus und Mexiko.
           1981, 426 S., Kart., ISBN 3-7705-2049-1

Band 20   Roberto dos Santos Bártholo Junior
           Homo industrialis. Eine Untersuchung über die wirtschaftsethischen
           Grundlagen der Weltzivilisation.
           1982, 317 S., Kart., ISBN 3-7705-2050-5

Band 21   Ulrich Fanger, Robert K. Furtak, Wolfgang König, Gerhard Sandner
           Problems of Caribbean Development.
           1982, XII + 271 S., Kart., ISBN 3-7705-2076-9

Band 22   Lúcio Castelo Branco
           Staat, Raum und Macht in Brasilien. Anmerkungen zur Genese und Struk-
           tur der brasilianischen Staats- und Großmachtideologie.
           1983, 552 S., Kart., ISBN 3-7705-2119-6

Band 23 Theo Eberhard
Kult & Kultur. Volksreligiosität und kulturelle Identität am Beispiel des
María-Lionza-Kultes in Venezuela.
1983, 219 S., Kart., ISBN 3-7705-2120-X

Band 24 Ivo Dubiel
Der klassische Kern der lateinamerikanischen Entwicklungstheorie –
Ein metatheoretischer Versuch.
1984, 516 S., Kart., ISBN 3-7705-2161-7

Band 25 Mario Bonetti
Staat und Gesellschaft im karibischen Raum im 16. Jahrhundert.
1984, 668 S., Kart., ISBN 3-7705-2162-5

Band 26 Eduard Weiß
Schule zwischen Staat und Gesellschaft (Mexiko 1920 bis 1976).
1983, 790 S., Kart., ISBN 3-7705-2163-3

Band 27 Hanns-Albert Steger und Daniel Jorge Cano (Hrsg.)
„Kulturelle Produktion" als gesellschaftliches Problem.
In memoriam Alejandro Losada
1985, ca. 300 S., Kart. ISBN 3-7705-2164-1

Band 28 Hanns-Albert Steger (Hrsg.)
Alternatives in Education
1984, 732 S., Kart., ISBN 3-7705-2170-6

Band 29 Barbara Freitag
Der Aufbau kindlicher Bewußtseinsstrukturen im gesellschaftlichen Kon-
text. Eine Untersuchung schulpflichtiger Kinder in Brasilien.
1983, 475 S., Kart., ISBN 3-7705-2190-0

Band 30 Gerardo Jorge Ojeda-Ebert
Deutsche Einwanderung und Herausbildung der chilenischen Nation
(1846-1920).
1984, 216 S., Kart., ISBN 3-7705-2239-7

Band 31 Carlos Cousiño
Die Verwaisung Lateinamerikas. Ein Beitrag am Beispiel Chile zur Diskussion über den Charakter der lateinamerikanischen Nationen.
1984, ca. 160 S., Kart., ISBN 3-7705-2245-1

Band 32   Daniel Jorge Cano
Hochschule und Gesellschaft in Lateinamerika (1945-1975) – Zur Entstehung einer „Massen"-Universität unter den Bedingungen des peripheren Kapitalismus.
1984, 476 S., Kart., ISBN 3-7705-2249-4

Band 33   Ulrich Scherfenberg
Die Auswärtige Kulturpolitik der Bundesrepublik Deutschland in der peripheren Region Lateinamerika - Rahmenbedingungen, Formen, Inhalte, Ziele und Auswirkungen.
1984, 284 S., Kart., ISBN 3-7705-2246-X

Band 34   H.C.F. Mansilla
Nationale Identität, gesellschaftliche Wahrnehmung natürlicher Ressourcen und ökologische Probleme in Bolivien.
1984, 205 S., Kart., ISBN 3-7705-2250-8

Frühjahr 1985
Wilhelm Fink Verlag, München

Arbeitsunterlagen zur Lateinamerikaforschung

Herausgegeben von
Hanns-Albert Steger

Redaktion:
Jürgen Gräbener

Band 21-25   Angela Müller-Dango, Sozialpolitik im Inka-Staat (Mai 1968); Dankwart Danckwerts, Entwicklungshilfe als imperialistische Politik (Juni 1968); Angelo Neglia Gianelli, Fortpflanzungsfamilie und Verwandtschaft (August 1968)

Band 26-33   Ronald Daus, Jorge Amado als engagierter Schriftsteller (September 1968); Fidel Castro Ruz, Kuba und der Einmarsch der Divisionen des Warschauer Paktes in die CSSR (September 1968); Ernesto Mayz Vallenilla, Universität und Menschenbild (Oktober 1968); Volker Lühr, Probleme der Erwachsenenbildung in Zentralamerika (Januar 1969); Edda Eisenlohr, Agrarreform in Ecuador im entwicklungspolitischen Kräftespiel (September 1969); Heinrich Pohl, Strukturprobleme einer neuen Universität unter dem Vorzeichen der brasilianischen Hochschulreform (Mai 1970)

Band 34-39   Hubert de Ronceray, Gérard Pierre-Charles, René Jeanty, Thomas Mathews, Ulrich Fleischmann (Sammelband), Beiträge zur Soziographie Haitis (April 1970); Pablo González Casanova, Die Kategorien der wirtschaftlichen Entwicklung und die sozialwissenschaftliche Forschung (März 1970); Siegfried Kätsch, Elke-Maria Kätsch unter Mitarbeit von Henry P. David, Sosua - Verheißenes Land (1970)

Band 40-45   Vamireh Chacon, Kultur und Entwicklung in Brasilien (1970); Laudelino T. Medeiros, Rudolf Lenhard, Schulbildung im ländlichen Gebiet von Santa Cruz do Sul (1970); Lorimer Denis, François Duvalier, Die Klassenfrage in der Geschichte Haitis (März 1970); José Luis de Imaz, Machtgruppen in Argentinien (1971)

Band 46-50   Betty Cabezas de González, Die Elendsviertel von Santiago de Chile (1972); Detlef Schwefel, Situationsdefinition und Situationsanalyse der landlosen und landarmen Agrarbevölkerung in einem Kolonisationsgebiet Ecuadors (1972); Achim Schrader, Bildungspolitik in Brasilien 1961 und 1971. Vom „Liberalismus" zur „Entwicklungsbürokratie" (1973); Jan D. Beckmann, Die deutsche Lateinamerikaforschung im sozialen System der Wissenschaft (1974).

Abgeschlossene Reihe: Band 1-50
Erschienen in den Jahren 1966 bis 1974
Kopien gegen Kostenerstattung zu beziehen bei:

Zentralinstitut 06
Sektion Lateinamerika
Findelgasse 7
D - 8500 Nürnberg

Gesonderte Arbeiten

Gerhard Sandner, Hanns-Albert Steger (Hrsg.)
Lateinamerika
Fischer Taschenbuch Verlag, Frankfurt/Main
1973, 444 S., Kart., ISBN 3-596-26126-0

Juan-Manuel Gamarra-Romero
Universität und Gesellschaft in Lateinamerika unter besonderer Berücksichtigung der
Studentenbewegung der zwanziger Jahre in Peru. Haag und Herchen Verlag, Frankfurt/Main
1977, 342 S., Kart.

Elena Hochman
Präpolitische Widerstandsformen in der Peripherie. Gewalt und Rächer in Venezuela:
Der Fall des Negro Antonio. Campus Verlag, Frankfurt/Main
1978, 167 S., Leinen, ISBN 3-593-32280-3

Maria Hörnemann
Erfahrungen in der lateinamerikanischen Volksbildung. Ein Versuch, mit der Aktions-
forschung ernst zu machen. Haag und Herchen Verlag, Frankfurt/Main,
1981, 227 S., Leinen, ISBN 3-88129-426-0

Alejandro Losada
La literatura en la sociedad de América Latina. Perú y el Río de la Plata 1837-1880.
Deutsche Zusammenfassung: Die Arten kultureller Produktion der urbanen Mittel-
schichten in Lateinamerika. Die abhängigen Kulturen und die autonomen Kulturen
(1780-1970). Verlag Klaus Dieter Vervuert, Frankfurt/Main,
1983, 243 S., Kart., ISBN 3-921600-21-9